U0662845

秘书公关
原理与实务

主　编◎李玉梅

副主编◎张旭红　侯　璐

编著者（以姓氏笔画为序）

朱　婧　祁锦苓　李玉梅　杨剑宇

张旭红　侯　璐　黄　蓓

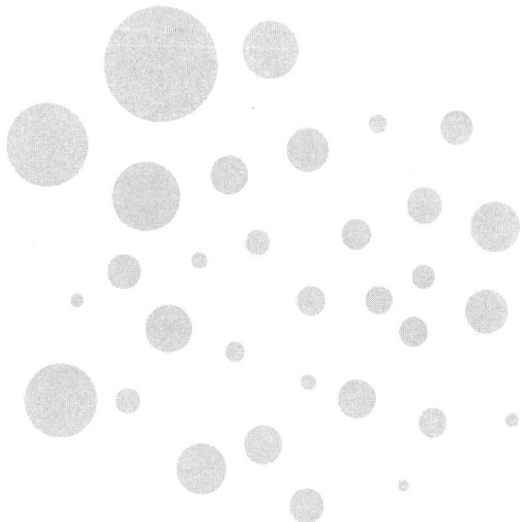

华东师范大学出版社

·上海·

图书在版编目(CIP)数据

秘书公关原理与实务/李玉梅主编. —上海:华东师范
大学出版社,2013.3
高校秘书学专业系列教材
ISBN 978-7-5675-0402-8

Ⅰ.①秘… Ⅱ.①李… Ⅲ.①秘书-公共关系学-高
等学校-教材②秘书-礼仪-高等学校-教材
Ⅳ.①C931.46

中国版本图书馆 CIP 数据核字(2013)第 043661 号

秘书公关原理与实务

主　　编　李玉梅
项目编辑　范耀华
审读编辑　吴　余
责任校对　邱红穗
装帧设计　卢晓红

出版发行　华东师范大学出版社
社　　址　上海市中山北路 3663 号　邮编 200062
网　　址　www.ecnupress.com.cn
电　　话　021-60821666　行政传真 021-62572105
客服电话　021-62865537　门市(邮购)电话 021-62869887
地　　址　上海市中山北路 3663 号华东师范大学校内先锋路口
网　　店　http://hdsdcbs.tmall.com

印 刷 者　常熟市大宏印刷有限公司
开　　本　787×1092　16 开
印　　张　15.75
字　　数　346 千字
版　　次　2013 年 7 月第 1 版
印　　次　2022 年 8 月第 3 次
书　　号　ISBN 978-7-5675-0402-8
定　　价　32.00 元

出 版 人　王　焰

高校秘书学专业系列教材
编委会

目录

总　序

秘书学专业已于2012年被正式列入教育部本科专业目录。我们努力了30余年，终于使学科正式跻身于高等教育本科专业之林，这是学科发展史上里程碑式的跨越，是学科正规化大发展的起步。秘书学科的春天真正来临了！

教材建设成为专业建设的首要任务之一。近年来，全国多家出版社纷纷组织编写秘书学专业系列教材，呈现出百家争鸣、百花齐放的势头，这是专业兴盛的表现；同时，通过竞争，教材也能越编越好。

回顾30余年来，秘书学专业的教材大致经历了两代。

第一代教材产生于20世纪80年代前期，名称有《秘书学概论》《秘书工作》《秘书学和秘书工作》《秘书学》等等。各书的内容一般分三部分：首先是对秘书工作粗浅简单的经验总结；然后，大部分篇幅是文书工作程序介绍和法定行政公文的介绍及写法；最后，再加些秘书工作、档案工作等法规的附录。对这一代教材，宽容者称之为集专业教材、学术著作、工作手册三位一体的连体。批评者斥其难以用作教材，不成工作手册，更远非学术著作，属生硬拼凑、不伦不类的三不像和大杂烩。客观而论，与文史哲等成熟的学科教材相比，这一代教材确实粗糙、幼稚，难登大学殿堂。然而，任何学科总是从低级到高级，从幼稚逐步到成熟的，因此，其开拓、铺路之功不可抹杀。

第二代教材产生于21世纪初，以全国统编秘书专业自考教材为代表作。其主要标志是将秘书学专业的内容分解为"论"、"史"、"应用"三部分，出现了《秘书学概论》《中国秘书史》《秘书实务》《文书学》《档案学》《秘书写作》《公共关系学》等教材。这些课程教材既有相对独立的内容和理论框架，又彼此联系，初步形成了学科体系。但是，这一代教材一定程度上存在着基本概念含混、学科界限不清、研究对象欠明、体系不够完整等不足之处。

近年来组织编写的一系列教材，总结了30余年来的经验，是为第三代教材。本系列教材就是试图弥补第二代教材的缺陷，希望成为第三代教材中的集大成者。为此，我们要求各册做到基本概念明确、研究对象明确、课程界限明确，体系基本完整。

本系列教材具有专、全、新的特点：

专——秘书学已成为独立的本科专业，其系列教材应当具有明显的专业性，即：

第一，每册教材都有各自专门的基本概念、研究对象、课程界限、基本体系。而不再是既夹有"史"，又有所谓"论"，还有文书写作、实务等等于一书的三不像和大杂烩，也不能是相互混淆、重叠的复制品。

第二，本系列教材全部由长期从事该课程教学、研究的具有高级职称的专业教师对口主编，凝聚了他们十多年或者几十年的教学经验和研究成果。例如：我们邀请了四川大学知名文书学专家杨戎教授、知名档案学专家黄存勋教授主编《文书处理和档案管理》，邀请山西省写作学会会长、山西大学郝全梅教授主编《秘书应用写作》，邀请从事秘书专业管理学课程教学近20年的常州工学院人文学院院长钱明霞教授主编《管理学原理》，等等，以此保证本系列教材的专业性和高质量。

全——我们同时着手编撰秘书学专业系列教材和涉外秘书专业系列教材，这两个系列教材可相互交叉使用。这是迄今最全的秘书学本科专业系列教材。

秘书学专业的主干课程，经学界在哈尔滨、杭州、厦门等召开的几次全国研讨会上反复讨论，认为应以七门课程为核心课程，并在此基础上编写教材，即《秘书学导论》、《中国秘书史》、《秘书实务》、《秘书应用写作》、《秘书公关原理与实务》、《文书处理和档案管理》和《管理学原理》。本系列教材除此七册外，还包括了专业主要课程《秘书心理学》、《秘书实训》等教材。

鉴于涉外秘书专业与秘书学专业有明显区别，我们策划、组织一批长期从事涉外秘书课程教学的专家编写了涉外秘书专业系列教材，共七册，包括《涉外秘书导论》、《涉外秘书实务》、《涉外秘书英语综合》、《涉外秘书英语阅读》、《涉外秘书英语写作》、《涉外秘书英语听说》和《涉外商务单证》。

新——各册尽可能增加新内容、新观点，选用新案例、新数据、新材料。同时，文风和版面适应新时代大学生的需求，力求新鲜活泼，一改秘书专业教材严肃、刻板的面貌。

参与这两套系列教材编写的专业教师，多达几十人，来自各高等院校，北到哈尔滨、南到湛江、东起上海、西到广西，遍布全国，是一次学界的大兵团作战。我们希望将教材编写得尽可能好些，能成为受大家欢迎的教材，我们为此也付出了不少努力。但是，由于秘书学专业尚是发展中的新专业，还在摸索探讨中行进，也由于参编人员能力有限，所以，书中不足之处难免，还望学界同仁批评指正，不吝赐教。

总主编：杨剑宇

2012年12月于上海

绪　论

一、本书的产生背景和适用范围

本书是一部专门论述秘书公关工作原理与方法的教材。

秘书公关工作是公共关系学应用在秘书工作中而形成的一项秘书专项业务,是秘书人员协助组织和领导主持或参与实施的公共关系管理活动。

我国现代公共关系的探索实践是从 20 世纪 80 年代初开始的。随着公共关系应用的不断拓展及理论研究的逐步深入,公共关系教育也开展起来。1994 年,国内第一个公共关系学本科专业在中山大学成立;同年 2 月,由杨剑宇执笔的《秘书公关技巧》由中国档案出版社出版,这是我国第一部将公共关系与秘书联系到一起的著作,由此奠定了秘书公关工作的理论基础,确立了其工作模式、规范和实战技巧;1995 年,史玉峤著的《公关与文秘》出版;1997 年,秘书公关工作被纳入国家职业技能鉴定委员会主持的秘书职业技能鉴定考核项目,杨剑宇主编了培训教材的公共关系部分。公共关系学逐渐成为高校秘书学专业的一门主干课程。

近年来,随着社会的发展,公共关系和秘书工作在组织中的职能地位日益提高,两者在工作范畴上的交叉领域也在增大,客观上赋予了秘书部门和秘书很多新的职责和要求。然而,由于种种主客观因素的影响,目前人们对公共关系和秘书公关工作的认识还比较模糊,甚至存在着一定的偏颇和错误理解,这直接影响着秘书公关工作的有效开展,阻碍其在组织管理中的职能发挥。

应该看到,秘书公关工作的职能是复杂的,不同组织管理层对它的认识和要求有所不同。以往秘书公关工作的任务主要是协调组织内外的关系,秘书部门发挥着作为组织的协调部、外交部和宣传部的作用;现在很多单位将公关调研和专题活动的策划、执行等更为专业、复杂的公关工作交由秘书部门全权处理或协助相关部门处理,秘书部门逐渐演变成为组织公共关系方面的情报部、参谋部、策划部和执行部。因此,认清公关工作的地位和作用,掌握其基本理论和工作方法,是当前秘书人员的一项紧迫任务。

公关工作的广泛性、专业性和谋略性对秘书人员的学历和能力提出了更高的要求。2012年,秘书学本科专业被正式列入教育部《普通高等学校本科专业目录》,客观上为高层次秘书人才的培养提供了保障。然而,作为一个新兴的专业,秘书学专业目前还存在着某些问题。学科基础理论过于薄弱,内容单调,缺乏系统性,说服力不强;在学科基础理论研究上存在四大难题:基本概念含混、学科界限不清、研究对象不明、体系有待形成。[①] 与此同时,适合本科

---

① 杨剑宇:《合力推进秘书学基础理论研究》,《秘书》,2010 年第 11 期,第 3—5 页。

秘书学专业教学的公关教材十分紧缺,对高级秘书人员公关工作规律和规范的研究也亟待加强。

本书主要供本科秘书学专业或相关专业公共关系课程的教学使用,也可作为专科相关专业公关课程的教学参考书,或各级行政机关、社会团体、企事业单位秘书公关工作的业务指导材料。本书针对社会和专业发展的现实需要,力求构建系统、科学、实用的秘书公共关系课程体系,为本科秘书学专业的建设发展提供有力的学科理论支撑。

二、本书编写依据与内容构建维度

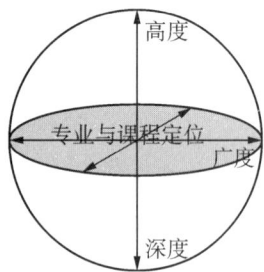

图 0-1-1 本书编写依据与内容构建维度

本书主要以本科秘书学专业的专业定位和秘书公共关系的课程定位为依据,构建秘书公共关系的知识体系,确定其理论与实务的三个维度——高度、深度和广度(如图 0-1-1)。

(一)专业定位与课程定位

1. 本科秘书学专业定位

所谓专业定位,即确定该专业在高等教育系统中的相对角色位置和存在价值。它是对某个专业"是什么样"或"将是什么样"问题的基本回答,在专业建设与发展中具有根基性、指导性的作用和意义。

专业定位的确立与专业性质、发展方向、社会需求、相关专业定位以及相关法规直接相关。作为一个新兴的本科专业,秘书学专业的定位问题还在探索之中。可以认为,秘书学专业具有应用型高等教育的专业属性,强调对于人才培养、社会服务和科学研究三大基本功能的应用性特征,为区域或地方经济社会发展培养具有本科专业水平、具备创新精神和实践能力的应用型、复合型秘书人才。

2. 秘书公共关系在秘书学专业课程体系中的定位

目前,公共关系学课程在高校中开设比较普遍,大多以通识教育课或相关专业选修课的形式出现,学生具备初级的公关意识和公关能力即可。但是对于秘书学专业来说,公共关系学应该是一门主干专业课程。

现代管理离不开公共关系,良好的公众关系和舆论环境是组织生存发展的基本保证,公共关系已经被纳入组织管理层的职责范畴,秘书要辅佐领导、参与组织管理,就必须运用公共关系的手段和技能。因此,公关工作是秘书的一项基本业务,专业定位中所提出的复合型秘书的内涵必然包含公共关系,因而,秘书公共关系应成为秘书学专业的一门重要的专业基础课和专业核心课。

此外,公关工作难度较大,专业性、谋略性较强,所以秘书公关课程属于秘书学专业的高端专业课程,是本科秘书学专业特色的重要体现,也是学生谋求高级秘书岗位和未来职业发展的一项"独门绝技",对于培养学生创新能力和参谋能力有重要作用。

(二)"三个维度"的控制

本书在专业和课程定位的思想指导下,以服务于秘书岗位需要的"实用"、"够用"和"重点突出"为原则,对教材内容的专深程度和伸展范围进行了适度的控制。

1. 高度

本科秘书学专业培养的秘书必须切实承担起作为领导参谋和高级助手的职能,对于公关问题的认识和处理应具有较高的水平。应用型秘书人才的培养和公关技能的训练不应仅仅体现在动手能力上,公关技能是公关头脑与动手能力的综合体现,公关思维的训练应成为本科秘书学专业公共关系课程的重要内容。

为此,本书在内容选取和表述上着力避免低层次的灌输式理论知识和背书式、临摹式的实践内容,使学生学会用头脑做事,独立地、创造性地处理公关问题。在公关涵义、公关目标等基本理论知识的讲解上,力图反映公共关系学的最新成果,站在组织发展的战略层面和哲学高度,从公共关系的社会价值角度剖析问题。在秘书公关实务部分,则加大公关策划、公关写作、危机公关等更能体现秘书公关工作价值和水平的高难度项目的比重,注重对教学和训练的引导。

2. 广度

广度主要是指教材所涉及的知识面。本书对知识广度的控制主要体现在三个方面。

第一,针对秘书公关工作所需,囊括秘书公共关系的基本理论和职责范畴。在内容设计上进行了大胆的创新,避免了对普通公关教材的简单复制,同时保留了公关发展史等看似与秘书公关工作并无关联的内容,用以引导学生理解公关原则和公关思想,把握未来的发展方向,从而指导和启迪秘书公关工作。

第二,兼顾相关的学科生长点和最新社会活动。跟踪秘书学和公共关系学等学科的发展动向,将企业社会责任、网络公关等新内容,以及某些最新案例、社会新闻纳入教材之中。

第三,统筹协调与本专业其他相关课程的关系。秘书公共关系中的某些内容,如公关调查、公关演讲、公关沟通、公关礼仪、谈判、企业文化等,与秘书学专业可能开设的其他课程有较大的重叠性,教材在这些方面进行了不同程度的压缩,不同院校或其他读者可根据自身情况(有无相关课程等)进行选讲或扩充。

3. 深度

本书对内容深度的控制主要体现在两个方面:一是将课程的重点、难点内容讲深、讲透,启发学生进行理论探究和实践训练,如秘书公关工作的原则、公关策划、网络公关等;二是对相对次要、易于理解或与其他课程关联较大的知识内容简略讲述,如企业社会责任、整合营销传播等。

三、本书的主要内容与学习目标

全书共十二章,由理论到实务彼此关联、循序渐进,突出秘书公关实务部分。具体章目内容和学习目标参见表 0-1-1。

表 0 - 1 - 1　本书的主要内容与学习目标

章序	章目	主要内容	学习目标
一	公共关系概述	公共关系涵义和要素;秘书公关工作的性质、职能与原则	掌握公共关系与秘书公关工作的基本概念,为秘书公关工作的实践和学习打下坚实的理论基础
二	秘书和公共关系		
三	公共关系的产生与发展	公共关系产生和发展的基本历程	厘清公共关系的历史渊源,理解其产生背景和公关思想的变迁,认清我国公关事业的发展状况和未来走向,及其对秘书公关工作的影响
四	秘书的内部公关工作	秘书对组织内、外常见公众开展公关工作的意义和策略	从公关对象出发,全面认识秘书公关工作,建立面向各类公众的公关意识,掌握基本的公关手段
五	秘书的外部公关工作		
六	秘书公共关系工作程序	秘书公关工作的"四步工作法"及各步骤的主要业务	掌握公关工作程序,独立完成公关调查和策划工作,掌握公关实施中的公关文书写作业务
七	公关文书写作		
八	专项公关活动的筹办	秘书常见专项公关工作的操作方法	掌握常见专项公关活动的工作方法,树立危机公关意识
九	公关危机管理		
十	网络公共关系		
十一	秘书日常公众交往活动	秘书与公众的见面、接待、应酬等日常业务	理解某些秘书日常工作的公关意义和价值,做好秘书日常公关工作
十二	秘书的公众形象	秘书的内在公关素质和外在公众形象	内外兼修,全面培养个人公关素质,进行个体公众形象的塑造

四、秘书公共关系的学习意义与学习方法

(一) 秘书公共关系的学习意义

1. 适应复合型秘书人才的岗位要求

某外企服务公司总经理助理讲:"优秀秘书的招聘难度丝毫不亚于招聘一个高级工程师。"[①]观察各类招聘广告和招聘会现场,不难发现,真正满足用人单位需要的复合型、专业型秘书求职者可谓凤毛麟角。

所谓复合型人才,即要求秘书兼备公关、财务管理、翻译、汽车驾驶等能力,一职多能,以适应办公室的综合性业务。其中,公共关系与秘书工作的联系尤为紧密,它们在职能、性质、工作方式等方面相通相融。在公共关系日益被社会各类组织所重视的情况下,用人单位越来越看重秘书的公关素质,公共关系的辅助管理逐渐成为现代秘书,尤其是高级秘书或办公室管理人员的本职工作,有些单位甚至将公关业务全部交由秘书部门来完成,所以,掌握公关工作的技能方法才能取得高级秘书岗位的"敲门砖"。

---

① 北京外企人力资源服务有限公司:《外企秘书职业需求新趋势》,http://www.class.com.cn/magz/newsdetail.cfm?iCntno=6286,2007 年 7 月 19 日。

2. 发挥秘书的基本职能

在 1990 年 1 月召开的全国党委秘书长、办公厅主任座谈会上,当时的中央领导人发表讲话指出,办公厅要发挥好参谋助手、督促检查、协调综合三个方面的作用。这三项基本职能后被人们广泛接受,并推广到党政机关单位以外的其他各类社会组织。

秘书工作具有多样性和非共同性,一般来说,大多数秘书人均负责的工作有 15—25 种。尽管如此,作为秘书首要职能的参谋助手职能却只在调查研究、信息工作和公共关系等少量的工作中得到体现。实际上,秘书公关工作从公共关系层面承载着秘书的全部三大基本职能,在组织的宏观和微观管理中发挥重要的决策服务和协助管理的作用。

3. 提高创新能力、组织能力及认识和解决问题的能力

这些能力是本科阶段秘书学专业培养目标的重要内容,是高层次秘书必备的业务素质,秘书公共关系课程为这些能力的培养、提高和应用提供了得力的平台。

简单地说,秘书公关教学主要有两个目标:一是使学生练就一双慧眼,能够用公关的头脑识别工作中的公关问题;二是使学生掌握一个工具,能够用公关的手段来解决公关问题。对于学生来说,通过学习所取得的公关意识和基本公关能力还可以应用在秘书的接待、协调等其他工作中,有利于提高工作效率,创造性地解决工作中的问题;而秘书公关策划和实施的学习,对于创新能力与组织能力的培养和提高也会发挥很大的作用。

4. 为未来职业发展铺路

秘书公关素质和相关能力为秘书的职业发展提供有力保障。

一是应用于秘书工作中,可以大幅度地提高秘书服务水平,从而使秘书得到认可和重用。

二是有利于向专职公关岗位转型。我国公共关系市场持续多年快速发展,《中国公共关系业 2011 年度调查报告》指出,据调查估算,整个市场的年增长率为 23.8％左右,未来市场的专业化程度会越来越高,人才供给不足等问题连续多年成为阻碍行业发展的首要问题。这些情况预示着秘书公关工作或组织整体的公关工作也将向更加专业化、独立化的方向发展。一般来说,有了秘书公共关系课程的学习经历,可以胜任组织的公关部门工作或公关公司的业务。

三是便于向其他工作岗位转型或职务升迁。秘书公关素质和能力具有较大的通用性,适合多种岗位需要。特别是公共关系所强调的对组织整体的战略性关注与调控的工作思维和方法适合于组织的宏观管理,将为秘书人员向更高层管理岗位的发展打下良好基础。

5. 促进行业和社会的发展

将研究的视野从秘书个体伸展到秘书群体乃至整个秘书行业,可以看到,如果秘书公关知识被广泛学习和应用,那么,行业整体服务水平将显著提高,人们对秘书价值和社会地位的认识也会有很大的改变。

此外,对于这样一个庞大的、处于组织重要岗位的社会群体,秘书公关职能的发挥将会有力地促进全社会公关功能的实现,促进社会的开放与和谐,间接地推动政治、经济和文化的发展。

(二)秘书公共关系的学习方法

总体来说,秘书公共关系的学习方法要以专业定位和学习目标为主导,配合学科性质、教

材特点和教学要求,将公共关系的理念应用于课程学习中,用公关的方法学公关。具体可参考如下做法:

1. 探究性学习

探究性学习是一种积极的学习过程,主要是指由学生自己探索问题的学习方式。

本科阶段秘书学专业培养的是未来职场上的高级秘书人员,他们必须善于独立思考、解决工作中出现的各类新问题,为领导提供高层次的智力服务。因此,学生必须在专业课的学习过程中,有意识地加强思维训练,敢于探索和总结知识。

公共关系学是一门正在发展中的新学科,秘书公共关系的研究更是处于尚不完善的初创阶段,而且作为一门综合性、应用性、经验性较强的学科,其知识的内容大部分来自于对秘书公关实践的经验总结,以及对相关学科理论的借鉴。本科阶段的秘书学专业学生已经具备了一定的专业素质和研究能力,完全有能力独立思考或者在教师的启发下提出部分理论和工作方法。因此,要学研结合,大胆地进行理论知识的探索。

在探究性学习中,应注意对课程相关学科的综合研究、对理论与实际的综合研究,以及对国内外秘书公关工作的综合研究。秘书公关工作的相关学科主要有:秘书学、公共关系学、传播学、管理学、社会学、营销学、社会心理学、公文写作、礼仪学等。广博、合理的知识结构是深入学习和研究秘书公关工作的重要前提。

在借鉴国外研究成果时,要有分析、批判的态度。目前已形成的秘书公共关系的很多内容都是源于国外的公共关系学学科体系,而中国公共关系的国情环境和秘书工作的职业环境比较复杂,在探索符合中国实际的秘书公关理论与实践方面还有很长的路要走,学生们也应积极加入到这项研究中,在学习的同时注意与中国国情和秘书工作实际相结合,决不可囫囵吞枣地照搬照抄。

2. 自主性学习

自主性学习强调学生不能单纯被动地"听讲",而是要积极思考、主动学习,并随时检查自己的学习效果,及时采取措施补充课堂学习的不足。

秘书公关知识往往看似简单,实际上一旦深入思考常常会发现,要想达到真正理解和掌握的程度是很难的。理论上的要求与现实中的情况往往存在较大的差异,比如在危机发生后的处理上,是否如实、主动地告知公众等。如果学生不用心学习,仅仅靠背下来的"标准答案"来取得考核成绩,在今后的工作中就很可能把"标准答案"的精髓、本质抛在脑后,做出伪公关的事情来。学生要使自己切实接受公关理念,必须运用自主性学习。

自主性学习要求学生主动参与课堂教学活动,配合教师的启发式、互动式教学。同时,在课外要根据自身掌握的情况和教学要求,积极阅读相关参考文献,主动开展公关训练。

相比其他学科来说,秘书公共关系的自主性学习具有得天独厚的条件。因为公共关系在日常生活、媒体及各类组织的秘书工作中随处可见,既有可供借鉴的案例,也有尚未开发的"市场",它们是自主学习的天然课堂。学生应积极搜索公关事件,运用所学知识去分析事件,研究公众心理和社会公关环境,模拟或尝试处理各种公关问题。

3. 实践性学习

公关讲究用行动去影响人,引导公众在体验中了解组织。同样,秘书公共关系也不能单纯地板书授课、文字作答。要适应复杂的现实工作环境、把握灵活多样的公关活动,仅从书本到书本、从理论到理论是行不通的,必须"学而时习之"。

秘书学专业的人才培养定位也要求我们在学习中必须重视应用能力和创新能力的培养,养成理论联系实际的学风。本科秘书学专业重点培养的不是述而不作、坐而论道的学者,而是走进各类企事业单位的管理层,担当领导的智囊和帮手,处理工作中的各类实际问题人员。只有积极参加实践性学习,才能消化和整合理论知识,检验学习效果,积累工作经验,缩短理论与实际工作的距离。

秘书公共关系的实践性学习要做好三项工作:一要认真完成课程作业和实训活动,二要关注和参与社会公关实践,三要积极组织和参与秘书公关技能竞赛。

探究性学习、自主性学习和实践性学习是相互联系、相辅相成的学习方式,也是公共关系的双向传播、注重行为、体验式传播理念和方法在公关学习上的体现。总之,学生要在常规学习的基础上,自觉加强理论与实践的探究和训练,在用眼、耳接收和用手记录的同时,注重大脑的钻研和吸收,全身心地体验秘书公关工作,促进公关能力的全面提高。

第一章　公共关系概述

什么是公共关系？它的伦理基础是什么？用什么工作手段？追求什么目标？它的基本构成有哪些？这些问题是秘书人员开展公关工作前必须首先明确的最重要的问题和最基础的理论，本章将对此逐一进行探讨，使学生对公共关系产生概括性的认识和理解，初步树立公共关系的思想观念。

第一节　公共关系的特征与含义

一、公共关系理解上的困惑

无论是作为一个概念，还是一种事物，公共关系常常如雾里看花，似曾相识却又难以描述。撇开主观的认识因素不论，公共关系作为一种"舶来品"，在引入、应用和发展的过程中，客观上给人们带来了理解上的困惑。

（一）"公共关系"一词翻译的误差与误读

公共关系简称"公关"，是由英文"Public Relations"翻译而来的。如果人们按照"顾名思义"的思维习惯去理解它，很容易造成困惑或误读。从字面上看，"公共的关系"含义不清，似乎是指社会大众之间的关系，或者对于某个团体、个人来说的对外的关系，或者是公共事业管理领域中的一个分支，这些都不是真正意义上的公共关系。

但是，如果将"公共"理解为"私人"的反义词、"公开"的近义词，认为公共关系是非私人的、非个体间的、公开的关系，那么这种认识是正确的，从这个角度讲，这种译法有一定道理。

实际上，"Public"既是形容词"公共的"，又是名词"公众"，如果译为"公众关系"，则更贴近公共关系的内涵。但是"公共关系"一词已经被约定俗成，无需更名。我们可以将"公众关系"理解为公共关系的又一称谓，但不宜频繁使用。

（二）内涵丰富造成的困惑

1. 多重指代现象

"公共关系"一词应用在不同语境中有着不尽相同的多种含义，这种情况在其他专业名词上并不多见。如指代较多的"秘书"也仅仅包含工作人员（职务）、职业和学科专业的含义。公共关系除了具有这些含义外，还用来表示公共关系状态、活动、意识、观念等。

（1）公共关系状态

当人们在相互谈话提及某一社会组织时，有时会问："你觉得它怎么样？"这里"怎么样"一般是指该组织在谈话对象心目中的总体印象。某一社会组织在公众中的总体评价，或者说舆论状态,就是这个组织的公关状态,它反映了组织与公众的总体关系状况。

公关状态是一种客观存在,如同每个人都会有人际关系状态一样,任何组织都有公共关系状态。关注和改善组织的公关状态是公共关系工作的基本任务。

(2) 公共关系活动和工作

对于个人来讲,人际关系的维护和改善很大程度上有赖于人际交往活动。同样,社会组织要改善自身的公共关系状态,也需要做一些类似公众交往的活动,只是我们并不称之为"公众交往",而是仍然使用"公共关系"一词,称为"开展公共关系",这里的"公共关系"就是指公关活动。当然,公共关系不能简单地理解为公众交往。

公关活动的开展有自觉与不自觉、有意识与无意识之分。任何组织都面临与公众的关系问题,都会主动或被动、系统或零星地开展应对这些问题的公共关系活动。有的组织虽然做了公关活动,却并没有意识到它的公关性质和公关意义,这种思想状态下形成的公关活动可以说是广义的公共关系,但不是通常意义上、科学意义上的公共关系,也不在本课程的学习研究范畴。组织或个人自觉地、有组织、有计划地开展的公关活动,才是公关工作。

公关活动与工作是本课程的教学重点,因此教材在没有特别说明的情况下提到的"公共关系"均指公关活动或公关工作。

(3) 公共关系意识和观念

公共关系意识一般特指人的大脑对公关问题的反应。公共关系意识是有效开展公关工作的基本保证,公关意识强烈的人会在事件中敏感地捕捉到它的公关意义或影响,从而自觉、迅速地做出体现公关理念的判断和决策。

公共关系观念是人们对公关问题的认识态度和觉悟,即如何看待公共关系。它是指导公共关系工作的管理思想和行为哲学。

公共关系意识有时等同于具体的公关观念,如公众观念(意识)、传播观念(意识)等。公共关系观念用来指导公关实践,便形成了公共关系的工作原则。

2. 复杂多样的子概念

在公共关系简单的字面下,包含着丰富的子概念,它们是构成公共关系内涵的"关键词"。如:组织、公众、传播、关系、形象,这些生活中的常用词在公共关系里有着怎样的特定含义? 如何相互关联来构建公共关系概念? 这些问题也是比较晦涩的。再如,营销公关、危机公关、公关广告、网络公关等也是公共关系的子概念,它们与市场营销、危机管理、广告活动、新闻传播等很难分辨清楚。而且,由于公关具有一定的隐蔽性,当这类公关活动发生时人们往往难以注意到公关的存在,仅仅把它当作普通的营销、广告等活动。

公关学者斯蒂芬·菲茨拉德曾说过:"令人头疼的不是公共关系一词缺乏意义,而是这词包罗万象,囊括过多。"公共关系内涵丰富的现象提醒我们,要注意把握公共关系的本质,深刻理解其不同的含义和相互关联,避免使用中的混淆。

(三) 应用实践中的误解

概念上的困惑直接带来应用实践中的曲解。例如,台湾在推行公共关系初期,不少企业错误地把公共关系室设在传达室的隔壁,以为公关工作只是对外宣传和对外联络。即使在公共关系的发源地美国，也常常会出现某些错误理解下的错误应用。

1989年，98岁的公共关系学创始人爱德华·伯奈斯接受记者采访，当被问及"您对今天的公共关系实务有何不满意的地方"时，他说："在美国，公关一词就像肥皂泡一样有着不确定性。除非它能够像医疗和建筑等职业一样，通过法律界定其在公众心目中的地位，否则每个人都可以使用它。至今，水管工、汽车推销员甚至是毫无道德规范而言的人都可以自称为公关从业人员，而这些人并未接受过任何相关的教育和培训，有些人甚至不清楚'公关'究竟是何物。公众也不清楚公关的含义，如不引入相关的认证体系和注册机制，这种状况必将继续下去。"

美国的很多公关公司不用 Public Relations 的名称，而是用 Public Information（公共资讯）、Corporate Communication（公司传播）、Public Affair（公共事务）等，这些别称一方面反映了人们对公关的理解不够准确，另一方面则是有意避免公共关系这一术语可能带来的负面意义。

对于我国来说，这类问题相对更多。除了词语本身的原因外，还有文化上的因素。例如，中国有根深蒂固的"私交"文化，人们重视人际关系，习惯用"人脉"来处理公众关系问题，却很少关注公共关系；很多人的思想深处有着强烈的长官意识、特权观念，它们与公众意识、平等交流的公关观念相冲突。此外，在公共关系被引入和传播的过程中也在客观上造成了误传、误用的扩散和影响。

公共关系是在20世纪80年代初，伴随着改革开放的浪潮被引进到我国大陆的。在引进之初的几年里，公共关系就在一些组织的经营管理中表现出了独特的功能和显著的效益。例如，广东三水县的健力宝饮料厂运用公共关系的战略思想，请营养学家做推荐，塑造国宴饮料的声誉，赞助我国首次举办的亚运会，使健力宝饮料在很短的时间里名声显赫，不仅畅销全国，而且打入国际市场，成为轰动一时的"东方魔水"。再如，北京长城饭店抓住时机，争取到里根总统访华答谢宴会场地的授权，使这家当时尚未全部投入运营的饭店迅速在全世界树立起国际一流饭店的形象。再有，广州白云山制药厂通过冠名足球队、轻音乐团、做公关广告等活动，使这家老厂焕发青春，享誉全国；1986年大亚湾核电站建造过程中对反核浪潮的有效控制则成为危机公关的典型代表。

各种成功的事件在媒体上传播后，引起了社会各行各业的广泛关注，人们也从中学到了一个新名词——公共关系，建立了对公关的第一印象，促进了企事业单位对公共关系管理的尝试。但是，媒体毕竟不是公关专家，他们对公关的一些片面宣传和过分渲染直接影响了人们的感受和判断。第一印象的影响力是巨大的，至今仍有很多人把公关当作"无形的推销术"和花钱少、用量小、见效快的"灵丹妙药"。

有学者指出，"伪公关"在实践中比比皆是，甚至有可能是"压倒性的多数"。这说明公关界本身在这方面的公关没有做好。公关界如何为自己"正名"？如何大张旗鼓地为真正的、典型的、有影响力的公关案例做出有力的推广，恐怕是当务之急、重中之重。我们面对的是公关界由来已久的最大的"公关危机"，亟须启动"危机公关"。[①]

---

① 张云：《取消公关专业为何引发风波》，《国际公关》，2011年第4期，第93页。

二、公共关系的特征与定义

公共关系并非包罗万象，也并非所有用来促进公众关系的活动都是公关。公共关系有其特定的内涵限定和职能范畴，在性质、手段、目标和伦理基础等方面具有鲜明的特征。

对事物的特征进行归纳可以总结出某一概念的定义，反之，概念的定义反映了它所指代的事物的特征。公共关系丰富的内涵、广泛的应用及快速的发展，让它的定义变得十分丰富多样。目前国内外正式发表的公共关系定义不下几百种，它们从不同的视角揭示了公共关系的特征。这里引入某些较有代表性的定义，用以分析公共关系的特征，进而整理出本课程的定义。

（一）性质和手段特征

公共关系是组织机构的一种管理职能，其管理手段是组织与其公众间的一种计划性、持续性的信息传播活动。

1. 公共关系的性质和手段

公共关系是用以满足管理需要的信息传播行为，也是以传播为手段的管理活动，其管理与传播的主客体分别是社会组织与公众。

1976年，美国学者雷克斯·哈罗博士在访问了83位公共关系领导人、研究分析了472个公共关系定义后，对公共关系的定义提出了自己的看法："公共关系是一种独特的管理职能。它帮助一个组织建立并维持与公众之间的沟通理解、认可与合作；它参与处理各种问题和事件；它帮助管理者及时了解公众舆论并作出反应；它明确和强调管理部门为公众利益服务的责任；它作为社会变化趋势的监视系统，帮助管理者随时掌握并有效利用这些变化趋势，保持与社会变动同步；它运用有效的、正当的传播技能和研究方法作为主要的工具。"

该定义比较具体地说明了公共关系的性质和手段。公共关系作为一种组织管理职能，专门负责组织与公众之间的关系协调，建立和维护这种关系的手段是双方的信息传播，以促进彼此的了解、理解、支持与合作。

1984年，格鲁尼格和亨特更加直接、明确地将公共关系概括为："公共关系是一个组织与其公众之间的传播管理。"

2. 公共关系传播的特定方式

组织与公众之间从关系的建立到保持长久的友好和信任，不是靠短期、零星的传播活动就能解决的，它是一种战略性、持久性的工作，其活动形式必然表现为一种有计划、有组织、持续不断的过程。

英国学者弗兰克·杰夫金斯认为："公共关系就是一个组织为了达到它与公众之间相互了解的确定目标，从而有计划地采用一切向内和向外的传播沟通方式的总和。"

国际公共关系协会对公共关系的定义同样强调了其传播管理的特定形式："公共关系是一种管理功能，它具有连续性和计划性。通过公共关系，公立的和私人的组织机构试图赢得与他们有关的人们的理解、同情和支持——借助对舆论的估价，尽可能协调他们自己的政策和做法，依靠有计划的、广泛的信息传播，赢得更有效的合作，更好地实现他们的共同利益。"

公共关系的这种传播特点进一步提醒我们：只有站在组织管理和公共关系整体目标上策划、实施的公共关系活动，才是科学意义上的公共关系。个别领导或秘书心血来潮开展的孤立的活动，从严格意义上讲不具备公共关系的性质。

（二）目标特征

1. 公共关系的战略目标

从战略意义上看，公共关系以构建有利于组织生存发展的社会生态环境为目标。

任何组织机构都是以追求自身利益的最大化为宗旨的，公共关系作为一种组织管理职能，必然是为组织生存发展的大目标服务的。在这个大目标下，如果说公共关系工作的目标只是为了影响更多对自身有利的人，那么这种观念未免过于狭隘，而实际上早期的公关观念便止于此。在这种目标引导下的公共关系难免会做出操纵、欺骗公众等举动，如此就不能真正影响和争取公众。

于是，公共关系的观念和目标从"私利"演变到了"互利"——组织与公众的利益共赢。这种观念在今天来看仍然是合理的，但是随着社会环境变化的日益复杂，人们越来越注意到这种认识的局限性。只见树木不见森林，仅仅关注组织和其特定公众常常不能彻底解决公共关系问题。于是，在生态学理论的指导下，公共关系的"公利"思想和营造和谐生态环境的目标被提了出来。

1985年，卡特里普、森特和布卢姆正式把生态思想纳入公共关系定义。他们认为，公共关系是组织适应其环境的一个路径，在一个生态模型中，公共关系的功能是达成组织对环境的调整、改变或者维持的目标；公共关系的过程就是一方面调整组织对环境的适应，另一方面调整环境对组织的适应。

从社会生态学的观点看，人类社会是一个由多种因素、"物种"共同构成的社会生态系统，包括文化因子、政治因子、经济因子、科技因子，以及各类组织机构和个人。从每一个社会组织的角度看，在组织的周围围绕着与之相关联的公众群体，形成公众关系网络，这是组织的微观社会环境系统，而社会文化、政治、经济、科技等构成了组织的宏观社会环境系统，它们共同构成了组织的社会生态系统。

如同某一自然物种对于自然生态系统一样，组织与社会生态系统之间也是相互依存、相互制约的关系。任何一种关系被忽视或处理不当，都可能给组织带来意想不到的问题。只有有效地维护其生态平衡，才能促进整个社会和组织个体的可持续发展。所有公共关系的工作，包括组织自身的形象建设、监测社会环境、传播沟通信息、引导社会舆论等，都是在向着创造有利的社会生态环境的方向努力。我国公关界提出的"内求团结，外求发展"，正是组织所追求的和谐的社会生态环境目标。

我国学者陈先红、纪华强等对公共关系的社会生态观颇为认同。陈先红认为："公共关系是组织—公众—环境系统的关系生态管理。具体地说，就是社会组织运用调查研究和对话传播等手段，营造具有公众性、公开性、公益性和公共舆论性的生态关系，以确保组织利益、公众利益和公共利益的和谐。"

2. 公共关系的战术目标

从战术意义上看,公共关系的目标是塑造良好的组织形象。

我国公共关系学界大多将塑造组织形象作为公共关系的目标,并反映到公共关系的定义中。

例如,明安香的定义是:"公共关系是用传播手段塑造组织自身良好形象的艺术。"

再如,熊源伟的定义是:"公共关系是社会组织为了塑造组织形象,通过传播、沟通手段来影响公众的科学与艺术。"

国外学者也有类似的观点,弗雷泽·西泰尔就认为:"有效公关的目标是使组织内部和外部的关系保持和谐,从而在公众中建立长久和稳定的信誉。"

把公共关系目标指向组织形象的认识具有战术性和操作层面的意义,有利于指导公共关系的具体实践活动。它强调公共关系作为组织的一项管理职能,最终解决的是组织的声誉问题,与"人、财、物"等其他职能部门的管理目标相区分,成为组织战略目标的最重要的组成部分。只有树立起一个能被最广大公众所接受、得到公众尊敬的组织形象,组织与公众良好关系的建立才成为可能。

(三) 伦理基础特征

从公共关系的生态分析可以看到,社会组织要想创造有利的社会生态环境,必须以保护社会生态环境为前提,所以,公共关系的伦理基础是维护公众与组织的共同利益、保障公共利益。

卡特李普等人著的《有效公共关系》中,对公共关系做出如下定义:"公共关系是这样的一种管理功能,它能建立和维持组织与公众之间互惠互利的关系,而一个组织的成功或失败取决于公众。"

公共关系与一般人际关系,特别是中国传统的人际关系不同,它没有血缘基础,缺乏情感联系,而是某种程度上的利益关系。台湾学者祝振华教授就提出:"五伦以外的人类关系,谓之公共关系。"既然没有天然的亲近关系,要想让公众支持甚至忠诚于某一个组织,就必须能够满足公众对该组织的要求和期待,主要表现为组织对公众自身利益的保障和对社会公共利益的尊重与负责。

大亚湾核电站的危机公关之所以成功,关键在于公众了解了政府在防范核泄漏风险上给予他们的安全保障,以及核电站对于当地生产生活的意义,看到了政府的诚意,这些都符合公众的利益,也符合我国政府的利益;反之,像"三鹿"企业那样,将组织利益凌驾于公众利益之上,危机迟早要来,组织形象终将崩溃。

(四) 由特征导出的公共关系定义

根据以上分析,借鉴我国公关学者纪华强提出的公关定义,可以认为:

公共关系是指社会组织在保障组织、公众与社会的共同利益的前提下,以构建有利于组织生存、发展的最优社会生态环境为目标,运用信息传播的手段,持续不断地协调、完善其与公众之间关系的管理活动。

该定义将公共关系的伦理机制、战略目标、传播方式和属性范畴等特征连缀在一起,便于我们把握公共关系的基本内涵;将公共关系的基本属性归结为"管理活动",而不是"学科"或"关系状态"等,符合本课程的教学定位,有利于指导秘书公关工作。

第二节　公关要素与组织形象

公共关系的构成要素和组织形象是公共关系研究领域中最基本的几个概念,进一步分析研究这些概念有助于深刻理解和正确运用公共关系。

一、公关三要素

公共关系是由三个要素构成的:公共关系的主体要素——社会组织,公共关系的客体要素——公众,公共关系的中介要素——传播。它们之间的关系如图1-2-1所示。

(一)主体要素——社会组织

1. 组织的类型及其公关工作重点

公共关系是一种组织活动,社会组织是公关活动的主导者、发起者、承担者,是公共关系的主体。不同的社会组织具有不尽相同的公关活动规律,按其公众关系的相对侧重及公关目标和工作方式等方面的差异,可以分为以下几种类型。

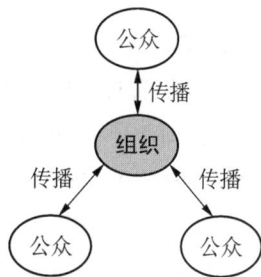

图1-2-1　公关三要素示意图

(1)营利性组织

营利性组织指以营利为主要目标的工商企业、金融机构、旅游服务机构等生产、流通、咨询服务类组织。其利益相关者主要是消费者、投资者、员工、政府、媒体等。一般来说,营利性组织在公关方面的首要任务是,与对其经营成败有决定性意义的投资者和消费者建立良好关系。

(2)服务性组织

服务性组织指学校、医院、慈善机构、大众传媒、社会公用事业机构等以全社会公众为服务对象的非营利性组织。在常规的公关管理中,它们以服务对象为首要公众,如学校以学生公关为主,慈善基金会主要开展为社会弱势群体或其他需要帮助的公众的公关活动。目前,这类组织中的大部分在改革中已经出现产业化倾向,虽然不以营利为目的,但是它们在一定程度上追求经济利益,所以还必须与其资助者、协助者保持稳定、良好的关系。

(3)公共性组织

公共性组织或称公益性组织,是为全社会服务,以维护整个国家和社会的共同利益为目标,不追求自身经济效益的组织,如政府、军队、消防部门、治安机关等公用事业管理机构。这类组织的公共关系对象是广泛的社会公民、组织机构等。它们公共关系的根本任务是,树立廉洁奉公的形象,保证各类公众的利益,使其得到同等的重视和适当的保护。

(4)互利性组织

互利性组织是以本组织利益为目标的非营利性组织,如各种党派团体、宗教团体、职业团体、群众社会团体、非正式群体等。这类组织的成员都是自愿加入组织的,目的是依靠群体的力量推动某种事业的发展,或者为个体发展提供支撑,因此,这类组织追求组织内部各成员的共同利益和共同目标,促进互惠互利。

组织的类型及其公关工作重点参见表1-2-1。

表1-2-1 组织的类型及其公关工作重点

组织类型	举 例	公关工作重点
营利性组织	工商企业、金融机构	投资者、消费者关系
服务性组织	学校、医院、慈善机构、社会公用事业机构	服务对象、资助者、协助者关系
公共性组织	政府、军队、消防部门、治安机关	社会大众关系
互利性组织	各种党派团体、职业团体、群众社会团体	内部成员关系

2. 社会性个人与个人公关

2009年9月,原谷歌全球副总裁、大中华区总裁李开复在各大媒体的头版头条中从职业经理人向创业导师华丽转身。正如4年前从微软跳槽一样,李开复在万众瞩目中离开了谷歌。且看李开复的种种做法:

9月4日,李开复在博客上的一篇文章《再见,谷歌》中,含蓄流露出他即将开创一个新事业;当天,腾讯、新浪等多家网络门户网站迅速推出李开复的离职专题。

李开复在各家媒体的"独家专访"中忙得不亦乐乎,用各种故事讲出了他的积极、和善、聪慧、节俭、富有创业精神的形象,甚至不惜翻出被微软起诉的那些陈年旧账。

李开复继续不断地通过博客制造悬念,吊人胃口;从不同渠道传出的"绝密资料"更是把离职一事炒得沸沸扬扬。

9月7日,"创新工场"发布会召开,富士康集团董事长郭台铭、美国中经合集团创始人兼董事长刘宇环等重量级人物和数十家知名媒体到会。

《世界因你而不同:李开复自传》也恰逢其时地推向了市场……

李开复的做法是典型的公共关系,但是其行为主体似乎并不是社会组织,而是他个人,这是否颠覆了公共关系的基本概念呢?实际上,李开复向公众展示的不仅是其个人魅力和转行行为,更是"创新工场"的有关情况,包括创建消息、经营理念、实力、同业者及媒体的关系等,即使是李开复个人的故事也成为企业形象的一部分。李开复具有良好的个人影响力和公众形象基础,以传播他个人形象的方式做企业公关不失为一种借力使力、事半功倍的公关策略。

可见,组织的领导人通常具有以"一己之力"开展公共关系的能力,并产生独特的公关效果。除组织领导人外,影视明星、政治领袖等社会知名人士也常常开展这类公关活动。我们将这类公关活动的主体称为"社会性个人"。所谓"个人公关"就是指社会性个人为了塑造其所代表的组织及其本人的形象,以公共关系手段开展的面向公众的传播活动。

目前学术界对个人公关还没有统一的认识,有人质疑这种提法,坚持公共关系要"正本清源"。接纳它的人也有不同的态度,如个别教材提出公关主体是社会组织和公众人物,将个人公关置于与"组织公关"并列的位置;有人将"个人"的范围无限扩大,认为每个人都可以做个人公关。

本书认为,"个人"的范围仅限于在社会上有一定影响力的人,他们或者是组织领导人,或者是品牌代言人,或者是作为签约公司、团队重要成员的明星,他们是作为公关主体的社会组织的代表或一种形态(居延安教授主著的《公共关系学》将社会性个人称为"社会组织的新形态"[①]);个人公关只是公共关系的一种表现方式,不必从公共关系中完全脱离出来。但是,由于个人公关具有迥异于其他常规公关的特殊性,所以可以单独命名。在当前社会化媒体大行其道、崇尚个体价值的时代,我们更应承认个人公关的存在,重视和发挥其独特的公关效应。

3. 全员公关

相比个人公关,全员公关在公共关系理论中倒是"名正言顺"的。全员公关是指组织中的每一个成员都应树立公共关系观念,积极参与组织的公共关系管理,在自己的工作岗位上或者在任何时候,随时为塑造组织的良好形象作出自己的贡献。

例如,一座城市的每一个普通市民的日常行为举止在旅行于此的游客看来,是这所城市形象中最真实、最生动的部分,那么,每一个市民都应有全员公关的意识,注意自身文明,发挥形象大使的作用。

美国的一位公共关系顾问讲过:公共关系是企业有机体的一部分,它是推销员脸上的微笑,皮鞋上的闪光和握手时的力量;是你迈进企业大门时笑盈盈向你走来的服务生;是迅速为你接通电话的接线生;是你收到的一封封由总经理亲笔签名的热情洋溢的慰问信……任何一个在公司工作的人员都是事实上的公关人员,上至总经理,下到刚报到的职员,概莫能外。

组织形象是通过组织所有人员的集体行为表现出来的。从公关主体的角度看,全员公关的主体似乎是组织成员个人,但是本质上,全员公关与个人公关一样,其行为主体都是社会组织。

(二) 客体要素——公众

1. 公众的含义和特征

公众是公共关系的工作对象。在公共关系里,"公众"是指与组织主体发生相互作用、成员间面临某种共同问题的社会群体。

公众具有四个基本特征:同质性、群体性、可变性、能动性。

(1) 同质性

所谓"面临某种共同问题"即公众的同质性。这是公众定义中最重要的内容,它反映了公众的形成过程,界定了公众的范围。

例如,某企业产品被权威部门检测出有害成分,那么,该产品的用户、经销商、企业员工,以及质监管理机构、媒体等便是该企业的公众,他们是这一危机事件的关联对象。

公众的同质性是与普通大众的异质性相对应的,公共关系中的公众是相对确定的、具体的、有针对性的。

(2) 群体性

公众是一种群体而非少数的一个或几个人。公共关系要解决的实际上是以群体形态出

---

① 居延安主著:《公共关系学》,复旦大学出版社,2005年版,第82页。

现的公众的关系问题,如消费者关系、政府关系、社区关系等,都是指组织与某种群体公众之间的关系。

公众的群体性提醒我们,即使有些时候公众以个人的身份显现,公关工作仍然要考虑该个体公众背后的公众群体,在处理公关问题的时候要有点有面,注意公关活动的广泛影响。

2007年中央电视台"3·15晚会"曝光的诺基亚5500手机键盘脱胶事件,就反映了企业对公众的个体性与群体性关系的认识不足,以至于将"问题"酿成了"危机"。

最初,诺基亚客服中心陆续接到鲁炜等部分消费者的投诉,反映5500型号手机使用一个月左右就会出现键盘脱落问题,要求做保修处理,公司以不属三包范围为由,拒绝支付维修费用。在双方僵持的情况下,从2006年11月3日起,鲁炜等人利用互联网招集全国遭遇同类问题的用户,向诺基亚公司联名投诉。一个月后,诺基亚公司终于答应为用户免费更换键盘。更换后的手机键盘还在脱落,用户提出"二次维修"必须进行退货的要求,诺基亚对此坚决反对。

2007年1月30日,鲁炜代表100多名诺基亚5500手机用户在网上向诺基亚公司发表了一封公开信。半个月后,公开信没得到任何回应。鲁炜决定亲自到北京的诺基亚总部讨个说法,并最终得到了全额退款的特殊待遇。

公司负责客户服务的主任对鲁炜讲:"我希望这是作为您个人跟诺基亚公司的一个特殊的解决方案,我希望这个信息只是在您和我之间知道,那么其他的用户,我会跟当地的客户服务中心联系。"但这段谈话录音却被央视在晚会上播了出去,随即引发了轩然大波。尽管诺基亚第二天便做出了产品保修3年的声明,但已无力回天。

诺基亚的教训是惨痛的,公关工作必须重视个体公众的群体化改变及其影响。

(3)可变性

既然公关公众特指面临某一公关问题的群体,那么,公关问题一旦解决或公关活动一旦结束,其公众身份就不复存在了,他们又只是以社会群体的形态出现,或者重新组合成为其他组织的其他公众。所以,公共关系的公众始终处于变化之中。公众的可变性还表现为,在某一公关问题的处理过程中,公众成员的结构、人数、态度、行为方式等也会发生改变。

公众的可变性要求组织集中力量、有的放矢地处理眼前的公关问题,并以发展的眼光看待公众,随时跟踪公众的变化更新。

(4)能动性

公共关系是组织主动与公众建立和维护良好关系的过程,但这并不意味着作为客体的公众是完全被动的。实际上,公众随时可以表达自己的意愿和要求,主动地对公关主体的政策和行为做出积极反应,从而对公关主体形成舆论压力和外部动力。上述"诺基亚事件"中鲁炜等消费者的做法便是这种能动性的真实体现。

在当前"大众麦克风"时代,公众的声音比以往传得更快、更广,公众的能动性更加鲜明。如何有效地利用公众的能动性,处理好组织与公众的相互适应和相互影响,是公共关系面临的一项重大课题。

2. 公众的分类

社会组织要通过传播、沟通有效地影响公众,不仅要了解公众的基本特性,还要分析公众的构成及其各自特点,从而有针对性地制定公关政策,开展工作。

(1) 按公众与组织的归属关系及公众的性质划分

从与组织的归属关系上看,公众可分为两大类:内部公众和外部公众。

内部公众是组织内部的所有成员,如员工、股东;外部公众是指分散在社会组织外部、与组织的某些活动有关联的公众,包括消费者、社区公众、政府、媒体、供应商、销售商、竞争者、协作者等。

(2) 按公众对解决公关问题的重要程度划分

公众可分为首要公众、次要公众和边缘公众。他们与组织的关系好比是向河水中投掷石子泛起层层涟漪,石子就是社会组织,更确切地说是社会组织与公众共同面临的某一公关问题,"涟漪"就是公众。与中心点(石子)靠得最近的水圈受石子的影响最大,波动最大,他们是首要公众;中间的水圈是次要公众;外圈的是边缘公众。公关工作应在这种公众分析的基础上,按照轻重缓急,制定不同的公关策略。

(3) 按面临某个公关问题时公众的状态及其可能的发展过程划分

公众包括非公众、潜在公众、知晓公众和行动公众。

非公众是从广义的公众概念逻辑中产生出来的,是指与组织当前的公关问题尚不发生关联的一部分"公众"。这种划分体现了公共关系在认识公众、处理问题上的一种实用性的理念和做法——先将一部分人排除在工作对象之外,缩小范围,区分对待,重点公众重点突破。

公关工作中,在非公众的认定上一定要慎重,如果把公众错划为非公众,就可能产生一些人为的公关问题,或者错过与重要公众合作的机会。经典案例"找僧人卖木梳"便给了我们这方面的启示。聪明的营销员之所以能把千把木梳卖给僧人,在于他捕捉并满足了寺庙公关建设的需要,启发了住持行善积德和展示书法才华的心理。所以,换一种思维,发现和实现公众的某种潜在需求,可以把常规意义上的非公众变成对组织有利的实际公众。

潜在公众是事实上已与组织发生了某种直接联系,但尚未意识到的公众。例如,某汽车企业在例行的产品自检时发现某型号汽车存在一定的安全隐患,便主动召回该产品,那么,这一行动的主要目标公众便属于潜在公众。

知晓公众是已经意识到公关问题的存在,但未采取行动的公众。知晓公众往往会关注组织的相关传播活动,并据此决定对组织的态度和下一步行为。

行动公众是已经卷入某一问题并付诸行动的公众。例如,参与产品召回活动,或者因为对企业的做法不满而诉诸大众传媒的公众等。

上述四类公众在组织的某一公关发展过程中都是相对的、暂时的,公众可能从非公众转化为公众,从潜在公众演变为知晓公众、行动公众。其参与程度越来越高,对组织的影响也越来越大。

(4) 按公众对组织的态度划分

组织的思想观念和行为方式通常会引起公众的不同反应,因此可将公众分为顺意公众、逆意公众和中立公众三类。

这三种公众也是可以相互转化的。组织应加强对公众态度的调查了解,努力维系顺意公众,争取中立公众,转变逆意公众,不断扩大顺意公众的规模和影响力。

公众的分类除了上述常见方法外,还可借鉴营销学、广告学中受众分类和市场细分的方法。比如,按照公众的基础细分指标划分,分别以年龄、性别、种族、婚姻状况、家庭生命周期、收入、受教育程度、职业等做划分标准细分公众;或按照公众的社会文化背景划分,考察不同生活方式、价值观、社会阶层、参照群体等背景下的公众状态。在某些公关活动中选取相关的划分标准进一步了解公众,有助于实施更加细致精准的小众沟通策略。

(三) 中介(手段)要素——传播

公共关系传播是社会组织利用各种媒介手段,有计划地与公众进行信息交流的沟通活动。公共关系传播除了具有计划性、持续性和针对性(针对具体公关问题和有限的公众对象)特征外,还表现为如下特征:

1. 属于组织传播

传播学按传播的主客体关系及规模大小,将人类传播划分为五种类型:人内传播、人际传播、群体传播、组织传播和大众传播。

简单地说,人内传播是个体的自我交流;人际传播是个人与个人之间直接的交流;群体传播是在特定的空间内对公众群体的传播;组织传播强调传播主体,是由组织计划、控制的传播;大众传播是借助大众传媒,对社会大众进行的传播。显然,公共关系传播属于组织传播。

2. 多种传播手段并存

多种传播手段并存既是公关传播的需要,也是组织传播本身的特点。从形式上看,公关传播包括大众传播、组织传播(组织自办媒体、宣传单、产品等)、人际传播、群体传播等;在具体手段上,公共传播几乎囊括所有传统与新型的传播手段,根据不同活动的需要加以灵活整合和运用。但它们仅仅是公共关系传播的种种形式和手段,其本质属性仍然是组织传播。

3. 双向传播

与新闻传播、宣传和广告等单向的信息发布不同,公共关系传播是双向传播,即传播中的双方都是信息传递的参与者,它们相互影响,相互交流信息,以求在某种程度上取得一致的了解、理解或意向。

公众对组织的传播包括组织通过公关活动获取公众信息,也包括公众对组织的主动传播,如自发形成的有关组织的社会舆论、公众的投诉等。

4. 创意性传播

公共关系是集科学性和艺术性于一体的一种传播活动,它以科学严谨的调查研究为基础,以艺术化的传播为手段,表现为隐蔽、巧妙、娱乐,充满创意,富有美感。公关传播很少用直白的、说理的方式,也很少直接讲述企业的商业诉求。为了引发公众的注意、兴趣和共鸣,公关传播者通常会运用语言表达技巧或创意性活动来传递信息内容,制造新闻效果,塑造独特的组织形象。

例如,2012 年伦敦奥运会准备期间,奥委会为了推广有着奥运历史渊源的两个吉祥物“文洛克”和“曼德维尔”,让人们尤其是孩子们喜欢它们,特意邀请英国儿童作家迈克尔·莫尔普戈为它们写了一个有趣的小故事:工人们在工厂为奥运会场馆炼钢,在钢水出炉的刹那,两滩钢水落到地面。后来,一个退休工人将两个冷却凝固的钢块捡回家,雕琢成了两个长着一只眼睛的精灵,"文洛克"和"曼德维尔"就此诞生了。随后,奥委会又邀请中国水晶石数字科技公司为这个有趣的故事制作了一部动画片,在吉祥物揭幕当天播放,使它们受到公众的广泛喜爱。

5. 注重公众体验

公关传播的创意方向侧重于引导公众对组织信息的体验,即触动公众正面的情绪、情感体验或行为参与体验,如趣味、新奇、快乐、刺激、激动、震撼、怜爱等,在潜移默化中引导公众心理,加深公众对组织信息的记忆和组织品牌的偏好。

近年来,随着《体验经济》(B·约瑟夫·派恩和詹姆斯·H·吉尔摩著)和《体验式营销》(伯恩德·H·施密特著)被引进中国,以及网络公关技术逐步成熟,国内掀起了一股体验热。在体验营销的影响和参与中,公共关系体验性的传播特点变得更加鲜明。

二、组织形象

(一) 组织形象的涵义和特征

塑造组织形象是组织公关活动最直接的目标。所谓组织形象,是指公众心目中对组织的总印象和总评价,是社会组织的表现与特征在公众心目中的反映。

一个组织的形象状况可以从公众对组织的接受程度上分别进行评估,具体可分为四个层级:认知度、认同度、喜爱度和信任度,也可笼统地分为知名度和美誉度两个层次。

组织形象具有两重性、多维性、相对性和稳定性等特征。

1. 两重性

组织形象是一种主客观因素相互作用的产物,既不是公众的纯主观想象,也不是组织客观情况的简单复制。社会组织的客观形象经过组织的传播、公众的感知及主观情绪的影响,最终落实到公众的综合判断中,才形成了组织形象。

国外对公共关系有一种简单的描述:Do good and tell them(自己做好并告知公众),就是根据组织形象的两重性所提出的公关工作要求,即组织形象既是组织自己做的,又是公众感受到的,因此,组织要努力完善自己,并在真实传播的前提下向公众展示自己,引导公众建立对组织的良好印象。

北京市公安局在多年前曾经在市属政府部门之间的满意度测评打分中获得第一,在百姓满意度测评中却成绩不佳。虽然两个评价都属公众的看法,但前一个测评属于内部公众的认识,他们了解得更多,看得更清楚,应该更接近客观实际;百姓满意度测评的情况尽管有些复杂,但有专家做客观的分析发现,北京公安局确实为百姓做了很多实事,不过在传播方式上还存在一定的问题,效果自然不佳。①

可见,组织形象和塑造既要踏踏实实地"做",也要积极有效地"说","务实"与"务虚"必须统一。

2. 多维性

组织形象是多维呈现的。从时间维度看,它是公众经过长期反复的体会产生的结果;从空

---

① 王丰斌:《治赌背后的共同体精神》,《国际公关》,2011 年第 3 期,第 10 页。

间维度看,它是公众对组织多方面具体形象综合感知的结果。

组织形象是由多种具体形象构成的,包括内在形象和外在形象两大部分。内在形象即组织内在的精神特质和实质性的状况与行为,如苹果公司的创新和唯美;外在形象即公众能够直接看到的外显特征,如企业的名称、标志、建筑风格等。

组织形象的多维性特征要求公关工作一要重视组织形象的累积效应,加强对以往良好形象的反复传播;二要重视组织的内在品质形象,统筹兼顾其他形象因素,避免因"短板效应"让公众质疑组织的内在品质。例如,"修正药业"一贯重视公共关系传播,其"放心药,良心药"的口号在多次传播中可谓家喻户晓,但是2012年爆发的"毒胶囊"事件却让其苦心经营的企业形象瞬间一落千丈。

当组织标榜的价值观和人们看到的社会现实发生直接冲突时,人们就会对心目中的组织形象进行重新评价,一次"失望"会丢失大批顺意公众。因此,组织要重视其形象塑造中的每一个细节,尤其是有关公众根本利益和社会基本价值观的形象问题,必须严肃对待,落实到位。

3. 相对性

公众对某一组织的形象是在特定时空环境下,在一定的"参照系"中形成的印象,这就是形象的相对性。

这里的"参照系"由多种维度构成,比如,组织自身的发展阶段——在发展成熟阶段人们对它的期待会更高;组织自身的规模和地位——大企业、连锁机构等对社会的影响大,担负的责任也应该更大,越是领头羊,越要做表率;同行业或不同行业同样规模、级别的其他组织的表现——高于平均表现水平的组织被报以美誉,符合平均线的被判为合格,低于平均线的则给予恶评;此外还有所在区域的生产力水平等社会环境状况,等等,都是判断组织形象的参考依据。

形象的相对性提示我们,一要随时关注其他组织的形象及自身形象的变化成长;二要努力塑造个性鲜明、卓尔不群的组织形象。

2008年奥运会期间,CTR(央视市场研究机构)做过这样一项调查:在无提示的情况下,请受众回答保险行业的奥运赞助商是谁。结果有18.1%的人提到了平安保险,14.2%的人提到了中国人寿,而"标准答案"中国人保财险的提及率仅有6.3%。中国人保财险作为奥运赞助商,在传播中没有显示出其相对于竞争对手的特别之处,必然造成品牌形象模糊。

4. 稳定性

组织形象是公众在组织长期不断的传播中逐渐被接纳、了解、总结和印证形成的,最终储存在公众大脑中的某一组织的形象,往往是反映组织总印象的几个概念,比如正直、有活力、有公德心、行业领袖、唯利是图等。这些概念或印象一旦形成,很容易固定下来,形成较为稳定的心理定势。

因此,对于正面形象鲜明稳定的组织来说,即使偶尔出现一些负面的突发情况,只要处理得当,依然可以保持公众对它的看法。2010年丰田公司在经历全球大规模的产品召回事件后,有媒体对日本民众进行采访,公众普遍反映仍对丰田充满信心,这正是公共关系组织形象塑造的价值所在。

当然,稳定是相对而言的,稳定并不意味着一成不变。如果组织危机不断,某些坏印象不断累积或存在十分严重的问题,就会改变组织固有的良好形象;反之,像美国公关史上洛克菲勒那样在公众心目中原本是"张着血盆大口"的丑恶资本家,在艾维·李的公关指导和运作下,也会变成一个受人尊敬的慈善老人。

组织形象的稳定性特征要求公关传播必须有计划、持续性地开展,只有经过长期有效的公关工作,才能改变公众对组织的已有印象,使组织形象向着期待的目标逐渐更新。例如,英国政府从20世纪90年代末开始,大刀阔斧地开展了打造"酷不列颠"的运动,进行了包括世博会、奥运会、"创意英国"在内的不计其数的公关项目,用无限的创意和想象,才逐渐打破了英国人给人们留下的保守、呆板、沉闷的传统印象。

(二) CIS——对组织形象构成的一种认识和形象塑造方式

在公共关系里,人们常用CIS来描述组织形象的主要内容,塑造组织的个性形象。

CIS是英文Corporate Identity System的缩写,意为"组织识别系统",是一种现代组织的经营管理战略,具有表现组织个性形象、与公众沟通的作用。

1914年,德国AEG电器公司采用设计师德贝·汉斯设计的商标,并将其规范化地应用在公司的各类产品包装、便条纸和信封上,为统一企业视觉、提升企业形象发挥了积极作用,后人把它看作是CIS视觉识别的雏形。目前,CIS已被广泛应用于世界各国无数的组织中。由于CIS涉及组织形象的塑造传播,很多组织把创建和推广CIS列为公关工作的一项内容。

CIS主要由理念识别系统、行为识别系统和视觉识别系统三个子系统构成。

1. 理念识别系统

理念识别系统简称MIS,相当于组织的"大脑"。它主要包括:组织价值观、经营理念、经营方针、社会责任和发展规划等。

2. 行为识别系统

行为识别系统简称BIS,相当于组织的"手"。它是一种动态系统,内容涉及组织对内对外的所有活动层面,如对内的管理制度、行为规范、教育培训、活动仪式;对外的公共关系、促销、广告等活动的独特程序、长期不变的赞助对象等。

3. 视觉识别系统

视觉识别系统简称VIS,相当于组织的"脸"。它将上述组织理念、文化、规范等抽象概念转换为容易看到的具体符号,塑造出独特的组织形象。在CIS系统中,视觉识别最具传播力和感染力,最容易被公众接受。

VIS的内容又可分为两个下位系统:基本要素系统,包括标志、标准字、标准色等;应用系统,包括产品包装、办公用品、建筑和环境、交通工具、服装服饰、广告媒体、公务礼品、陈列展示、印刷出版物等。

在CIS的三大构成中,其核心是MIS,它是整个CIS的最高决策层,给整个系统奠定了理论基础和行为准则,并通过BIS与VIS表达出来。所有的行为活动与视觉设计都是围绕着MIS这个中心展开的。

CIS设计完成后编辑成册,通过公共关系或其他活动进行对内、对外的推广,从而塑造组织形象。

(三) CSR——组织形象建设的一个热点项目

CSR的全称是Corporate Social Responsibility,即"企业社会责任",也可理解为"组织社会责任"。

组织社会责任的问题早在 20 世纪 60 年代就开始在欧美国家研究,其概念内涵也在不断发展中,目前国际国内相关专家众说纷纭、莫衷一是。欧盟的官方定义为"指企业在自愿的基础上,将对社会和环境的关注融入其商业运作以及企业与其利益相关方的相互关系中"。

近几年来,随着经济的快速发展和信息的网络化传播,人们对自然环境破坏、社会资源分配不均等社会性负面问题广泛关注,与此同时,人们期待企业能够肩负起社会责任,维护社会生态环境,实现企业与社会的共同可持续发展。是否很好地履行了企业社会责任,成为公众评价企业形象的一项重要内容。于是,越来越多的企业投身到 CSR 的战略实施中,而公共关系与秘书部门则成为主导或参与 CSR 工作的执行者。

一般而言,舆论对于企业社会责任的认知和评判分为三个层面:企业职业责任、企业环境责任、企业道德责任。

1. 企业职业责任

企业职业责任是企业的基本责任,要求企业在创造利润的同时,保障员工、消费者等公众的基本利益。如给予股东合理的收益,给雇员一份稳定且收入相当的工作,给客户以质量好、价格公道的产品,等等。

2. 企业环境责任

企业环境责任指企业对自然生态环境、社会人文环境、行业竞争环境等的保护,遵守法律法规,遵循所在领域的行业规则,并做出相应的完善。

3. 企业道德责任

这是一个更高层次的责任标准,要求企业无论是否在法律制度的强制之下,都要做有利于社会的正确、合理的事,包括捐助社会公益、保护弱势群体等。

承担社会责任需要付出实实在在的资金和长期的努力,这对于以营利为宗旨的企业来说并不是一件容易的事。德国宝马汽车公司积极投身奥运,成为 2012 年伦敦奥运会的赞助商,这一公益举动本应引起社会的广泛赞誉,但英国《卫报》却引述英国自民党伦敦市议员卡罗琳·皮静的话说:"宝马汽车在 2012 年推出的是动力更大、尾气排放更多的四轮驱动越野车,和这样的合作伙伴站在一起,伦敦怎么可能举办一届史上'最绿色'的奥运会呢?"此言一出立即引来英国社会一片掌声,只留下经交了巨额赞助费的宝马公司在一旁暗暗叫苦。[1]

今天的公众对于社会组织(尤其是大企业)担负社会责任的要求已经达到了近乎"挑剔"的程度,而国内对 CSR 的研究和实践才刚刚开始。与国际企业 CSR 内涵相比,中国企业 CSR 缺乏对四个方面的深入思考,即缺少长远的 CSR 战略、缺少支持 CSR 的企业文化、缺乏国际企业 CSR 趋势与做法的认知、缺乏与 CSR 相辅的公关传播策略。[2]

公关秘书人员必须对这一课题引起足够的重视和警觉,要在实践中逐步探索组织经济利益与社会效益的平衡之道,做好组织"道德卫士"的角色,通过公关监察和活动策划,积极为管理层提供 CSR 的公关支持。

---

① 曹劼:《伦敦奥组委大打公关牌》,《国际公关》,2012 年第 2 期,第 31 页。
② 范红:《浅析中国特色的 CSR》,《国际公关》,2011 年第 1 期,第 89 页。

思考题

1. 什么是公共关系?

2. 如何理解"公共关系的目标是构建有利于组织生存发展的社会生态环境"?

3. 公关传播和组织形象各有哪些特点?

4. 从你身边生活中或媒体新闻里找一个公共关系事件,并分析事件中的公关要素和公关特征。

5. 案例分析。

2011 年中央电视台"3·15"特别节目将河南济源双汇食品有限公司产品含"瘦肉精"的事件做了报道。此后,双汇集团连续发布两次声明,承认使用"瘦肉精"猪肉,向消费者致歉,宣布罢免高管和收回产品;先后召开了三次万人职工大会;区域经理为证明自己的产品没问题而大吃火腿肠;同年 6 月 2 日,济源双汇公司举行仪式,高调复工,百名消费者代表、媒体记者及监管人员参加了座谈会并参观了生产车间。

同年 4 月 10 日,媒体透露双汇"万人道歉大会"系公关公司策划。对此双汇集团市场营销部负责人通过媒体予以了否定:"我们并没有外面说的危机公关和策划。"记者就外界有关双汇公关失败的说法采访"某知情人",该知情人并不认可这一说法,称"没有聘请所谓的公关策划,何来公关失败一说"。

据参会的某媒体记者透露,双汇集团请了一家并非公关公司的投资管理公司做了代理。"双汇可能还真不擅长做外部公关,没有自己的公关部门,都是市场营销部的人来接待,请来开会的也大多是财经类媒体、社会类媒体,尤其是非本地的社会类媒体请得很少,这可能是当时邀请媒体上的一个失误,对外沟通的信息渠道显得单一。"这位记者这样分析。

谈到双汇对肉类加工的单一化经营时,这位记者讲道:"之前我还曾经问过万隆(注:双汇集团董事长),为什么不做房地产,当时万隆的回答是,做房地产就必须要公关,但是我一不会唱歌,二不会跳舞,喝酒也不行,所以还是专注现在的领域。"[①]

根据上述材料回答:

(1) 双汇集团的"瘦肉精事件"是不是公关事件?双汇集团及其下属济源公司所采取的行动是不是公共关系?

(2) 双汇集团市场营销部负责人、"知情人"及集团董事长对公共关系有怎样的认识?反映了怎样的社会现实?公共关系究竟会对组织产生积极的作用还是负面的影响?

---

① 滕旎:《双汇万岁门背后:否认策划 没有公关》,凤凰网,inance. ifeng. com/news/special/shchouwen/20110418/
3890212. shtml,2011 年 4 月 18 日。

第二章　秘书和公共关系

秘书与公共关系有着天然的联系。秘书工作中渗透着公共关系的因素,包含着大量公共关系工作。为此,秘书必须具有公共关系意识,掌握秘书公关工作的功能、职责与原则,并能够分辨和处理公共关系与相关活动的关系,这样才能有效地提高秘书公关工作的效率和质量,收到事半功倍的效果。

第一节　秘书工作中包含着公关工作

一、从两者的性质、职责来分析

(一) 两者性质上存在共性

秘书工作最明显的性质是辅助性,即辅助领导部门或领导人实施管理。

公共关系工作的性质是一种公众关系,是一种传播活动,是一种管理艺术。而秘书工作要与各方面人士打交道,要上通下达、传递信息,有效地辅助领导实施管理,也是一种管理艺术。

因此,秘书工作和公共关系工作同属辅助管理工作,在性质上存在共性。

(二) 两者的诸多职责是重合的

秘书的职责包括接待各种来客、安排约见、筹办会议、协助领导参加谈判、组织和参加各种社交、公关活动等。

公共关系工作则是一个社会组织运用传播手段,使自己和公众相互了解、相互适应的一种管理艺术。其总任务是在开放型、网络型、竞争型的社会中,处理好组织上下左右、四面八方的公众关系,为组织的生存、发展创造一个良好的社会环境,达到组织内求团结、外求发展的目的。其具体职责归纳起来,主要有如下几项:

1. 树立组织良好形象。即运用公共关系方法,建立和提高组织的知名度、美誉度,从而树立并保持组织的良好形象。

2. 处理各类公众关系。即处理好内部公众(包括领导和群众、上下级之间、下属部门之间)、外部公众(包括政府公众、社区公众、消费者公众、新闻媒介公众等)的关系,使组织取得内外公众的支持,也就是起协调作用。

3. 建立信息网络。即建立起组织内部信息流通的模式,使上下沟通、相互了解、步调一致、同心同德;建立组织与社会之间的信息传播网络,使组织和社会相互了解、协调,求取社会公众的支持。

4. 监测社会环境。即不断监测社会环境的变化,广泛收集与组织有关的政策决定、立法、社情民意、市场状况等信息，予以筛选、甄别、提炼、归纳后，预测环境发展趋势，为领导决策提供依据。

公共关系工作的职责，包括接待各方面公众，处理来信，调查研究，组织各种公共关系会议，承担会务工作，筹划参观、庆典、剪彩、宴请等种种形式的公共关系活动。

可见，秘书工作和公共关系工作在树立组织良好形象，收集、处理信息，接待来客，协调关系，办理会务，筹办礼仪方面的职责，在一定程度上是重合的。

二、从两者的作用来分析

（一）两者作用上的共性

秘书起着联系上下内外的枢纽作用，协助领导工作的助手作用，辅助决策的参谋作用，沟通、合作的协调作用和调查研究、收集信息的耳目作用。

公共关系部门，简称公关部，是组织内部由专业公关人员组成、用以开展公关工作的专门部门，它为实现组织的总任务而工作。

公共关系部门起着信息收集、处理、储存、发布的喉舌作用，监测环境中心的作用，内外公众接待中心的作用。其收集、处理信息，监测环境就是起耳目、参谋作用，而接待各类公众就是起协调作用。

因此，秘书和公共关系部门都具有耳目、参谋、协调作用。

这一切都说明，无论是过去、现在还是将来，秘书工作中始终渗透着公共关系的因素，包含着大量公共关系的工作，两者存在着天然的联系。

（二）两者作用上的个性特点

当然，秘书工作和公共关系工作各有自己的个性特点，侧重点不同。秘书工作侧重于办文办事，围绕领导工作，对领导负责，通过直接为领导服务而为组织的总目标服务；公共关系工作则侧重于组织与社会之间的沟通，与社会公众打交道，对组织、公众、社会负责，通过直接致力于组织业务的拓展而为组织的总目标服务。

有关部门曾对深圳特区中近百名"三资"企业中的秘书作过调查，发现秘书在企业大部分公关活动中充当了主角，成为企业的"外交部长"。他们在筹办内外公众的联欢、联谊活动，业务联络交际中往往充当主角，在组织庆典、接洽广告事宜、宴请赠礼等方面充当着配角。可见，筹办内外公众的联欢、联谊活动，业务联络交际，组织庆典，接洽广告事宜，宴请赠礼等，就是秘书所从事的公关工作的侧重点。

三、从现状来分析

秘书客观上已在承担公关工作。

就我国目前的现状而言，大多数组织内尚未设立公共关系部，而随着社会主义市场经济的发展，组织面对开放型、网络型、竞争型的社会环境，已产生了大量公共关系工作。

这些组织中的秘书或秘书部门既承担着秘书工作，又承担着不少公共关系工作，他们客观上已经在从事着公共关系工作，只是不少人尚未意识到而已。

在已经设立公共关系部的组织中，公共关系部常称为公关广告部、公关营销部，它的工作往往与广告、营销，对外业务紧密结合，侧重于广告宣传、介绍和推销组织的产品或服务，尚未承担起公共关系部门的全部职责，这是公共关系工作推行的初级阶段的特征。

即使在设有职责比较全面的公共关系部的组织中，依据"全员PR"、"人人都是公关大使"的原则，一方面要求组织内的全体成员都具有公共关系意识，注意个体形象，人人主动进行公关工作，自觉地塑造、维护组织的良好形象；另一方面，要求组织内的各个部门都得承担一些公共关系工作，而公共关系部只是统率组织的全部公共关系工作而已。

秘书部门由于处于枢纽地位，组织内部信息的传递、沟通，上下左右之间关系的协调，这些公共关系工作仍然得由秘书部门参与或承担。因此，不少公共关系工作实际上仍然由秘书部门兼管着。

所以，现今衡量一位秘书是否称职，并非看他（她）是否能熟练地办文、操作办公室现代化设备，而是看他（她）能否协调好上下级和各部门之间的关系，即能否承担公共关系工作。

至于在一些尚未建立公共关系部的组织中，往往在秘书部门中设置有公共关系秘书，他们的主要职能是：把握组织的公关状态，监测组织所处的环境的变化，并正确分析、判断其发展趋势；从组织的全局统筹公关工作，拟定近期和中长期公关工作的计划，提出解决组织面临的关键性公关问题的方案，协调组织内各职能部门之间的关系。他们的工作目标明确，需要独当一面地从事公共关系工作，那就不但需要具有很强的公共关系意识，还需掌握较全面的公共关系技能。

四、秘书公共关系工作的基本特点

结合秘书工作性质、内容和实际，秘书公共关系工作主要有以下特点：

（一）服务性和塑形性的统一

秘书工作服务性的特点决定了其公共关系工作首要的特点就是服务性。公共关系强调互利性原则，但是秘书由于其工作特性，决定了其公共关系工作也必须高度强调服务意识。公关工作的出发点和归宿，都落实在为领导工作服务，为各部门和所辖地区或下级单位服务，为员工和外部公众服务上。

自然，服务性并不排斥互利性。秘书在公共关系工作中认真做好了服务工作，不仅为领导和组织的员工分忧解难，也可以在工作中树立良好的形象，创造良好的发展环境。

秘书是组织的窗口，联系甚广，其工作的好坏、工作人员的态度、工作作风，直接影响到组织的形象。秘书在同服务对象联系过程中，应该有形象意识，言谈举止、待人接物、沟通协调、上传下达、对外宣传、参谋咨询、调查研究、信访接待等等，均应该体现秘书良好的素质修养和精神面貌。

（二）真实性和真诚性的统一

追求真实与真诚是现代公共关系工作的基本特点和原则。自从"现代公关之父"美国人艾维·李提出讲真话的原则以来，真实和真诚一直是公关工作的不二信条。正如美国总统林肯所说，你可以在某一时刻欺骗所有人，也可以在所有时刻欺骗某些人，但你绝对不能在所有时刻欺骗所有人。真相总会被人知道。秘书公共关系工作强调真诚性，要求秘书实事求是地向领导和组织、向公众提供真实信息，真诚地对待自己服务的对象，以取得公众的信任和理解。

与此同时，调查研究、收集信息、宣传沟通、参谋咨询等都是秘书工作的重要内容，这一特性决定了秘书公共关系工作中，必须做到诚实守信，在具体工作中，任何欺上瞒下、弄虚作假都会让组织蒙受损失，使组织形象受到损害。

第二节　秘书公关工作的基本功能和主要职责

一、秘书公关工作的基本功能

秘书公共关系的基本功能是指秘书在具体公共关系活动中的作用与影响。主要表现在：

（一）沟通功能

秘书可以利用公共关系的相关方法帮助组织监测社会环境，收集社会对组织的各种反映，向组织决策层和相应部门提供信息和决策咨询；可以建立和保持社会组织与各类公众的双向沟通，向公众传播组织信息，争取理解和支持，强化与公众的联系。

（二）塑形功能

秘书可以通过公共关系的相关手段帮助组织塑造良好形象，扩大组织知名度，提高组织美誉度，在增强组织实力上发挥作用。

（三）效益功能

秘书可以利用公共关系的相关手段促使组织有计划地调整组织目标和行动，并以相应的政策和行动影响公众舆论、态度和行为，在组织与公众之间进行协调，增强组织凝聚力和吸引力，帮助实现组织内外保持和谐一致的目标，从而帮助组织实现既定目标，获得更大的效益。

（四）化解危机功能

秘书可以在组织面临危机时，通过公共关系的相关手段有效地为组织化解矛盾，缓和与消除冲突，变被动为主动，变不利为有利，进一步维护组织形象，实现组织的既定目标。

二、秘书公关工作的主要职责

结合公共关系的功能，秘书公共关系的主要职责可以概括为几个方面：

（一）沟通协调

秘书承担着组织与相关公众联系的纽带作用，当组织的政策在贯彻实施中遇到障碍时，秘书应当做好信息的疏通和解释工作，使组织的决策得到公众的理解、支持，使组织的意图得到落实。对于组织政策在实施过程中产生的问题、公众的反响等信息，也可以由秘书收集、反馈给组织，供领导和决策层参考，以便进一步完善相关政策。

在组织的内部，秘书同样起着沟通协调领导层和下属各职能部门、员工之间关系的作用，起着沟通协调各职能部门之间关系的作用，使组织上下同心，步调一致，增强凝聚力。秘书公共关系在组织和外部公众之间，客观上起着互通信息，牵线搭桥，使双方相互了解、合作的作用。

当组织与内外公众产生磨擦、矛盾时,公共关系起着调解纠纷、化解矛盾、平息冲突的作用,使组织与各类公众和谐相处。

(二)提供信息

秘书处于社会组织的枢纽和中心,起着上情下达和下情上达的作用,每当组织决策层酝酿政策、发布指令时,秘书可以及时、准确地提供信息,供领导参考或选择,表现出了其作为领导耳目、参谋的辅助决策作用。

(三)预测应变

公共关系主要以收集、处理、传播信息为主要工作内容。秘书利用公共关系的相关手段,可以敏感地察觉到环境的变化、矛盾的萌发,据此预测其发展趋势并对组织的影响,可以事先作好应变准备,建议领导采取措施,或修正政策,以适应即将发生的环境变化,或以适当方法防止矛盾的发展。

秘书公关工作的具体职责可以参考《公关员国家职业标准》。对于本科秘书学专业的学生来说,一般应在工作一定时间后达到高级公关员的水平,这里将《标准》中的有关内容摘录如下(见表2-2-1)。

表2-2-1　公关员国家职业标准(高级公关员)

职业功能	工作内容	能力要求	相关知识
一、沟通协调	(一)接待联络	1. 能制定接待计划 2. 能负责业务谈判接待工作	1. 接待程序、特点和基本要求 2. 谈判知识和技巧
	(二)演讲介绍	1. 能介绍组织政策和远景情况 2. 能组织演讲活动,充当主持人	1. 演讲类型、功能和基本要求 2. 主持人的功能和基本要求
	(三)公众关系处理	1. 能制定外部公众沟通计划 2. 能制定内部公众沟通计划	1. 公众关系沟通的原则和策略 2. 公众关系沟通的主要方法和基本技巧
二、信息传播	(一)媒介联络	1. 能规划媒介数据库的建设 2. 能安排记者采访组织或代表组织接受记者采访 3. 能制定简单媒介传播计划	1. 信息传播的基本原则 2. 中国媒介特点 3. 媒介传播组合及传播技巧
	(二)新闻发布	1. 能制定新闻发布计划 2. 能组织新闻发布活动	新闻发言人制度的内容和要求
	(三)宣传稿编写	1. 能编写各种新闻稿件 2. 能起草组织内部刊物及音像资料的编写方案	1. 内部沟通的原理和方法 2. 内部通讯的设计原则
三、调查评估	(一)方案准备	1. 能洽谈和承接调查项目 2. 能撰写调查项目方案 3. 能撰写评估项目方案	1. 调查项目的要求和技巧 2. 各种调查的基本程序 3. 评估的原理及其应用
	(二)方案设计	1. 能设计观察调查方案 2. 能设计各种调查问卷 3. 能设计实验调查方案	1. 各种调查方法的取舍原则 2. 各种调查方法的原则及技巧
	(三)方案实施	1. 能执行调查方案的实施工作 2. 能执行评估方案的实施工作	1. 实施调查的知识与技巧 2. 实施评估的知识与技巧

职业功能	工作内容	能力要求	相关知识
	（四）报告编写	1. 能对调查数据进行分析 2. 能撰写小型调查报告 3. 能撰写小型评估报告	1. 数据统计的类型、方法与技巧 2. 调查报告的类型和写作技巧 3. 评估报告的类型和写作技巧
四、活动管理	（一）活动策划	1. 能组织小型活动的策划工作 2. 能起草简单的策划建议书 3. 能对活动效果进行基本预测	1. 主题构思的技巧 2. 策划创意的技巧 3. 大型活动相关的政策法规
	（二）活动实施	1. 能对中型活动进行管理 2. 能制定具体的行动方案 3. 能编制活动预算 4. 能对中型活动进行现场监控	1. 可行性研究的方法 2. 专题活动的流程管理 3. 预算的基本常识和技巧
五、危机处理	（一）舆论监测	1. 能对媒介负面报道进行分析 2. 能提出危机处理意见	1. 危机的处理程序 2. 危机预警的基本原则
	（二）危机处理	1. 能根据危机管理计划进行危机处理工作 2. 能根据危机管理计划进行危机传播管理	1. 危机管理工作要点 2. 危机期间媒介关系的协调与沟通
六、公关咨询	（一）一般性咨询	能处理日常工作中的咨询工作	1. 公关咨询的工作原理 2. 咨询业务的一般工作流程
	（二）咨询建议	能起草日常服务公关建议书	公关建议书的写作技巧

第三节　秘书应具备的公关意识

秘书必须具有公共关系意识，尤其在进一步改革开放的形势下，各类组织的竞争意识增强，身为领导助手的秘书更需要增强公共关系意识。

意识指一种观念，公共关系意识是观念现代化的一个组成部分。当今世界上，公共关系作为一种行之有效的管理艺术，已经被广泛运用于各行各业的行政管理和经营管理中。一个国家、地区或组织是否具有公共关系意识，以及公共关系意识的强弱，已经成为衡量这一国家、地区或组织是否文明和文明程度高低的重要标志。

秘书作为领导的助手，联系上下内外，客观上充当部分公共关系工作的重要角色，他们是否具有公共关系意识，将反映出组织的素质与文明程度。因此，秘书应当自觉培养公共关系意识，用来参与自己的秘书业务。

那么，秘书应当具备什么样的公共关系意识呢？归纳起来，应当具有树立组织良好形象的意识、双向沟通的意识、广结良缘的意识、双方得益的意识和内求团结、外求发展的意识。

一、树立组织良好形象的意识

（一）组织良好形象的标准

秘书客观上所承担的公共关系职责之一，是帮助组织塑造良好形象。所谓组织的良好形

象,有两个标准:

第一,对外部公众而言,要使他们对组织留下长期可以信赖的印象,让他们感到组织对公众、社会是可靠的、负责的,是可亲、可近的。

但是,仅此还不够。我们有时可以见到如下情况:当一个组织被电台、电视台或报刊表扬后,外部公众询问该组织内部成员时,一些内部员工往往会说:"噢,那是宣传,我在里面工作,清楚得很,并没宣传的那样好。"这说明这个单位在内部员工心目中形象不佳,那些报道有弄虚作假之虞。因此,还需要具有第二个标准。

第二,使内部公众也对组织有好感,使他们具有主人翁的态度,人人关心组织,珍惜组织信誉,荣辱与共,为组织努力工作。

只有内、外公众一致对组织有好感,组织才能称得上具有良好形象。

(二)良好形象对组织的重要作用

良好形象是一个组织的无价之宝,一笔巨大的无形资产,它能使组织获得公众广泛的信任、支持,受到爱戴。一个形象良好的单位,会受到群众称颂,乐意与它密切配合;一个形象良好的学校,报考者会趋之如鹜,毕业生会供不应求;一个形象良好的企业,内部员工会产生自豪感、归属感,增强企业向心力,能争取到政府部门、金融部门的资金,能吸引股东投资,它的产品、服务会受到消费者的欢迎,它的经济效益也就显著。

在激烈的竞争中,不少企业会败下阵来,形象良好的企业却能在公众支持下站稳脚跟。第一次世界大战后,美国的许多企业受战后经济萧条的影响而倒闭,只有少数企业幸存下来。经济学家和社会学家作了大量剖析、调查,发现这些幸存的企业大部分都具有良好的形象。

因此,秘书必须理解良好形象对组织的重要作用,在秘书业务中注意树立组织的良好形象,并像爱护自己的眼睛那样,珍惜和维护组织的良好形象。不然,就不能成为一个称职的秘书。

比如,某公司举办了一次新技术新产品展览会,邀请各方面人士前来参观,并指派两名年轻的女秘书站在门口,恭候来宾。由于展品在国内尚属先进,领导指示要劝阻来宾拍照。一位来宾到了门口,见门口布置很吸引人,取出相机准备拍照,一名女秘书见状,忙跑过去,生硬地阻止:"不能拍照!"来宾一愣,双方口角起来,另一名女秘书也赶过来帮腔:"这是我们领导规定的,不能拍就是不能拍!"推推搡搡中,来宾的相机也差点被推落在地上,亏得其他来宾劝解,事情才了结。这位来宾气恼地在展览会中草草转了一圈,就离去了。这两名秘书本应是脸带微笑、迎候来宾的"礼貌大使",此刻在来宾的眼中,却成了像监视小偷那样的女警察,令来宾们扫兴。

又如,某地有家保温材料厂,在前几年建筑业大干快上的形势下,瞄准市场需求,试制出一种泡沫涂料,一时销路旺盛,财源滚滚。但是不久,各地用户时有反映,诉说这种涂料质量不佳。面对这些反馈意见,作为领导参谋和笔杆子的秘书,没有及时提醒领导改进产品质量,而是迎合了领导趁市场急需、抓紧多销多获利的心理,建议领导大作广告,四处宣传这种涂料质量上乘,来"抵消"客户的批评。一些不知底细的单位纷纷订购,上海有家大企业购买这种涂料后,用于车间内粉刷,当电焊工按照规章制度作业时,电火花溅落在墙壁涂料上,顿时引起一场

秘书公关原理与实务

大火,烧毁了车间和多台进口设备,还烧死了一位工程师,酿成一场大祸。事后,经有关部门调查,火灾系由广告中自称有"阻火"、"自熄"性能的这种涂料引起。受害企业遂与这家保温材料厂交涉,这家厂百般抵赖。最后,受害企业诉诸法庭,法院判决保温材料厂赔偿巨额款项。一时,保温材料厂声名狼藉,客户望而生畏,都不敢向它订购涂料,这家产品本可以在市场上供不应求的厂家顿时衰败。

上述两例单位的秘书,不懂得以自己的个体形象和产品形象来树立组织形象,缺乏树立组织良好形象的公共关系意识,导致组织形象受损,发展受到挫折。从中反衬出,良好形象对组织来说是何等重要。

二、双向沟通的意识

(一)双向沟通的含义

沟通是指信息和观点的交流。双向沟通,也称双向信息输出或双向信息流通,它是指一个组织既要将自己的信息传播给公众,又要收集公众的信息和反馈,使双方相互了解、适应、协调,保持和谐关系。它是包含在秘书业务中的公共关系工作。

(二)双向沟通的内容

双向沟通可分为领导部门和内部员工之间的信息交流、组织和外部公众之间的信息交流。

秘书要协助领导,将组织的真实情况,包括制定政策、措施的依据,政策、措施对组织和公众双方的益处等情况,坦诚、准确、及时地传播给公众,并进行解释、疏通,让公众理解、接受。这种"说真话"的方法,法国将此比喻为"玻璃小屋",日本比喻为"金鱼缸",我国则称之为"增加透明度"。

前几年,调整物价,某市牛奶公司经主管机关批准,将对牛奶提价。该公司的秘书认为应当事先将这一决策向公众传播、解释,得到领导的赞同后,他拟就了《告订奶居民书》,说明了在目前形势下,因各种成本上升,出售牛奶的收入已不够成本支出;挤奶工收入相应降低,生产积极性不高,影响了市民的饮奶;牛奶即使提价后,其价格也只相当于一瓶鲜橘水,而牛奶的营养无疑远胜于鲜橘水等。说明书广为散发、张贴后,得到市民普遍理解、接受,认为目前牛奶价格偏低,理当调整。在居民具备了心理承受力后,牛奶调价的措施顺利地实施了。该市报纸还在头版发表了题为《此价涨得合理》的评论文章,称赞牛奶公司的这一宣传使市民在对物价调整的埋怨声中,对牛奶的涨价发出了一片"此价涨得合理"的赞同声,肯定了这种组织向公众传播信息的重要作用。

双向沟通的另一方面是收集公众对已推行政策、实施措施的意见,并反馈给组织,以便发现问题,纠正偏差,修正或完善政策或措施。这是常由秘书承担的工作。

任何组织都是社会的一分子,它的生存、发展都受到社会环境的制约,它必须随时收集与组织有关的各种信息,加以分析、提炼,据此来调整、改善组织的政策和行为,以适应社会环境,并防患于未然,做到未雨绸缪。这种监测社会环境的工作是秘书的重要职责,已经越来越受到重视。许多组织中已设立了信息部门和信息秘书,专事收集、处理信息。

对于企业来说,在瞬息万变的市场中,信息是企业沉浮的关键,决定着经营的成败。秘书更需善于敏锐地捕捉有益的信息,为企业经营服务。

前些年,某工厂广泛收集信息,了解到中小城市居民的生活水平提高后,将掀起家庭安装空调的热潮。于是,该厂立即根据城市居民的收入水准和实际需要,制成质量优异、价格合理的空调,一举打进中小城市市场,销售量荣居前列,质量也名列全国前茅。几年后,各种优质的中外空调大量涌入中小城市市场,市场竞争激烈,该厂在中小城市的空调销售量开始下降。与此同时,一些农村的订货量却开始上升,该厂立即派出秘书等人员赶赴农村实地调查,收集信息,继而又扩展至对全国各地农村的调查。收集的信息表明,随着农村的经济改革,农民生活水平的提高,空调也将成为广大农民家庭的生活用品。于是,该厂迅速进行战略转移,将产品打进了广阔的农村市场,仅在很短的时间内,产品就进入了诸多省市、自治区的农民家,年销售量直线上升。信息收集的成功使该厂呈现一片兴旺景象。

因此,秘书必须了解双向沟通的重要性,树立起双向沟通的公共关系意识。

三、广结良缘的意识

(一) 广结良缘的含义

广结良缘就是组织在树立良好形象的基础上,主动处理好与各类公众的关系,使双方相互适应、相互合作,和睦相处,使组织广交朋友,形成广泛的社会关系网络,能在一个良好的社会人际环境中生存、发展。

在网络型的社会中,任何一个组织都位于网络的某一点上,它的上下左右、四面八方都与各类公众相联系着。就一家企业而言,它要与政府机关发生法律关系,与上级主管部门存在被领导关系,与银行发生金融关系,与材料供应者、消费者或客户发生供求关系,与税务机构发生利税关系,与内部员工发生协调关系,与同行发生协作、竞争关系等。企业应以自己为主体,将所有这些社会关系作为一个完整的网络来看待,即将各类公众视作组织公共关系的客体、工作对象,处理好与他们的关系。这是组织公共关系工作的中心任务。

(二) 广结良缘的意义

一个广结良缘的组织,平时能得到内外公众的合作,遇到困难时,公众也会纷纷伸出热情的手,鼎力相助,帮助它渡过困难时期。

某市有一家著名的冰箱厂,一次,它的一个车间遭到火灾,损失巨大,生产被迫停顿。厂内的员工立即自发地募捐,很快修复了车间,恢复了生产,反映出内部员工对组织的全力支持。

有家私营小企业,平时与周围社区的公众关系十分和睦,企业形象很好。有一次,它不幸失火,一夜之间厂房化为灰烬。清晨,正当企业主悲伤欲绝之时,附近社区的公众纷纷闻讯赶来,发起募捐,义务清理现场,使这家毁灭的企业不久在废墟上重新建立起来。

因此,秘书必须具有广结良缘的公共关系意识,与各类公众建立并保持良好的关系。按照公共关系中对公众的横向划分,秘书代表组织经常接触的有内部公众、政府公众、新闻媒介公众、消费者公众和社区公众。秘书应当根据各类公众的特点,代表或协助领导部门,真诚地和他们友好相处,为组织找到越来越多的朋友。要记住:公共关系不能得罪朋友,它是一门广交朋友、广结良缘的艺术。

四、双方得益的意识

（一）双方得益的含义

双方得益是指组织在与各类公众的交往中，既要维护组织自身利益，也要维护公众的利益，两者不可偏废其一。

公共关系的实质是一种利益关系，一种组织与公众互利互惠的关系。

假如组织只顾自身的利益而不顾公众的利益，势必滑到不择手段、损人利己的邪路上去，最终会使组织损人害己，弄得声名狼藉，难以在社会上立足。如少数生产、出售假药、假酒的企业，置消费者公众的健康和生命安全于不顾，只顾自己牟取不义之财，其结果是激起社会公愤，为千夫所指，受到政府或法律的惩处。

（二）双方得益的基础

双方得益的基础是组织必须为消费者提供合格、优质的产品和服务。

作为一个经济组织，它通过向消费者提供产品和服务而获得利润。它必须保证自己的产品、服务能给消费者公众带来实惠，满足他们对产品、服务的使用要求，也就是必须提供合格、优质的产品和服务。如果不能使消费者公众满意的话，它应当承担责任，予以补救或赔偿。

前些年，有一家企业生产并出售了8万台电视机。不久，厂里的质量检查部门发现这批电视机内的进口滤波电容质量欠佳，可能会影响电视机的功能，就主动为用户一一更换滤波电容。为此，该厂花费了大笔费用，但是，保证了用户买到的是合格产品。这种对用户负责、互利互惠的意识使厂方获得消费者和社会的交口称赞，增加了该厂的美誉度。

反之，某些企业员工缺乏公共关系意识，面对就产品质量上门交涉的消费者时，这些员工为了维护所谓单位的声誉，往往以推诿等手段拒绝消费者的正当要求。这时，秘书应当以委婉的方式劝说这些员工维护消费者的合法权益，而不能为其帮腔。

例如，有位顾客买了一台冰箱，使用了几天就出现了故障，去商店交涉。该店经理一口回绝："这我们不管，你自己上厂家去反映！"顾客批驳说："你们从什么厂进货，这是你们的权利。我是从你们店买的，你们有责任维护消费者的权益，不能只有权利，不尽责任。"经理被驳得哑口无言，恼羞成怒，就是不答应负责，双方僵持着。

这时，经理的秘书一面请顾客坐下，送上杯茶，让他等一下；一面将经理请进里间，温和地说："经理，这冰箱的质量是不合格，是我们进货时把关不严，我们有责任。我们可以和厂家交涉，不能让顾客吃亏，给他换一台，或者让他退货吧。"经理冷静下来，自知理亏，就让秘书出去为顾客办了退货手续。可见，这位秘书就具有双方得益的公共关系意识。

当然，秘书也不能只顾公众利益，而损害组织利益，这样的秘书会被斥为"吃里扒外"，结果有的被调离岗位，甚至被辞退。

因此，秘书必须具有双方得益的意识，强调组织利益和公众利益的平衡协调，根据双方利益的共同点，建立平等互利的友好关系。

五、内求团结、外求发展的意识

在竞争型的社会中，一个组织如逆水行舟，不进则退。而要想前进、发展，基础是搞好内部团结。许多人把公共关系视作只是组织与外部公众搞好关系,忽略了公共关系的基点是首先要处理好与内部公众的关系。一个内部四分五裂的组织,决不可能向外发展。

内部公众最重要的是员工,他们是组织赖以存在的支柱。组织的一切政策、计划、措施,只有得到他们的理解、支持,并付诸实现,才能正常运转。因此,员工是组织公共关系的首要对象。秘书在日常工作中,要协助领导,争取将每一位员工纳入组织整体,充分激发他们的潜力,使组织上下左右关系融洽,全体员工团结一致,齐心协力,组织才可能成功地外求发展。

员工家属也应当被视作内部公众的一部分。他们可以起到稳定或者涣散员工军心,强化或损害组织向心力的作用;组织发展状况的好坏,也会直接影响到员工家属的切身利益。因此,秘书还应当协助领导,做好对他们的公共关系工作,提高他们对组织的信任感和自豪感,并将此转化为促进员工为组织尽心尽力的力量。

随着改革开放的进一步发展,越来越多的经济组织实行了股份制,产生了大批股东。股东作为经济组织的投资人和部分资产的拥有人,也被视为内部公众的一部分。秘书要协助领导对他们开展公共关系,维护他们分享组织信息、红利等合法权益,争取他们的信任和支持,为组织创造有利的投资环境和融洽的气氛,稳定已有的股东队伍,争取新的投资者,并通过股东广泛传播组织的良好形象,扩大组织的知名度和美誉度。

秘书的职责偏重于对内办文办事、协调关系,往往被视为组织的"内当家"。秘书应当更多地关注内部公众,协助领导,将员工、员工家属、股东紧紧团结起来,为组织外求发展打好基础。

第四节 秘书公关工作原则

秘书公关工作原则是秘书公关工作规律和要求的基本体现。秘书经常面对各种复杂的公关问题,如果没有公关工作原则作指导,不但不能有效地解决问题,而且很容易成为组织公关问题的"肇事者"。

某乳品公司董事长秘书接到记者电话,对方称网传老酸奶产品中添加了工业胶,请秘书对此事发表看法。

该秘书应怎样回答? 下面列出的是可能做出的六种回答:

A. 这件事没听说过。

B. 这事我不清楚,你问一下别的部门……经理不在……电话不知道。

C. 其他企业有这个可能,我们的产品都是经过国家审批的合格产品。

D. 那是造谣。如果你们报纸也这样写,我们会联合乳品行业告你们诽谤罪。

E. 不可能。……我们的配方是技术秘密,不能公开。

F. 据我们了解,目前国内生产老酸奶的几个品牌奶企添加的都是食用明胶。我们公司按照国家标准要求,严格控制添加剂的使用,请消费者放心。我们在近期会安排一次开放活动,请技术人员和行业协会的专家做讲解,并提供一些文字材料,届时我们会邀请贵报社参加。

这些回答似乎都有道理,但是从维护公众关系和树立企业形象的需要来说,F是最好的选择,它体现了秘书公关工作的原则:公开透明、真实传播、立足平时、平等交流和注重行为。

一、公开透明原则

（一）公开透明原则的现实意义

秘书公关工作的公开透明原则，就是要求秘书人员在不违背保密原则的前提下，主动及时地将组织的基本情况传播给公众，特别是对于涉及公众切身利益问题的决策及决策过程，要满足公众知晓、了解、参与、评价的权利。

前面案例中，公众有权知晓奶品成分的真实情况，秘书就应积极地公开相关信息，达到透明化的程度，让公众放心。

现实生活中，违背公开透明原则的公关事件时有发生，如矿难中封锁消息、给记者"封口费"……秘书能否在思想上铲除封闭式管理的陋习、真正接受公开透明的理念，是能否履行这一原则的关键。通过对比封闭式管理的公关危害，可以看到，公开透明原则的现实意义主要表现为以下三方面。

1. 有利于赢得公众的信任和支持

封闭式管理容易造成公众与组织间的隔膜，助长离心倾向；开放式管理则有利于增强公众对组织的亲善感、向心力和忠诚度。

如同人际交往中对朋友敞开心扉、真诚相待一样，组织常常把公众需要的信息传播给公众，才能体现对公众的尊重、信任和亲近，也才可能赢得公众对组织的信任和支持。实际上，公共关系远比人际交往复杂。在信息发达、物质丰富的今天，如果组织把公众视为陌生人，无视公众的存在，公众自然就会远离组织，甚至可能对组织产生敌意，随之在心理上或行动上去靠近、支持其他同类组织。

2. 有利于遏制公众对组织的误解

封闭式管理容易造成公众的误解，谣传的泛滥，破坏组织形象。试想上面案例中，如果秘书面对记者的提问总是三缄其口、讳莫如深的样子，那么，这种反应经媒体报道后，公众通常会判断传闻如网上的爆料是对的，因为经验告诉他们，阴暗的角落里大多藏污纳垢，本该公开的信息"不说"通常意味着"不敢说"。于是，在组织公关缺位的情况下，误解、谣言便会很快主导舆论。"F"回答中，秘书不但坦率地公开企业和行业中的有关信息，而且迅速拟定了一个开放参观的公关活动，用更加可信的方式请公众了解情况，这样就能及早遏制谣言，塑造企业在媒体上的正面形象。

2012年2月，有媒体报道，山东某中学贫困助学金被老师代领，学生每年被动地从班主任那里领到时多时少的助学金。该报道很快在各大媒体散布开，公众纷纷指责校方暗箱操作。第二天，校长通过媒体详细说明了出现这类情况的具体班级、这样做的原因，以及老师事先怎样与学生沟通过这种变通的发放办法，最后又对自身的不足做了检讨。这份报道出来后，公众对学校的批评便很快消失了。

从这件事中可以看到，有关公众自身利益的信息一定要公开透明；面对公众的猜疑和指责，最好的处理办法就是及早地公开信息。

需要强调的是，在今天的社会里，只要是正当的组织，没有哪个组织是不需要对外传播的。

无论哪类组织,无论它有怎样的知名度,都有必要积极向公众展示自己。近几年来,我国政府面向世界各国所做的国家公关,以及我国公安司法部门、军队等组织的开放参观活动,都让我们看到了这项工作的意义和效果。

3. 有利于接受公众监督和处理危机

封闭式管理下,组织行为(包括秘书工作)缺乏应有的公众监督,在发生误差时很难得到及时的纠正,容易酿成重大的错误和损失;开放式管理则有利于吸引公众参与组织决策的制定和实施,保证组织决策的科学、民主与贯彻实施,有利于防止秘书滥用职权、随心所欲。

另一方面,封闭的不良信息一旦泄露出去,激怒了公众则难以收拾,容易造成严重的危机;坚持开放式管理,即使问题暴露,也可能得到公众的理解或谅解。

被尼克松总统定性为"公共关系的失策"的水门事件,最终将尼克松总统拖下了政坛。当媒体和司法机构调查此案时,尼克松告诉他的手下"少说为妙"、责令他的新闻秘书"要避而不谈,自我掩饰"。这种保密、回避的"鸵鸟式"策略反而更加激起记者刨根问底的斗志,等到两年后真相大白时,已经无力补救。无独有偶,40年后德国总统武尔夫的被迫辞职也是与他阻止媒体报道不利事件、威胁媒体有直接关系。

如果尼克松和武尔夫总统在事件发生初期主动坦承错误、公开事实真相,就可能赢得公众的谅解和好感,遏制事态升级,降低危机影响。如果总统的部下能够给予有效的公关建议和"补台",或许也能改变历史。遗憾的是,尼克松的某些助手和秘书担当了总统犯错的帮凶,补台不成反拆台。

在今天的舆论环境下,组织面临的已经不是信息"一旦泄露"的问题,而是极有可能暴露的局面,隐藏和封堵终将带来更大的危害。如果组织始终实行开放式的管理,就会形成良好的组织形象基础,成为抵御危机的一道保险;当问题暴露时,如果组织坦诚地面对问题,则首先在态度上占了上风,其次公众通过了解组织的工作过程,往往能够对问题的复杂性和组织的处理方式给予一定的理解,甚至伸出援手共渡难关。

(二) 公开透明原则下的秘书公关工作要求

1. 建立和畅通沟通渠道,改善工作作风

秘书公关工作的公开透明原则要求秘书人员切实改善工作作风,在组织决策层与公众之间积极承担起沟通交流的枢纽和中介作用。为此,首先要建立健全信息沟通渠道,树立起公众乐于接受的亲近形象。比如,摘掉办公室门上"非请勿进"、"闲人免进"的牌子,随时热情地接待公众的来访和咨询;设立官方微博;让组织网站的目录更加清晰、链接顺畅,设置公众咨询的交流空间并及时答复,等等。

2. 主动公开需要公众了解的组织信息,积极引导公众参与决策

秘书对于组织的基本情况、一般的经营活动和涉及公众切身利益的组织决策信息要及时予以公开;秘书在自身的各项工作中,也要自觉地把自己置于公众的监督之下,避免因为自己没有主动公开有关信息,让公众对领导或组织产生误解或猜疑。

例如,在组织评选"先进"时,秘书要将评选标准和程序公开化,候选人的事迹或业绩要公示,评选结果要公告;在领导拟定决策的过程中,秘书要随时听取公众的意见,一些重大的决策

应组织听证会、民意调查等。

3. 正确处理"保密"问题

组织的缺点和可能产生的问题不必一概列入保密范畴,有时为了公众的利益,还应主动暴露问题。

近年来,企业对问题产品的主动召回行为越来越受到公众的欢迎和认可,这种主动的"泄密"是可取的。在组织内部,关于人员的调动、组织发展中的困境,都应该告知员工,以激励员工以主人翁的精神参与到组织建设中。

对于政府来说,应该把人民群众视为内部公众,把政府的管理行为公开化、透明化。我国《政府信息公开条例》强调"公开是原则,不公开是例外",各级政府的政务公开正在不断规范和深化,让权力得以"在阳光下运行",深受人民欢迎。政府秘书和其他各类组织的秘书都应顺应形势,实行开放式的公关管理。

4. 不要盲目为领导"挡驾"

在秘书的日常接待工作中,对于领导不必接待或无法接待的客人,可以巧妙地为领导挡驾。但是,如果组织的某些行为可能侵害了公众利益,有媒体或其他重要公众前来询问领导,秘书绝不可以擅自拒绝公众,为领导挡驾。此时由领导出面表明态度、公开信息,往往是解决问题的关键一环,秘书应积极安排领导与公众沟通,必要时为领导提供公关方面的建议和咨询服务。

二、真实传播原则

(一) 真实传播的意义

真实传播与公开透明之间有一定的关联性,但是公开的不一定就是真实的。2012年年初,归真堂公司面对公众对活熊取胆的诟病,组织了开放观摩活动,却仍被人质疑,有人说:"无法确信一次被组织、被安排、被限定的参观的真实性。"因此,秘书开展公关活动不仅要公开透明,而且要真实传播,并让公众感到它的真实。

真实传播是维护组织信誉的最基本、最重要的手段,是公众接纳组织的必要前提,唯有"真"才能取信于公众。

从公关史上看,艾维·李最早提出的公关思想就是"向公众讲真话",这种职业操守是公关行业魅力之所在。直到今天,它仍然是公关界所推崇的重要原则。《国际公关准则》中有关公关人员应注意的问题,第一条便指出,"不应出于其他需要把真实性降到次要地位",第二条则写道:"不传播未经查明真相的信息。"秘书在公关工作中也必须遵循这些准则。

(二) 真实传播原则下的秘书公关工作要求

1. 公关传播的所有信息要完全真实

秘书在撰写公关稿件、口头交流等公关传播活动中,对于信息中的时间、地点、人物、事件、原因、过程、结果、所引用的材料等所有细节,都要符合客观实际,不可虚构造假、以偏概全,决不能为了组织自身的目的或传播的趣味性、文艺性,而破坏事实真相。

2012年初,针对网友在三亚用餐"被宰"事件,当地政府官方微博上首先做了两个积极的回复,表示"决不容忍",并对涉案饭店采取了惩治措施,但第三条却称"今年春节黄金周在食品卫生、诚信经营等方面三亚没有接到一个投诉、举报电话,说明整个旅游市场秩序稳定、良好",遭到网友一致指责。事后政府有关领导出面做出了诚恳的道歉。三亚市委书记对媒体讲:"我承认三亚市宣传部门个别同志关于零投诉的说法是欠考虑的,虽然这位同志的初衷是急于维护三亚的旅游形象。"

对于那位发微博的工作人员来说,或许他看到的"零投诉"是事实,是某些投诉渠道上的真实反映,他认为这样的传播不算造假。但是,没有记录在案的所谓"真实"不是本质上的真实,这种传播等同于虚假传播。

类似的事情还有很多,秘书必须引以为戒,比如,为宣传组织的影响力,让领导与名人蜡像合影,冒充有交情;编造故事,为领导脸上"贴金";顾客拿着有异物的食物来投诉,工作人员一口吞下去,矢口否认……组织形象不是自画像,粉饰出来的形象是经不起考验的。

2. 向领导汇报公关状况时避免"报喜不报忧"

作为领导的参谋助手,秘书需要随时将组织的公关动态反馈给领导、为领导决策提供公关方面的咨询建议和评估。秘书在做这些工作时,一定要本着为组织负责的态度,客观、公正地分析问题、提供信息,绝不能为表明自己公关工作绩效高、为自己请功,或者为其他个人目的而隐瞒问题,报喜不报忧,影响领导对组织公关状况的判断。

3. 公关传播前做好公关调查工作

要保证公关传播的真实可靠,必须以调查研究为基础。公关调查应成为最基础、最常规的秘书公关工作之一。秘书绝不能凭借想象、希望或道听途说来构造传播信息。

三、立足平时原则

(一) 立足平时的意义

1. 只有立足平时,才能稳固组织形象

20 世纪 80 年代初健力宝公司、长城饭店的"一举成名"让人产生了公共关系可以出奇制胜、一劳永逸的错误印象。实际上,即使是像可口可乐这样赫赫有名的大公司也还在投入巨资常年开展公关。善意和信任是需要时间培养的,没有长期不懈的努力,"闪婚"式的公共关系即使建立起来也很难持久。

2. 只有立足平时,才能有效应对危机

2004 年 11 月,中国香港廉政公署拘捕了"涉嫌盗取公司资金"的某公司董事局主席。当日,该公司股票在香港被停牌,公司高管连夜召开紧急会议,商议对策,并约见媒体。此后三天,多家经销商、供应商、银行纷纷表态或采取行动援助该公司;在公司内部,全体员工更是齐心协力应对危机。随后公司在香港发布年报,显示上一个财务年度营业额再创历史新高,利润增长远远超过同行。

有人说,在商品经济社会,锦上添花的人多,雪中送炭的事少。但是事在人为,从上述公司处理危机的事件中不难看出,企业在日常经营中所打造的良好的公众关系基础在关键时刻可以发挥起死回生的作用。

(二) 立足平时原则下的秘书公关工作要求

1. 制定和执行公关工作制度及公关计划

秘书工作具有紧张、繁杂的特点,日常的公关沟通如果没有制度和计划作保障,很容易流于形式。公关工作制度主要包括:信访制度、信息交流制度、对大众传媒的监测制度、调研制度、档案制度等。公关计划包括长远计划和定期公关活动的计划。在征得领导批准后,秘书要认真安排或参与实施。

2. 在日常工作中积极维护公众关系

秘书工作的性质决定了秘书处理日常公众关系的独到优势。秘书要熟练掌握公关礼仪,利用日常工作中与各类公众接触的机会,表现出对公众的尊重和友好;要通过细致认真的工作,塑造负责、诚恳、可信、可亲的公众形象,带动公众见微知著,对领导和组织形象产生良好的联想和认同。此外,秘书还应通过日常接待、谈话等,积极向公众传播组织情况,从而赢得公众对组织的了解和支持。

3. 比较均衡地发展各类公众关系

与关键时刻的特别联系不同,一般来说,长期进行的日常公关沟通应对所有公众一视同仁,不要有特别的偏重。如果只与有利害关系的公众交往火热,而对其他公众冷淡甚至欺辱,那么,这次轻视的人将来可能正是我们所求的对象,今天的怠慢会增加将来公关工作的难度。

4. 真诚、自然、多多行善

秘书在日常工作中应对公众真情付出,多做善事,与公众保持一种君子之交的情谊。这样,一旦将来有不测,对方就会给予道义上、感情上的援助,而不是利益交易或者落井下石。

俞敏洪在北京大学 2008 年开学典礼上的演讲中讲到,他在北大四年,每天为宿舍打扫卫生、给同学打水。他认为,大家都是同学,互相帮助是理所当然的。10 年后,当新东方需要找合作伙伴的时候,他在美国和加拿大的同学毫不犹豫地回国与他合作,给出的理由是:"俞敏洪,我们回去是冲着你过去为我们打了四年水。"正是因为有过这样真诚的付出,才有了新东方的今天。

秘书工作就需要这样一种默默无闻的对公众的真诚奉献,润物细无声,公共关系追求的是这种"道"的境界,而非"术"的层次。

5. 手法翻新

要注意公众有喜新厌旧的心理特点,长年累月用老一套的联系方法会使公众厌烦,逐渐失去交往的兴趣。比如,联络记者总是用吃饭、喝酒的方式,久而久之,记者就不会来了;接待室、俱乐部等场所要不断更新布置,网站和官方微博也要经常刷新,常给人以耳目一新之感。秘书要注意提高自己的公关创意能力,以便根据领导决策的变化,抓住日常工作中的新形势、新机遇,不断创新公关形式。

四、平等交流原则

(一) 平等交流原则的内涵

平等交流原则就是保障组织与公众的对等关系,实行双向对称式的公关传播,促进组织与公众的相互了解和相互影响。

由于公共关系是一种组织的管理、传播行为,所以很多人都会有意无意地忽视组织与公众的平等关系,以自我为中心,实施单向宣传,早期的公关理论就是这样一种认识。现代公关观念是,组织要影响公众,也要接受公众的影响;组织要让公众听从自己的意见,首先就要倾听公众的呼声。

(二) 平等交流原则下的秘书公关工作要求

1. 创造双向交流渠道,坚持民主办会

2007 年,江苏省宿迁市委书记张新实带动宿迁市 12 个部门"一把手"开实名博客,与群众沟通,引发公众一片叫好。这是较早实行网络新政的政府,现在政府、企业开微博已经很常见。秘书大多是号称"数字土著"的年轻一族,应该积极利用网络技术,协助那些"数字移民"领导,为组织与公众的传播交流创造条件。

秘书在主持或安排公关会议时,应注意请相关公众到会,引导公众发言、参与讨论,避免一言堂。

2. 尊重和相信公众,及时向领导反馈公众意见

秘书要在思想观念上充分尊重公众,在与公众讲话时,决不能抱着"居高临下"的气势,制造一种不平等的气场。要相信大多数公众是友好的、富有诚意的,要对公众关心组织和提意见表示感谢,不论公众意见是否正确,秘书都要耐心听取、认真沟通。

秘书还要随时对收集到的公众意见进行归纳整理和反馈,保证公众意见能传到组织决策层,对组织行为产生影响。

3. 主动了解公众,监测舆论环境

如果说听取公众意见有被动成分的话,那么,主动搜集公众意见则更加积极、有效,更有利于组织形象的塑造,同时也是对秘书提出的更高层次的要求。

秘书在组织中处于"承上启下"的特殊位置,与基层群众和其他各类公众联系广泛,因此相比领导那种较为正式的与公众交流来说,秘书往往更容易取得公众对组织的真实态度、意见,甚至抱怨。秘书要抓住各种机会,利用多种方式,主动搜集信息、了解公众,及时掌握组织的舆情变化,供领导决策使用。

五、注重行为原则

(一) 注重行为原则的内涵

现代公关观念认为,"在公共关系活动上,只靠文字是不够的,为了唤醒大家的兴趣与好感,文字必须获得行动的支持"(伯内斯《美国公共关系发展史》)。公关工作不只是使用传播媒介而已,它还应考虑组织行为的正确问题。秘书应从公共关系角度,在组织行为方面给予较多的关注。

(二) 注重行为原则下的秘书公关工作要求

1. 关注组织行为的改进

在制定公关工作计划或解决已出现的公关问题时,首先要检查组织自身的政策、行为,要

把主要精力放在如何改进组织行为上,并给管理层提供咨询建议。

2. 公关传播内容与组织实际行为保持统一

2008年年初,我国部分南方城市遭受了非常严重的雪灾。2月3日,湖北省抗雪救灾晚会在当地电视台现场直播。晚会现场气氛相当热烈,众多企业举牌捐款,5部捐赠热线电话铃声此起彼伏。一个月以后,湖北省民政厅统计却发现:有3成捐款没有实际到账,部分企业上演了一场"捐赠秀"。这些开"空头支票"、免费做广告的企业受到了社会的强烈谴责。

"言必信,行必果",说了不做反倒给自己抹黑,秘书应做好这方面的落实和拾遗补缺工作。

3. 坚持一切公关工作首先从组织内部做起

组织的行为某种程度上就是内部公众的行为,只有健全内部公关、做好全员公关,才有可能进一步谋求外部的发展,这种工作思路应贯穿在秘书公关工作的始终。

4. 注意公关活动和工作人员本身的行为

2009年末至2010年初的丰田车召回事件中,企业动作迟缓、遮遮掩掩等造成了事件不断升级。其中还有一个细节,也对丰田公司造成了不良的影响:丰田总裁丰田章男接受记者采访后,乘坐一辆黑色的奥迪房车离去。总裁自己都不坐丰田车,更让人怀疑丰田汽车的安全性。

在做与说之间,人们更愿意相信"做",一个小小的行为举止,很容易暴露其真实的面目,从而抹杀一千句、一万句的公关说辞和豪言壮语。秘书在公关执行中就要充分细致地检查这类漏洞,注重自身形象,用行动说话。

第五节　秘书公关工作与相关活动的辨析与整合

有人认为,公共关系无非就是迎来送往、吃吃喝喝一类的社交应酬;公共关系只是宣传的时髦称谓而已,既然我们已有了传统的宣传,何必再多此一举搞"公关"这样的"洋"东西;公关就是想方设法在媒体上发新闻稿,获得"免费的广告";公共关系是一种特殊的推销术……公共关系真的有这么多"孪生兄弟"吗?秘书公关工作与这些活动以及其他秘书业务之间究竟有什么关联?本节将探讨这些问题。

关于秘书公关工作与其他秘书业务的关系,本书绪言和本章中已有所论述。概括而言,秘书公关工作广泛渗透于秘书的接待、协调、信息、文书等工作中,彼此业务范畴交叉,工作方法相互借鉴和运用。本节重点研究秘书公关与其他相关工作或活动的关系及工作要求。

一、秘书公关工作与秘书人际交往

秘书最基本的工作是协助领导处理日常事务,必然经常与组织内外的领导、同事、客户等相接触,这种交往活动与秘书公关工作有所区别,亦有所联系。

(一) 二者的区别

1. 目的及出发点不同

秘书公关工作是为了塑造组织整体形象、创造和维护组织的良性公众关系环境而开展的公众联络活动;秘书人际交往大多是为了处理领导交办的工作或秘书自身的工作而与相关人员联系,是一种工作手段和过程,其最终目的并不是交际和联络感情。秘书公关工作的出发点是改善组织的社会生态环境,为组织的长远发展考虑,具有一定的战略意义;秘书人际交往的立足角度主要是针对一时一事的解决,通常不具有战略高度的意义。

2. 主客体关系不同

秘书公关工作的主客体分别是组织和公众,即使是秘书个体面对一位消费者,双方代表的身份也是组织和公众;秘书的人际交往活动,比如日常接待、上传下达信息,双方在彼此眼里一般都是具有某种职务身份的个体。

3. 工作内容与复杂程度不同

秘书人际交往如果抛开它所负载的信访、协调等工作,其工作方式本身是比较简单的,主要是人与人之间信息或感情的交流;秘书公关工作除了运用人情交往外,会更多地运用各种传播工具进行物理手段的传播,需要做撰写公关稿件、公关策划与组织实施等更加复杂的工作。

(二) 二者的联系与整合

1. 以人际交往的方式开展特定的秘书公关工作

公共关系并不排斥人情、运用关系,相反,它公开提倡广交朋友,联络感情。人际交往是秘书公关工作的手段之一。

首先,由于秘书处于直接服务于领导的特殊地位,经常需要代表领导开展公关,同时其职位一般较低,很多时候无法用权力干预来达到公关管理的目的,因此相比专职的公关公司或公关部门来说,秘书公关工作中人际交往活动通常所占比重更大。尤其是在处理内部公关、媒体公关、上级主管单位公关,以及消费者投诉等具体公关事件时,往往需要与个别公众进行人际沟通。

其次,秘书对于内部公众或某些重要公众的公关,用人际交往的方式通常比文字传播或大众媒体传播更利于进行深入细致的情感交流。

此外,建立在良好人际关系基础上的公众关系是组织的巨大财富,有利于公关工作的开展,能够为组织发展创造更多的机会。

因此,秘书应该有意识地发展和积累业务关系,运用正当的手段广结良缘,促进公关工作。

某合资企业生产的一种啤酒好不容易打入市场,不久,社会上产生了传闻,说这种啤酒度数不足,水质不洁,一时导致这种知名度原来就不高的啤酒滞销积压,该厂的经营面临困境,厂长一筹莫展。这时,具有公共关系意识的庄秘书先通过亲戚关系,请当地产品质量监督机构对本厂的啤酒质量进行严格鉴定。经严格检测,这种啤酒的度数为12度,与商标上标明的相符,水质也符合规定,质量可靠。然后,庄秘书又找到自己昔日的老师、如今任当地一家报社的副总编,说明情况,出示了检测报告,请求协助登报澄清真相。副总编派人调查核实后,就由报纸经济版记者出面,写了篇文章,如实介绍了这种啤酒的质量,为它正了名,肃清了影响,从而使这种啤酒重新打入市场,并借此提高了知名度。

在这一公共关系实例中,庄秘书就利用了亲戚关系和师生关系。但是,他并未要亲戚出具假的检测报告,而是如实鉴定;他也并未托副总编在报上美化本厂啤酒质量,而是客观地介绍,他既未损公,也不枉法,是用事实来争取消费者公众的理解和支持,他将人情关系和公关有机地结合起来,使企业摆脱了困境。

2. 以公共关系的理念从事秘书人际交往工作

秘书在通过人际交往处理业务时,如果能并入组织公共关系的目标、理念和传播,往往更有利于业务的处理,并兼顾组织形象的塑造。比如,秘书在接待客人或联系业务时,有意识地向客人介绍本单位;在客人等候领导接待时,给客人递上本单位的宣传册让客人翻看。此时,秘书的人际交往活动便被赋予了公共关系的性质,而公关工作的功能也通过办事和交往巧妙地发挥出来。

（三）秘书以人际交往开展公关工作的注意事项

1. 不要把社交应酬当做主要公关手段

社交应酬只是公关的一种手段,而且不是一种主要手段。在国外,公关中的交际费用比例很低,我国这方面的公关费用相对过高。比如,四川省巴中市巴州区白庙乡政府在其政府网站上公示了 2010 年 1 月份公务开支明细表,据网友统计,在总共 8240.5 元的公业务费开支中,招待费达 5425 元,占总开支的 65％以上[①],引起公众的质疑。

中国自古有重人情、尚交往的文化传统,适当的招待应酬是联络公众关系的必要手段,但组织形象建设不能依靠吃吃喝喝,招待费用过高必然挤压了其他公关费用,这种现象是很不正常的,有时其效果还会适得其反。

2. 禁止庸俗、违法的交际活动

公关中的人际交往应该在结交朋友、消除误会、创造合作氛围的需要下进行,它讲交情而不损公,用关系而不违法,靠事实来争取公众的理解和支持,是光明正大的行为。庸俗社交活动的主要表现是:溜须拍马、权钱交易、行贿受贿、暗箱操作找人"平事"。庸俗关系的目的主要是损公肥私、损人利己,使个别人中饱私囊,它与公共关系的组织必须和社会整体利益保持一致的要求背道而驰,如果用这些庸俗的甚至违法的方式处理公众关系,即使暂时获利,也只是以利相交,利尽则散,不仅不能真正建立组织的良好形象、维护持久友好的公众关系,还会蛀蚀组织形象,污染社会风气。

"三鹿事件"就是一个典型的例子。企业在事件爆发初期想方设法与某些媒体进行私下交易,最终事实证明,"平事"只能解决一时,不能掩盖一世。秘书要引以为戒,自觉地抵制庸俗、违法的人际交往活动,积极践行公共关系。

二、秘书公关工作与宣传工作

按照字典的解释,宣传是"对群众说明讲解,使群众相信并跟着行动"。[②] 这一解释真实地反映了各类组织宣传工作的实际做法。在汉语中,传播与宣传基本上属于同义词,所以很容易把秘书的公关传播工作与宣传工作混为一谈。实际上,它们之间有一定的联系,但也有很多不同。

---

① 一财网:《川一乡政府晒开支 1 月招待费占 65％》,http://www.yicai.com/news/2010/03/321702.html,2010 年 3 月 15 日,10：20。

② 《现代汉语词典》第 5 版,商务印书馆,2010 年版,第 1541 页。

(一) 二者的区别

1. 传播方向和传播关系不同

宣传是由上而下的单向传播,受众只是被动的接受,一般不需反馈信息,组织也通常不考虑受众的反应;而公关强调双向的信息交流,主客体之间是一种平等的交流关系。

2. 传播手段和传播调性不同

宣传工作通常是运用通告性的会议、张贴标语、公告等手段进行。其传播调性带有强制性和灌输性,语言风格是直白、明朗、带有鼓动性的。

秘书公关传播则经常隐含在人际交往、处理事务等工作中,或者借助带有一定娱乐性的活动进行传播,传播中注意把握公众的接受心理,讲究传播技巧,注重长期潜移默化的效果。其传播的调性一般是平和、真诚、感人、令人愉悦的,公众有被尊重的感觉。

3. 信息内容的真实性和全面性程度不同

凡是宣传都是代表组织自身利益的正面传播,有意避开负面形象,甚至冲击负面影响,带有思想政治上的"安民告示"的意味,因此受众有时会对它有抵触、怀疑,甚至厌恶情绪。而公共关系的传播是建立在事实的基础上的,既不能文过饰非,也不可无中生有;既要报喜又要报忧,对自身的过失敢于正视,主动向公众做出解释说明。

(二) 秘书对公关与宣传工作的整合开展及注意事项

1. 带上公关做宣传

作为组织理念和讯息的传播手段,公共关系与宣传工作有时是密不可分的,如制作和投放组织形象广告、编制宣传册等。

秘书在开展宣传工作时通常也可以引入公关工作,二者配合进行,或者直接变宣传为公关。例如,在进行企业的安全生产宣传时,可以创立安全周活动,在张贴标语的同时,开展富有创意性、互动性的系列公关活动;在宣传企业文化理念上,也不必单纯地用挂牌匾、立石碑的方式,可以举行一些公关活动,如庄严的仪式、隆重的庆典或丰富的文娱活动,这样不仅将企业理念讲了出去,而且将那些枯燥、抽象、理性的说教变成了生动、具体、感性的引导,使之渗透到员工的头脑里,落实在行动上。

2. 避免宣传的负面效应

2012 年初,网友在微博上发出在三亚用餐"被宰"的消息,引起各界广泛关注,而就在此时,一篇题为《海南旅游突飞猛进》的报道在某权威报纸上刊出。这篇报道虽然媒体认为客观地反映了海南的旅游成就,却引来了民众的强烈反感。

在英语语境中,"宣传(propaganda)"一词也带有一定的贬义含义,为此,我国奥组委新闻宣传部将其名字译成"Media Communication",世博局宣传部被译成"Communication Promotion"。秘书部门在对外传播中同样也要注意避免其负面影响,必要时用传播(communication)或公关取代宣传。

相比用词来讲,秘书工作的理念和方法更是值得我们注意的问题。秘书人员必须改变传统的宣传工作作风,充分尊重公众,顺应公众的接受心理,积极引入公关工作机制,实现组织信息的有效传播。

三、秘书公关工作与整合营销传播

(一) 整合营销传播

整合营销传播(integrated marketing communications,简称IMC)是20世纪80年代中期由美国营销大师唐·舒尔茨提出的。美国广告协会给出的定义是:"整合营销传播是一种市场营销传播计划理念,即在计划中对不同的传播形式,如广告、销售促进、公共关系等的战略地位进行评估,对分散的信息加以整合,将各种形式结合起来,从而达到明确的、一致的及最大程度的传播。"整合营销传播使不同的传播工具在每一阶段、每一接触点发挥出统一、集中的作用,实现"多种工具一个声音"的效果,建立品牌与消费者长期密切的关系(如图2-5-1)。

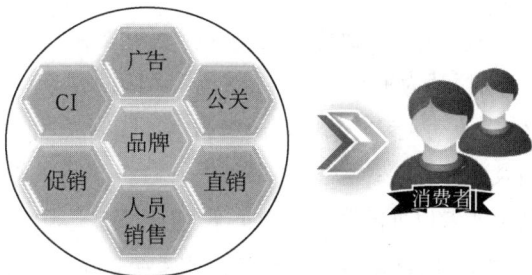

图2-5-1 整合营销传播示意图

麦斯威尔咖啡自1982年在台湾市场发售以来,一直以"分享"的广告策略塑造品牌。1986年到1988年,麦斯威尔通过随身包咖啡的上市,延伸"分享"的概念,并运用公共关系、促销活动等手段,由形象代言人发起"爱、分享、行动"的街头义卖等活动,销量增长率达到了50%。

今天的市场环境日益复杂,消费者在快节奏的生活里每天面对的是丰富的同质化的产品和爆炸性的信息,如果企业自身通过各种传播渠道传出来的信息都很零散,不持续统一、没有个性,那么这些信息很难给消费者留下印象。IMC就是要通过复杂的整合策划,实现1+1>2的效果,加深"一种声音"在消费者心目中的痕迹,从而成就一个品牌或产品的营销。

(二) 整合营销传播中的秘书公关工作

美国管理大师汤姆·彼得斯曾毫不夸张地说"品牌就是一切",一个富有影响力的品牌形象对于企业的作用已毋庸置疑。品牌的经营管理是企业永恒的主题,是企业所有管理者和普通员工都应担负的任务。作为品牌建设的有力手段,整合营销传播的开展需要统一的战略规划作指导,需要相关部门的密切配合保障,秘书人员必须立足自身工作岗位,做好公共关系方面的参与实施。

1. 参与规划、诠释和培育品牌个性

品牌个性是一个品牌区别于其他品牌的人性化的内在品质,它需要通过组织长期一贯的传播来塑造。秘书的各种公关工作都应把品牌的核心形象考虑进去,在此基础上专门为品牌个性"定制"公关活动,包括品牌个性形象的调研、策划和传播。应把品牌传播的目标纳入各类公关活动的目标体系中,不断培育品牌个性。百事可乐公司就经常深入高校为各种学生活动做赞助,以此培育并传播其年轻、激情、活泼、有责任心的品牌个性。

2. 策划有利于补偿或强化其他传播手段营销效果的公关活动

秘书在整合营销传播中要注意公共关系与其他传播活动的效应互补,发挥其独特的优势和作用。例如,广告和市场营销一般主要运用有关产品的强力推介和物质刺激,容易迅速创造短期的经济效益,提高产品和品牌的知名度。公共关系就要发挥它的长处,利用与公众诚挚朴素的情感沟通或第三者传播,创造长期的社会影响,提高品牌的美誉度和情感性附加值。秘书还可以在企业营销活动的不同阶段策划或组织实施相应的营销公关活动,为推销营造气氛,为广告做线下传播,延长和巩固"一种声音"的传播时效,培养超越产品吸引力的公众品牌忠诚。

营销公关是在公关领域中逐步独立出来的一类专门的公关活动,是公共关系与市场营销共同参与整合营销传播而形成的以营销为主导的公共关系,或者说以公关为主要工具的营销,故又称"公关营销"。美国西北大学副教授托马斯·哈里斯在其1993年出版的专著《营销公关》中把公关分为两种:以营销为主导的营销公关是专门用来支持营销计划目标的,包括宣传产品,赞助活动,举办特别活动,参与公共服务,编制宣传印刷品,举办记者招待会,邀请媒体参观采访,支持往来厂商及其业务等;以处理一般性公众事务为主的企业公关,用来支持企业的整体目标,包括企业与消费者以外的各类公众关系、公众事务运作和企业广告等。

在1995年8月24日之前,也就是Windows95操作系统首次进入市场之前,微软公司没有投入关于该产品的任何广告,但在Windows95面世之际,该产品已人尽皆知了。根据《华尔街》杂志的估计,在1995年6月1日至8月24日之间,已有近1万条(篇)、300多万字的关于Windows95的新闻和报道。Windows95上市后,立刻创造了非常惊人的销售速度。显然,营销公关发挥了重要作用。

秘书对整合营销传播的贡献还包括及时发现和处理影响品牌和产品营销的问题与危机,为整合营销传播的顺利进行扫清障碍。具体做法将在其他章节讲解。

(三) 整合营销传播观念的拓展

实际上,整合营销传播这个被营销传播界广泛认同的理论缺乏规范细致的操作体系,人们更多的是热衷于它的传播理念,进而因为其操作上的"不完美"而在自身实践中不断创造和丰富化。在此我们也创造性地提出秘书公关工作应有的"整合营销传播"理念。

这里所说的整合营销传播实际上是整合传播管理,其工作目标不仅仅是营销,工作对象也不局限于消费者。秘书部门的工作具有业务范围的综合性、工作性质的服务性、工作对象的特定性和服务方式的灵活性等特征,其公关工作应该紧密围绕组织发展的总目标和领导的中心工作(包括品牌建设和组织文化建设),做好与其他相关部门和本部门其他业务的有机协调和配合,实行整体规划、分工负责。

秘书部门应在领导的授权下,做好组织整体形象的规划和监测,及时向有关部门提供公众的反馈信息;协助领导和各职能部门树立以公众利益和社会利益为导向的价值取向,整合领导、部门、公众、社会的不同诉求,共同追求开放、平衡、以人为本的价值观,并在组织的各项工作中表现出来,积极向公众传播。此外,秘书还要主动配合各部门工作需要开展公关活动;担当组织内外公众的协调者、矛盾冲突的驾驭者、组织整体形象的监听者和传播者的角色。

思 考 题

1. 怎样理解"秘书工作中包含着公关工作"?
2. 秘书公共关系工作的基本功能和主要职责是什么?
3. 秘书应具有哪些公关意识?
4. 秘书公关工作应遵循哪些原则?
5. 怎样处理秘书公关工作和人际交往之间的关系?

第三章　公共关系的产生与发展

与世界上任何事物一样,公共关系也有一个从萌芽到成熟,从低级到高级的发展、演变过程。公共关系作为一种客观存在的社会关系和社会现象,具有久远的历史,而作为一种专门化的社会职业和一门学科,其发展至今不过百年左右的时间。随着市场经济的发育成熟和大众传播技术的不断发展,公共关系已成为现代组织不可缺少的管理手段。秘书人员只有深刻了解公共关系的历史渊源和现实发展,准确和科学地把握公共关系思想的演变,才能更好地把握我国公共关系的发展方向,开拓有中国特色的秘书公关事业。

第一节　古代的类公关思想与活动

公共关系作为一门学科出现,是现代社会的产物,它明显地带有现代社会文明的印记。然而,公共关系的思想和类似公共关系的活动,绝不是今天才有的。早在古代文明时期,人类为了协调各个利益主体之间的关系,便有了不自觉的类似公共关系的活动。

一、国外类公关思想与活动的产生及表现

利用宣传材料去影响公众的观点或行动,实施有原始公共关系色彩的活动,可以追溯到人类文明出现的最早阶段。考古学家在伊拉克发现了公元前 1800 年巴比伦王国的一份农场公告,告诉农民如何播种、灌溉、对付病鼠害、收获庄稼,很像现代的农业组织发布的宣传材料。这一发现被称为人类历史上最早的公共关系活动痕迹。

在政治生活中,一些比较开明的统治者和政治活动家已经懂得运用诱导、劝说、宣传等手段影响民众态度和社会舆论,在民众中树立自己良好的形象,以达到特定的政治目的,稳固自己的统治。

在古希腊时代,政治家认为一个人的修辞能力是参与政治过程的基本条件之一,一些深谙沟通技术的演说家往往被推选为首领。古希腊著名哲学家亚里士多德在他的经典名著《修辞学》一书中,主张要使用动情的呼吁影响公众,并把修辞看成是争取和影响听众思想与行为的艺术。这本书在西方公共关系界堪称最早问世的公共关系理论书籍。一些充满野心的政治家,常常选用精于推理和辩术的诡辩学者作助手,这些助手们常常聚集在长老会和人民大会厅堂的周围,赞美颂扬他们所辅佐的政治家。

在古罗马时代,古罗马人政治词汇里以及中世纪著作中的某些短语和思想,也不乏现代舆论的观念。人们更加重视民意,并提出"公众的声音就是上帝的声音"。在古罗马,第一位运

用舆论工具的大师应推恺撒。面对即将来临的战争，他通过散发各种传单来开展大规模的宣传活动，以便获得民众的支持。他为了标榜和宣传自己，还专门写了一本记载他功绩的纪实性著作《高卢战记》。这本书不但帮助他登上了独裁者的宝座，亦被西方一些公共关系界专家称为"第一流的公共关系著作"。

另外，古代的埃及、巴比伦、亚述和波斯的统治者也运用舆论的手段来处理和民众的关系。这些古代帝王、政府都曾动用过大量的金钱和人力去营造雕像、寺院、方尖碑、金字塔、陵墓、赞美诗及木乃伊等，用精湛的艺术方式来描述他们东征西讨的英雄功绩，树立统治者的声誉，宣扬自己伟大和神圣的身份。有钱的王公贵族为了树立自己的形象，常常雇诗人给自己写赞美诗，试图通过这些有韵律的诗歌使自己的美名到处传扬。由于当时这种以金钱收买诗人来为自己树碑立传、歌功颂德，利用诗歌来操纵舆论的做法很盛行，所以柏拉图在《理想国》一书中提出要禁止除了政府的诗歌以外的所有诗歌的主张。柏拉图的观点是十分清楚的，即替政府宣传是正当的应该提倡，自我鼓吹标榜这种不正当的宣传则应全部禁止。这不仅是一次试图用政府来控制传播媒介的例子，也是最早探讨自我宣传伦理问题的一次尝试。今天，我们从这些遗留下来的文献中仍可见当年君王们制造舆论、控制舆论的意图。

英国的类公共关系活动起源于许多世纪以前。当时的英国国王认为，大法官应该成为"国王意识的保护者"，而且意识到政府应与教会、商人和手工业者这三类人加强联系，注意调整这些人与政府之间的关系。17世纪，英国天主教成立了传道总会，"宣传"一词便应运而生了。

二、我国类公关思想与活动的产生及表现

中国是一个历史悠久的文明古国，类似于现代公共关系的活动和思想，在中国古代的各个方面都有所体现。

（一）在政治方面

中国古代统治阶级非常重视自身的政治信誉和争取民心的工作，他们懂得"得民心者得天下，失民心者失天下"的道理，因此自发的类公共关系活动广泛存在。

传说在尧舜时代，政府在宫廷外树立"诽谤木"，鼓励世人向政府进谏。《后汉书·杨震传》载："臣闻尧舜之时，谏鼓谤，立之于朝"，这可能是古代政府征求民意的最初设施。古代殷商的部族首领也认识到民意和利用民意进行管理的重要。如《尚书·洪范》中就记有这样一段解说占卜的文字："……汝则从，龟从，筮从，卿士逆，庶民逆；作内吉，作外凶。"也就是说，部落要决定一件大事，如果卿士和庶民都不赞成，那么这件事就通不过，可见对民意的重视。

中国古代也十分重视统治者自身形象的培养和塑造，文献中有大量关于这方面的记载。由"采诗官"经民间"采诗"集结而成的《诗经》中就有大量的对统治者歌功颂德、宣扬君王承天受命的内容。这些诗歌不仅给天子看，而且也"取之于民，用之于民"，变成了"流行歌曲"，影响民意。

例如，《诗经·召南·甘棠》就描写了一位勤政爱民的"好干部"。原文如下：

蔽芾甘棠，勿翦勿伐，召伯所茇。

蔽芾甘棠，勿翦勿败，召伯所憩。

蔽芾甘棠，勿翦勿拜，召伯所说。

召伯是周宣王时代的大臣，也是诗中歌颂的勤政爱民的典型，他为百姓处理了很多事情。老百姓爱戴召伯，爱屋及乌，对甘棠树也产生了深深的感情。每当人们看见甘棠树，就会想到召伯。

《左传·烛之武退秦师》中记载，在"秦晋围郑"的危急关头，郑公派烛之武去劝说秦国退兵。烛之武对秦王展开了"危机公关"，他晓之以理，诱之以利，终于劝退了秦军，保证了郑国的安全。文章中还涉及"内部公关"问题：佚之狐推荐烛之武劝说秦王，烛之武却推辞说："臣之壮也，犹不如人，今老矣，无能为也已。"郑公曰："吾不能早用子，今急而求子，是寡人之过也。然郑亡，子亦有不利焉。"听郑公如是说，烛之武才应允。试想，如果郑公以命令的口吻说话，烛之武也许一气之下，罢官而去。

《左传·子产不毁乡校》也是一个典型的例子。文中记载："郑人游于乡校，以论执政。"朝中有人主张把乡校毁掉，免得老百姓在此议论朝廷。但子产不同意这种做法。他认为，通过乡人议政，政府可以获得政事的反馈信息，有利于国家统治和管理。他说："其所善者，吾则行之；其所恶者，吾则改之。是吾师也。"由于子产善于获取公众信息，并根据公众信息调整自己的政策，很快得到公众的拥护，从而使郑国一度强盛起来，子产也成了当时的名宰相。

商鞅变法是大家熟悉的历史事实。秦国宰相商鞅推行变法，为了取信于民，特意在城门口放个一根树干，并贴出告示说：谁能将此树干从这个城门口扛到另一个城门口，就可以赏其十金。开始人们都不相信，但有一个人完成了此事，真的得了赏金。第二天，许多希望这样轻松得到赏金的人们又聚集到城门口，但这时没有了木头，而贴出了政府变法的公告。变法因商鞅"言必信，行必果"得到了有效的执行。商鞅的这种做法，就是通过策划一个活动来建立政府的信誉，树立政府重信守信的良好形象，从而为推行新法建立了信用基础。这可以看成是一次成功的公共关系策划，在历史上被称为"徙木立信"。

孔夫子曾讲过，人与朋友交，要"言而有信"，"人而无信，不知其可也"。国家则"民无信不立"，如果失去了人民的信任，这个国家将无法生存下去。因此，战国时期齐国冯谖为了巩固孟尝君的政治地位，采取了"焚券"和"市义"的策略，从而使孟尝君"为相数十年，无纤介之祸"。刘备"携民渡江"，魏征"水能载舟，亦能覆舟"等等，都说明公共关系技巧在人类早期的政治生活中就已发挥着重要的作用。

（二）在军事方面

公共关系的影响在古代军事中出现的例子不胜枚举，又以春秋战国时期尤为鼎盛。不同利益集团并存及复杂的战争环境，涌现了一批不同凡响的谋士和食客。他们周游列国，四处游说，留下了无数精彩激烈的、具有极高公共关系艺术的故事。苏秦周游列国，宣传自己政治上的"合纵"主张，使当时的赵、齐、楚、魏、韩、燕六国结成同盟。张仪则凭借雄辩口才，宣传"连横"主张,对东方六国采取各个击破的政策,瓦解了六国"合纵"的政治军事同盟,使秦得以吞并六国,一统天下。无疑,苏秦和张仪所从事的那种"国际间"的游说、宣传、劝服和沟通工作,就十分类似于公共关系活动。

蜀汉的诸葛亮为了平息南中地区少数民族的叛乱,从根本上解决进取中原的后顾之忧,采用了马谡"攻心为上"的策略,七擒七纵叛乱部族首领孟获。这一做法让少数民族充分了解和相信蜀汉的政策,终于取得南中少数民族的信任,心悦诚服地归顺蜀汉。《史记》中"鸿门宴"、"负荆请罪"的故事也都包含着公共关系的内容。又如,明末李信进军京城,广泛宣传"迎闯王,不纳粮"的口号等等,都是古代军事上成功的类公关案例。

(三) 在经济生活中

电视剧《乔家大院》中有这样一段戏:乔家一处商号出售了掺水的苏麻油,引起了顾客的不满,乔致庸下令连夜在包头城内遍贴告示,主动声明自己家的苏麻油掺水,并且以原价收回,还向顾客低价出售高质量的苏麻油。此举不仅挽回了信誉,而且进一步赢得了顾客的信任。这种做法在现代公共关系技巧中属于典型的危机公关。事实上,在中国古代的经济活动中,这类情况的确存在,我国的商人早已懂得运用类似公共关系传播的手段来赢得公众。

汉代张骞出使西域,开辟了中西文化交流的新纪元。从公共关系的角度说,这是中国古代一次规模宏大、卓有成效的国际公共关系活动。明代郑和七下西洋,历时28年,途经30多个国家。他率领商船,每到一处,都以瓷器、丝绸等物品交换当地的产品,并与各国加强了经济和文化联系,更是堪称古代国际公共关系活动的典范。这两件事在国际公共关系史上占有十分重要的地位。

普通的商业活动中也体现着类公关的做法,很多经商者会自觉不自觉地运用各种传播手段和沟通技巧来宣传自己,招徕顾客。如中国古代酒店或茶馆等门口,挑出一面旗帜,上书"酒"或"茶"字来招徕顾客,这类似于今天的广告宣传。许多商店招牌上写着"百年老店"的字样,目的就是让人们知道这家店牌子老,信誉好。许多商店常用"如假包换"、"童叟无欺"来说明经营作风正派,公平诚实,以赢得顾客的信任。《元曲·后庭花》中曾有这样的描述:"酒店门前三尺布,过来过往寻主顾",说的就是这些招牌的作用。这些招牌集中体现了公共关系基本原则在古代商业交往活动中的运用。

近代史上的商业名城广州,类似于今天公共关系的活动更为频繁,也更为典型。广州市民沿习至今的饮茶风俗,最初就是为了适应商业行业间信息沟通、洽谈生意、协调共同利益等的需要形成的。旧日的广州茶楼一直是人们互通信息、洽谈业务、密切同行间关系的重要场所。

(四) 在思想文化方面

古代中国,到处显现着类公关思想的光辉。

《国语》中的《邵公谏弥谤》,先叙述了西周末年周厉王的残暴引起民怨沸腾的情况,然后批评了周厉王提出的"防民之口,甚于防川"的观念。这篇文章实际上是肯定了民众与国家的关系及舆论的重要性,其中包含着政府形象、政权形象的公共关系观念。

春秋战国时期,诸子百家争鸣,老子就提出"鸡犬之声相闻,老死不相往来"的寡民思想;墨子主张"兼爱"、与人为善的交往原则；兵家则持"攻城为下，攻心为上"的争取民心观念；法家宣扬"法"、"术"、"势"的治民之道等等，春秋时期的著名思想家管仲，则最早提出了民本思想，"治国之道，必先富民"。这些都带有重视民众、重视规范的思想观念。

《管子·牧民》曰："礼义廉耻，国之四维，四维不张，国乃灭亡。"也就是说，"礼、义、廉耻"是维持国家的四根支柱。礼义，是治民大法；廉耻，是立身大节。这已经具备了形象意识、公众意识的思想萌芽。

另外，古代的人们特别重视对人际关系的研究和处理。以孔孟为代表的儒家文化就通过强调"仁、义、礼、信"，重视人和等，来调和社会矛盾，协调人与人之间的关系。

孔子不但提出了"仁、义、礼、信"的道德准则，还提出了实现人际和谐关系的具体办法，即"己欲立而立人，己欲达而达人"、"己所不欲，勿施于人"。"礼"是孔子的重要观点之一，他提倡"克己复礼"，要人们"非礼勿视，非礼勿听，非礼勿言，非礼勿动"。在君臣、朋友之间，孔子提倡"信"，即诚实、不欺。《论语》曰："与朋友交而不信乎？"、"人而无信，不知其可也。"又如："有朋自远方来，不亦乐乎！"这里的以交友为乐，主要是指从与朋友的交往中获取了信息和知识。孔子的这些观点都被现代公共关系所接受，并在现代公共关系中发挥着很大的作用。

孟子提倡的"君轻民贵"的观点，则是强调民心向背对政权安危的作用。"天时不如地利，地利不如人和"的意识，就是要人们创造一个良好的人事环境与组织环境，这与现代公共关系遵循的基本原则和追求的目标是一致的。至汉武帝"罢黜百家，独尊儒术"之后，儒家思想对后世的影响越来越大。正因为如此，有的人把公共关系称为一种追求"人和"的艺术。

三、古代类公关思想与活动的基本特点

无论是古代的中国还是外国，人类早期的类公关活动都不能等同于现代意义上的公共关系，充其量只能是现代公共关系的雏形。但通观古代中外自发的类公关活动，可以发现一些共同的特点：

（一）从程度上讲，古代的类公关活动带有明显的自发性和盲目性。当时人们所开展的各种沟通、协调活动大都是出于一时之需，没有真正认识公共关系的意义，缺乏系统理论的指导，人们只是根据常识或直觉去做。有的活动甚至带有深厚的宗教迷信色彩，缺乏自觉性和科学性。

（二）从范围上讲，古代的类公关活动大多局限在社会政治领域，带有强烈的政治功利色彩和伦理色彩。这是由于当时社会生产力相对低下，经济还很落后，市场发育不全，人与人之间的经济关系还比较简单，所以这样的活动较少涉及经济领域。

（三）从传播上讲，古代的类公关活动最常使用的媒介是各种艺术表现形式的载体。由于受到社会经济基础的限制和社会结构的影响，当时的社会组织主要不是靠真实报道、提供更多真实信息来影响舆论、影响公众，而一直是以诗歌、雕塑、戏曲及人际口头传播等为主要手段来实施类公关活动的。

（四）从性质上讲，类公关活动是为了满足政治统治和经营活动的需要而存在的，公众并

没有得到真正的重视。不重视公众、不真实传播是公关的大忌，也是区别类公关和公关的关键。

所以，古代的"公共关系"只能算作是一种"类公共关系"。尽管这些人类早期的类公关活动与现代公关活动从根本上说还不能同日而语、等量齐观，但是在一定程度上，这些活动以及思想为现代公共关系的发展奠定了基础，在公共关系学史上还是有其应有的地位和作用的。

第二节　公共关系事业诞生与发展的基本历程

公共关系发展源远流长。自从有人类社会以来，人与人之间及群体与组织之间，就存在信息沟通与关系协调的活动，但这些活动仅仅是在一般意义上的公共关系朴素思想指导下的类公共关系。直到19世纪以后，美国以其成熟的社会条件和经济基础孕育了现代公共关系，成为最先诞生现代公共关系的国家。

一、现代公共关系产生的基本条件

现代公共关系产生于20世纪初期的美国不是偶然的，它在世界范围内的迅速发展也是必然的，是由这一时期的社会历史条件所决定的。

（一）现代公共关系产生的社会经济条件

市场经济的出现是现代公共关系产生的社会经济条件。在市场经济条件下，整个生产活动都是社会化的，人们生产的产品主要用来交换以实现其价值。市场交换实现后，人们生产的产品和劳动才能得到社会承认。因此，在市场经济条件下，商品交换关系的畅通与稳定，对于社会组织来说具有生死攸关的意义，这就在客观上要求有一种良好的社会关系条件来保护或者改善这种交换关系。现代公共关系就是这样应运而生的，它旨在为各种社会组织与公众通过沟通与交流来建立相互信任、相互合作的良好关系，从而建立一种社会"保健"机制和活动系统。于是，社会组织只有通过自觉地努力才能得到社会的认可和支持，才能为自己创造一个良好的生存和发展环境。

其次，随着市场经济的发展，在商品流通和交换中出现了由卖方市场向买方市场的重大转变。商品供给大大丰富，消费水平不断提高，消费开始从以满足基本需要为主转向以满足选择性需要为主。一方面，商品生产者只有通过各种有效手段在公众中树立良好的组织形象，才能得到广大公众的信任和支持，在日益激烈的竞争中立于不败之地；另一方面，商品生产者和消费者之间的相互沟通和了解也变得更加迫切和必要，双方都需要通过良好的公共关系来适应这种深刻的变化。因此，企业客观上需要与社会公众建立一种良好的公共关系，最大限度地争取广大消费者和社会公众的理解、信任、支持与合作。

再次，市场经济的发展促使社会分工细化，各种生产部门、服务部门和管理部门的专业化程度越来越高，客观上要求企业放弃那种带有浓厚自然经济色彩的"小而全"或"家族式"的经营思想和经营模式，在不断提高本企业专业化程度的同时，建立跨行业和跨地区的横向经济联系,从而在相互合作、相互促进中求得共同发展和繁荣。而这样一种相互联系与合作的关系,必须通过现代公共关系的经营管理方法来建立和维持。

所以说,现代公共关系的产生有赖于市场经济的形成和发展,而市场经济的进一步发展也同样需要以不断发展的现代公共关系作为保障。

（二）现代公共关系产生的社会政治条件

社会政治生活的民主化是现代公共关系赖以产生和发展的政治条件。从封建社会进入资本主义社会,是人类社会民主化进程中的一个重要里程碑。资产阶级民主政治相对于封建专制主义是一次深刻的历史进步。在封建专制统治下,君主是理所当然的统治者,以血缘关系为基础的封建宗法关系成为人们政治生活中起主导作用的支配关系。老百姓只是任人宰割的"草民",根本就谈不上与统治者建立一种平等互利的公共关系。资产阶级民主政治的建立,破除了君主主权神圣不可侵犯的信条,把政府的合法性建立在公民认可的基础之上,从而迫使统治者不得不注重自己的施政方针被公众信任和支持的程度,改善与公众的关系。为此,政府和社会组织就必须及时了解社情民意,根据民意来制定或调整自己的内外政策,并通过各种传播媒介向公众宣传解释政策,争取公众的理解和支持。

（三）现代公共关系产生的物质技术条件

大众传播手段和通讯技术的进步是现代公共关系产生的物质技术条件。20世纪初,科学技术的长足进步,尤其是交通工具和信息传播手段的现代化,为公共关系的产生和发展提供了物质技术条件。在农业社会,生产规模小,人们处在一种封闭、半封闭、与世隔绝的自然经济状态之中,由于落后的自然经济本质上不需要进行广泛的人与人之间的相互沟通与联系,加之受到落后的交通工具和信息传播手段的限制,人们没有也不可能发生广泛而深刻的社会联系和交往。但到了工业社会,商品经济日益发达,科学技术日新月异,运输和信息传播手段的飞速发展。从火车、汽车、飞机、人造卫星的出现到电报、电话、广播、电视以及光导通讯的相继推广和应用,整个世界的联系变得更加便捷。人们相互之间更加广泛、迅速而深刻的社会交往不仅成为必要,而且也成为现实。可见,没有现代信息传播手段的出现,也就没有现代公共关系的产生。

（四）现代公共关系产生的社会文化条件

社会整体文明水准的提高以及人们思想观念的进步是公共关系产生的社会文化条件。20世纪初,随着工业化进程的推进,在社会政治领域,资产阶级民主政治已基本确立,统治阶级和集团的统治思想和管理思想也随之发生了重大的转变,即开始从强权压制转为争取民众的信任与支持。在社会经济领域,科学技术的进步和生产力的高度发展,使得劳动开始从体力密集型向智能密集型转化,这迫使企业主不得不考虑公众和员工的态度和心理因素,从而最大限度地调动他们的生产积极性。因此,导致了企业经营管理思想的重大转变。一些有识之士开始认识到,顺应民众的社会文化心理,满足他们更加广泛的物质需求和精神需求,比采取以往的对抗手段来压制他们,更有利于消除社会组织与公众之间以及劳资双方之间的隔阂与冲突。所以,必须在社会组织和公众之间建立一种类似于人际情感的良好关系。正如美国电话电报公司董事长韦尔说的:"我们已经发现,大众的最好利益也就是我们的最好利益,我们相信我们能有如此成就,是由于我们的经营方针一直遵循这一原则。"企业的经营管理思想和观念的这种转变,为现代公共关系的产生和发展奠定了思想基础。

可以预见,随着政治、经济和文化以及科学技术等社会条件的进一步发展,公共关系将得到不断的发展,其地位和作用将越来越重要;随着社会的进步和人们思想观念的不断更新,公共关系事业必将具有更加广阔的发展前景。

二、现代公共关系在美国的诞生和发展

现代公共关系作为一种系统的理论和现代管理科学,诞生于20世纪初的美国。1903年,美国人艾维·李设立的世界上第一家新闻代理事务所开创了公共关系业。时至今日,公共关系业已历经了百年沧桑,在这100多年的发展历程中,公共关系在提升品牌价值、改善公众关系、促进经济发展乃至社会进步等方面发挥了举足轻重的作用。

现代公共关系活动在美国的发展过程大致经历了三个时期。

(一) 孕育时期

有组织的公共关系活动发端于19世纪中叶在美国风行一时的"报刊宣传代理活动"。19世纪20年代,由于蒸汽机广泛应用于印刷行业,报纸的成本大大降低,报纸的发行量大增,这给那些急于宣传自己、为自己制造神话的公司以可乘之机。这一时期最有代表性和最具影响的报刊代理人是巴纳姆。

巴纳姆是一位马戏团的老板,应该说他是一个新闻传播方面的行家里手。他具有卓越的吸引公众的才能,但是他走向了极端。他所处的时代是公共关系孕育生长的重要时期,巴纳姆非但没有给公共关系学增加正面影响,反而败坏了报刊宣传人员的声誉,滥用公众信任的大众传播手段。为了赚到更多的钱,巴纳姆可以无中生有,制造神话。他的工作信条是"凡宣传皆好事",完全不把公众放在眼里。有人把这一时期称为"反公共关系时期"或"公众受愚弄时期",但巴纳姆作为一个为盈利而滥用传播手段的典型,对于现代公共关系的产生客观上起到一定的促进作用。

当时也出现了不少更接近于现代公共关系的活动。1882年美国律师、文官制度倡导者多尔曼·伊顿在耶鲁大学法学院发表题为《公共关系与法律职业的责任》的演讲,在这篇演讲中首次使用了"公共关系"一词。

孕育时期的公共关系有如下两个特点:首先,公共关系活动的目的更明确,计划更周密,规模更大,显示了舆论宣传的巨大作用;其次,这些活动仍带有早期政治宣传的特点,是一种单方面的灌输传播方式,不少企业的宣传任意编造谎言和"神话"愚弄公众。

(二) 产生时期

从20世纪初到20世纪20年代,是现代公共关系的产生时期。其主要标志是在美国"扒粪运动"的背景下出现了公共关系职业和公共关系学科。

19世纪末,美国新闻界掀起了一场"揭丑运动",舆论界开始揭穿政府或资本家的某些丑行和骗局,称"扒粪运动"。这标志着巴纳姆式的报刊宣传活动步入穷途末路,一个以艾维·李(图3-2-1)为代表的"说真话"的公共关系新时期到来了。

图 3-2-1 艾维·李

艾维·李原是纽约的记者,于 1903 年创办了全世界第一家新闻代理事务所,代表企业与公众说话。这样,一种新型的公共关系职业就产生了。艾维·李的公关思想是"说真话",他认为,应该准确无误地向公众提供信息,一个组织要获得良好的声誉就必须讲真话;如果真情的披露对组织和公司不利,就应该根据公众的反应和评价来调整公司或组织的政策行为。他向报界提供任何必须提供的材料,且一定准确无误。这奠定了现代公共关系职业行为和职业准则的基础。因此,他所开创的新闻代理事务所被视为最早的公共关系公司。

艾维·李的公共关系思想主要体现在 1906 年他向报界发表的《共同原则宣言》中:这不是一个秘密的新闻处,我们的全部工作都是开诚布公的。我们的目标是提供新闻。这不是一个广告公司,如果你认为我们送到你办公室的文件资料有任何不准确的话,请不要用它。我们的文件资料务求准确,我们将尽快地提供有关任何受到处理的主题的进一步细节。而且,任何主编在直接核对任何事实的陈述方面都将愉快地得到我们的帮助。简而言之,我们的计划是代表组织公司和公共机构,坦率地并且公开地向美利坚合众国的新闻界和公众提供迅速和准确的信息,这些信息涉及公众感到值得和有兴趣知晓的有关主题。这些思想为新闻代理向宣传阶段发展,宣传向公共关系发展起到了很大的促进作用,也使企业家从中进一步认识到公共关系工作的重要意义。同年,艾维·李又受邀协助处理了宾夕法尼亚州铁路事故和煤矿工人罢工事件,也取得了圆满成功,为公共关系的基本原则奠定了基础,开创了公共关系的正确道路。他本人也被称为"现代公共关系之父"。总结起来,艾维·李对现代公共关系的贡献主要体现在以下四个方面:

1. 提出了关于工商组织应把自己的利益同公众利益联系起来,而不是对立起来的概念;

2. 公共关系人员要力争与组织最高决策层联系,并赢得他们的支持;

3. 与新闻媒体保持畅通的真实的信息交流;

4. 讲事实,讲诚信,"与人为善、善与人交"。

当然,受当时环境和条件的制约,艾维·李的公关思想尚显得单纯。他忽视了对公众舆论的调查与反馈,更多的是凭经验和直觉工作,但这丝毫不影响艾维·李在现代公共关系领域中奠基人的地位。

真正为公共关系奠定理论基础的是同为公共关系先驱者的爱德华·伯内斯(图 3-2-2)。他曾任记者,并于 1913 年担任福特汽车公司的公共关系经理,致力于推行一系列员工和社会服务、社会福利计划,树立了企业承担社会责任的榜样。第一次世界大战期间,他是美国"公众信息委员会"(美国战时最高公众传播机构)的成员。1923 年,他出版的公共关系理论著作《舆论明鉴》,成为公

图 3-2-2 爱德华·伯内斯

共关系学的第一部经典性著作,并首次创造了"公共关系咨询"这一术语。同年,他在纽约大学首次讲授公共关系课程。之后,他又于 1925 年出版了《公共关系学》,1928 年出版了《舆论》,从而使公共关系的基本理论和方法形成一个较为完整的体系。

爱德华·伯内斯公共关系理论的重要特点是:以"投公众之所好"来实现组织的目标。也就是说,他主张组织在决策之前应先了解公众的喜好和对组织的期望,再着手有针对性的调整政策和有目的的宣传。他坚信,在一定科学理论指导下的劝说活动有着巨大的威力。他使公共关系活动进一步理论化和科学化。

产生时期的公共关系具有以下几个特点:首先,公共关系已成为一种职业,主要局限于服务业和生产企业,并运用于企业的经营活动中,但是其目的还主要是应付舆论压力,没有成为组织的自觉、主动的行为;其次,公共关系由某些方法、技巧向理论化、科学化方向发展,形成了一门学科,其科学性还有待进一步完善和发展;第三,公共关系思想从"说真话"到"投其所好",开始更加重视公众,但仍然为单向传播。

(三)兴盛时期

20 世纪 50 年代以来,公共关系的理论和实践研究都进入了一个全新的现代发展时期。主要表现在以下几个方面:

1. 公共关系理论的繁荣

这一时期,出现了以卡特利普、森特和杰夫金斯为代表的一大批公共关系大师。美国著名的公共关系专家卡特利普和森特,出版了《公共关系咨询》、《当代公共关系导论》和《有效公共关系》等许多著作。他们提出了"双向对称"的公共关系模式,成为现代公共关系的重要标志。在他们看来,公共关系的最终目的,就是要在组织与公众之间建立一种和谐良好的关系。这就要求,一方面必须把组织的想法和信息传播给公众,另一方面又必须把公众的想法与信息反馈给组织,只有这样,一个组织才能求得双向沟通和对称平衡的最佳生存发展环境。

弗兰克·杰夫金斯是另一位卓有贡献的公共关系专家。他的主要成就是把公共关系与市场营销、市场管理和综合广告有效地结合起来。他的思想丰富和发展了公共关系学的理论,促进了公共关系事业的发展。

2. 公关机构的发展

随着公共关系事业在全世界的开展,各种机构组织内的公共关系部,社会上的公关公司、顾问公司、公关协会等如雨后春笋般地蓬勃发展起来。以美国为例,1937 年公关从业人员5000 人,公司 250 家;1985 年,公关人员猛增到 16 万之众,公关公司增加到 2000 多家。其中成立于 1927 年的"希尔—诺顿"公关公司和成立于 1930 年的"博雅"公关公司,已成为世界上最大的两个公关公司。

3. 公共关系教育事业的发展

1978 年全美已有 300 多所大学开设了公共关系课程,100 多所大学设置了公共关系专业,其中 10 所大学设公共关系博士学位。目前,美国公关从业人员中有五分之四是大学毕业,五分之一是研究生。公关教育目前注重理论研究与具体实践活动的结合,强调公关的可操作性,比如公关谈判、公关策划、危机公关等。

总之,自 20 世纪 50 年代以后,现代公共关系已经进入全面繁荣时期。目前,国际公共关系正朝着全球化、战略化、文化化、多元化等方向发展。

附:美国公关历史、人物分界线①

1850	铁路和竞技场的新闻代理人
1889	威斯汀豪斯创办第一个企业新闻代理部
1897	美国铁路协会首次运用"公共关系"术语
1900	第一个公共关系公司——新闻宣传办事处在波士顿创立
1902	W·W·史密斯在华盛顿特区开办第一个新闻宣传活动公司
1904	帕克和李在纽约开办公司
1906	艾维·李发表"原则宣言"
1912	美国电话电报公司建议成立"公共关系"办事处
1917—1919	乔治·克里尔领导了第一次世界大战的公共信息委员会
1923	爱德华·伯内斯在第一本公共关系著作中运用了"公共关系顾问"这一术语
1927	美国电话电报公司聘用阿瑟·佩奇担任第一个企业公共关系副总裁
1933	惠特克和巴克斯特组成第一个政治活动公司(旧金山)
1934	J·V·贝克创办第一个黑人拥有的公司(费拉德尔非亚)
1947	美国公共关系学会建立
1952	卡特利普和森特出版第一版《有效公共关系》
公众的时代——公众该告知的时代——相互理解的时代——相互调整的时代	

三、公共关系在国外其他国家的发展

(一)欧洲公共关系的发展

20 世纪 20 年代以后,公共关系传入欧洲,起初公共关系在欧洲被接受得很慢。但在世界竞争面前,眼看美国的成功,欧洲各国再也不能漠然处之,模仿美国经营方法的心理也自然产生。欧洲企业界、新闻界态度的转变,使欧洲的公共关系事业在 20 世纪四五十年代迅速地发展起来。

1946 年,公共关系在法国崭露头角。二战后,为适应企业与社会之间的新变化,许多企业积极开展多方面的公共关系工作。例如,向社会公众开放工厂、注意加强社区联系等。法国在发展公共关系时,一开始就在大专院校设立公共关系专业,培养高素质的公共关系人才。1955 年,法国公共关系协会成立后,现代公共关系在法国得到迅速的发展。

20 世纪 40 年代,欧洲的几个主要资本主义国家都先后组织了全国性的公共关系组织,其中最大的是 1948 年在伦敦成立的英国公共关系协会(IPR)。到 20 世纪 70 年代中期,各种公共关系机构在英国已约有 5400 个,法国约有 2000 个,前联邦德国约有 1000 个,意大利约有

---

① 何伟祥、张百章:《公共关系原理与实务》,东北财经大学出版社,2002 年版,第 22 页。

850 个。英、法、意等国也都先后设置公共关系的高等教育课程或专业。1959 年,在比利时成立了由比利时、英国、希腊、荷兰、前联邦德国等国参加的欧洲公共关系联盟(CEPR),它是目前欧洲公共关系组织的中心,现已拥有 142 个以上的集体会员和数百名个人会员。

(二) 亚洲公共关系的发展

日本国内正式推行公共关系管理是在第二次世界大战之后。20 世纪 50 年代后,公共关系作为一种独立的行业在日本发展起来。目前,日本有公共关系专业机构近 40 家。1964 年,日本成立了公共关系协会。日本的公共关系活动后来居上,在日本产品占领国际市场的竞争中发挥了重要作用。许多专家认为,战后美国导入日本的公共关系,是促使日本经济快速发展的一个重要因素。

20 世纪 50 年代初,香港政府设立了公共关系部。20 世纪 50 年代末 60 年代初,中国台湾地区全面推行公共关系管理。

(三) 国际性公共关系组织的成立

公共关系活动已广泛渗透到政界、经济实业界、非营利性组织等。随着广泛的公共关系活动的开展,全球性的公共关系迅速发展,公关逐步走向国际化。

1955 年,国际公共关系协会(IPRA)在英国伦敦成立。现在这一组织已拥有 60 个国家的 760 多名会员,这标志着公共关系已作为一门世界性的行业而独立存在。该协会的宗旨是交换国际消息、经验和思想,改进技巧和道德标准,并确切地增进公众的了解并设立"金纸奖"和"总统奖",出版了不定期的《国际公共关系协会通讯》和季刊《国际公共关系协会评论》。该协会在世界各地积极开展工作,为世界公共关系事业的发展做出了巨大的贡献。

进入 20 世纪七八十年代以后,公共关系遍布世界各主要国家和地区。正如美国公共关系专家罗伯特·巴伯所描绘的:"国际公共关系就像十几岁的少年一样,突然以活泼的脚步迈讲。"

第三节 公共关系在中国的兴起和发展

一、公共关系在中国兴起的历史必然性

公共关系在中国的迅速发展,并不是偶然的,而是具有历史的必然性。

(一) 改革开放政策的实施使公共关系的兴起成为可能

改革开放政策的实施,一方面极大地解放了人们的思想,另一方面也使广大企业组织摆脱了"行政保姆"的束缚,成为独立的商品生产者和经营者。企业与社会公众之间的联系,企业间的横向经济联系日益显示出其重要性。同时,"松绑"政策使企业放开了手脚,获得向公众推销自己、树立形象的自主权。而且,对外开放使中国人有机会睁眼看看当今世界,在吃惊之余,开始大量引进国外的先进技术和现代化管理模式,公共关系也被引进了国门。

(二) 市场经济的发展使公共关系的发展成为客观需要

中国社会长期以来自给自足的自然经济当然不需要公共关系。1949 年以来实行的社会主义条件下的计划经济,原材料、产品都由国家统一调配,无需经过市场,也不需要发展公共关

系。在改革开放的过程中，人们终于认识到了发展商品经济与推动社会进步的必然联系，提出了发展社会主义市场经济的口号，从而促进了我国市场经济体系的建立和比较迅速的发展。市场机制逐步得到较充分的发挥，流通领域流通复苏起来，"卖方市场"也开始向"买方市场"转变。

在市场经济的激烈竞争中，各社会组织，尤其是企业组织争取公众、扩大影响、提高知名度、树名牌、求信誉便成为生存和发展的必要条件，由此便产生了对公共关系的迫切需要。加上在改革开放过程中，外来投资者、贸易经商者日渐增多，合资企业、股份制经济作为我国一种新的经济形式，在我国大陆比较迅速地发展起来。这样一种经济和社会发展的大趋势，使孕育在商品经济母胎中的公共关系的"婴儿"出生了。

（三）现代化大生产的蓬勃发展推动公共关系的发展

我们所处的时代，有人称之为信息时代，也有人称之为新技术革命时代。从社会的生产结构来看，其格局无疑具有社会化大生产的特征。虽然我国工业起步较晚，市场经济很不发达，但从社会整体的生产结构来看，同样也处于社会化大生产格局之中。企业之间、部门之间、行业之间、地区之间，都具有客观需要支配的内在联系。这种联系在一定程度上促成了企业的自然社会化，并为企业编织了一种特定的公共关系网络。

随着高科技的引入和生产经营规模的扩大，我国经济正在实现跨越式发展。不仅跨省区跨行业经营成为普遍现象，作为世界贸易组织成员国，我国经济逐步实现与国际的接轨，越来越多的企业和组织走向国际市场，参与国际竞争。这就要求广大企业组织不仅要建立全国性的公共关系网络，而且必须发展国际公共关系，在世界范围内塑造组织和产品形象，争取国际公众的认同与合作。

二、公共关系在中国的传播与发展

现代公共关系活动进入中国大陆是在改革开放的环境条件下从香港及海外传入中国大陆沿海开放地区的。当时是在 20 世纪 80 年代初，在一些合资的宾馆、饭店设立专门的公关机构，由一些专门的人员组成，是作为一种经营管理的手段而存在的。所以，现代公共关系在中国一开始就已经发生了根本的变化，是一种具有"中国特色"的公共关系。随后，公共关系开始在中国大地从南到北、从东到西蓬勃发展。总的来讲，现代公共关系在中国的传播、发展大致分为以下几个阶段。

（一）起步阶段：1980—1986 年

1980 年，《广东省经济特区条例》颁布，设立了深圳、珠海、汕头三个经济特区，现代公共关系开始进入中国大陆。1984 年，国营企业广州白云山制药厂开始公共关系活动，第一个设立了"公共关系部"，并且依据公共关系的一般规律，拿出当年产值的 1% 作为公共关系的预算支出，在当年就产生了巨大的收益。《经济日报》为此发表了题为《如虎添翼——记广州白云山制药厂的公共关系工作》的通讯，并配发了社论《认真研究社会主义公共关系》，这是全国性媒体首次发表有公共关系的专题社论和通讯报道；1985 年，美国的《有效公共关系》在中国被翻译出版；1985 年，博雅公司与中国新闻发展公司签订协议，代理外贸企业境外公共关系服务，促使中国环球公共关系公司成立;1986年11月6日,中国第一家公共关系协会——上海公共关系协会成立。

(二)发展阶段:1987—1989年

1987年6月,中国公共关系协会成立;1989年,中央电视台播出了《公共关系浅说》专题片及中央领导关于公共关系的重要讲话;公共关系专业报纸和刊物创刊。1989年拍摄的电视剧《公关小姐》,是最早反映改革开放时期公关行业的电视连续剧。该剧虽然没有完全准确地反映公关职业的实质,但它促使了内地公关行业的产生,不少城市陆续成立了公关协会,企业成立了公关部,开展各种公共关系的培训、调查和实践活动,而这部戏甚至被当作了"教材"。这一时期还有一个重要的特征就是企业公共关系活动的开展,许多知名品牌借助公共关系手段树立形象,扩大影响,完成了资本的原始积累,度过了创业的第一个阶段。这一时期,随着中国经济体制改革的深入,公共关系从理论研究到实践活动形成了一股强劲的"公关潮"。

(三)规范阶段:1990—1993年

1990年,我国经济发展进入了治理整顿阶段,以克服经济"过热"带来的一系列问题,与经济发展密切相关的公共关系也不例外。

这一阶段最重要的事件是中国公关界分别在1990年、1991年、1992年围绕"公共关系与社会发展"、"公共关系与改革开放"和"公共关系与经济建设"三个主题进行的理论研究和探讨。1991年4月,中国国际公关协会成立,宣告中国公共关系研究开始与国际理论研究接轨;1993年,中央广播电视大学开始开设公共关系学课程,从而使更多的人从理论的层面辨别公共关系的真伪,使公共关系真正成为一门科学的理论和有效的实践活动。这一时期,公共关系的热度开始下降,公共关系的实践活动停滞不前。与此同时,关于公共关系的理论研究开始引起人们的重视。

(四)完善发展阶段:1994年以后

到了20世纪末,我国已基本形成较完整的公共关系理论体系和公共关系实务运作规范,特别是众多公共关系咨询公司的有序发展更意味着我国公共关系已步入正常化发展轨道。但进入新世纪后,公共关系在中国的发展仍存在诸多问题,还需要进一步完善。

1994年,教育部正式批准广东中山大学和首都经济贸易大学招收公共关系方向的硕士研究生,从而使我国的公共关系教育从普及公共关系教育、职业公共关系教育和专业公共关系教育又上了一个新台阶,形成一个完整的教育网络体系。1997年11月,国家劳动和社会保障部成立了中国公共关系职业审定委员会,还正式确定中国公共关系职业人员的名称为"公共关系员",并于1999年5月将公共关系职业列入《国家职业分类大典》,标志着经过近20年的发展,公共关系职业终于获得了社会的认可。2000年,我国在全国范围内开始推广公共关系人员上岗资格考试,公关员走上了职业化和专业化的道路。2003年,中国国际公关协会宣布把每年的12月20日定为"中国公关节"。2008年11月,中国成功举办了第十八届世界公共关系大会。

2008年北京奥运会、世界公共关系大会,加强了国际公共关系组织及行业对中国的接触和了解,提高了中国公关业在国际领域的知名度,进一步促进了中国公关业的发展,也带来了中国公共关系市场的全面繁荣。

据中国国际公共关系协会(CIPRA)发布的《中国公共关系业 2011 年度行业调查报告》显示,2011 年度中国公共关系服务市场继续保持良好的发展势头,整个行业年营业额约为 260 亿元人民币,年增长率为 23.8％左右。汽车、IT、快速消费、医疗保健、金融等行业正成为当前公共关系服务最具潜力的领域。政府及非营利组织所占比重与金融市场非常接近,表明随着政府及相关组织对公共关系了解不断加深,对公共关系的重视及应用已明显增加。在国家形象传播、城市品牌塑造等方面,相关职能部门、地方政府越来越多地使用公关这个专业服务手段。另外,以网络公关为主要服务手段的公关业务在 2011 年增长速度超过了行业平均增长水平,也预示着未来的发展方向。

三、中国公共关系发展中的主要问题及对策

(一) 认识误区问题

社会公众对公共关系的认识还存在很多误区,主要原因是宣扬传播不够。公共关系本身与宣传有着不解之缘,信息传播、沟通协调是公共关系最基本、最重要的职能。但令人费解的是,公共关系本身的宣传却远远不尽如人意。例如,很多人认为公共关系只是一种知识而不是技能,或者认为公共关系可以"包治百病",无所不能;相当多的人仍将公共关系与"人际关系"混为一谈,这是当前开展公共关系业务最大的障碍。公共关系在相当一部分人眼里是与"拉关系"、"走后门"联系在一起的,"烟酒公关"、"美女公关"、"金钱公关"成了不少人对公共关系的诠释和认识。事实上,公共关系在实践中通常有这样三个层次:一是初级层次,是指迎来送往,交际应酬;二是中级层次,是指销售、协调和沟通;三是高级层次,是指公关创意策划。各层次互相配合,携手共进,才能取得最佳效果。

对此,应加大对公共关系的宣传力度,让社会公众真正了解和认识什么是公共关系,让公共关系成为一种大众文化,一种科学理念,一种时尚,一种实践活动。这就需要各类媒体的参与和实际行动,具体应该做好以下工作:办好现有刊物,创办新的刊物、报纸,特别要强调的是应该尽快创办公共关系的理论学术刊物,这在某种意义上对公共关系的发展至关重要;发表和出版更多更好的学术文章和实务著作;对涉及公共关系的人物、事件加大宣传的力度,扩大传播的范围;对优秀的公共关系案例及公共关系公司、公共关系教育培训机构、公共关系各类研讨会进行及时、适当的报道。

(二) 业务发展问题

从整体上看,我国公共关系公司的专业化水平、服务品质与国际公共关系公司仍然存在较大差距,还没有完整的服务体系。一些公关公司缺乏职业道德的约束,片面投客户所好,急功近利,导致客户和社会对公共关系服务认识不足,长此以往将影响整个行业的发展。同时,公关是高智力行业,创新是行业发展的根本。只有不断创新,才能更好地提高服务质量,改善服务品质,促进行业持续健康发展。公关行业在业务模式、管理方式、人才培养、新媒体应用等方面,都需要不断地进行创新,进一步提升行业的整体水平。

对此,应不断吸收国外已经成功的经验,引进其先进的、科学的公共关系理论,借鉴其成功、

有效的公共关系实务经验,同时不断挖掘中国古代优秀的公共关系思想和传统文化中与公共关系相关的精华与营养,土洋结合,打造出科学的、实用的、可操作的、有效益的中国公共关系行业。

(三) 人才培养问题

高素质公共关系人才的严重缺乏制约了我国公共关系业的迅速发展。我国目前有数百家公共关系专业公司,数万人的公共关系专业队伍,但其中真正训练有素、有良好敬业精神和职业道德的公共关系专业人员与管理人员还相当缺乏,必须培养一支过硬的公共关系人员队伍和管理队伍。同时,行业的快速发展需要更多专业的公关人才,人才流动率过高、供需脱节等问题也是困扰行业发展的重大问题。

因此,对公共关系的各种类型、各个层次的培训要专业化、经常化、科学化、规范化、实用化。专业化是指参考书、辅导材料都要有公共关系自己的专业内容,在交叉、渗透、借鉴之中首先要有自己的专业特色;经常化指各类培训要针对各类公共关系从业人员开展,要有计划、有目的;科学化是指要在培训理论、培训目标、培训计划与培训效果上有科学合理的安排,避免盲目性、重复性;规范化是指培训的条件、培训的师资必须由政府有关部门认可,有严格的招生条件、培训程序及考核标准,考试合格者,要发给资格证书;实用化是指培训要让公共关系从业人员尽快掌握公共关系工作的技能和技巧。同时,公共关系教育、培训必须与公共关系实务工作有机地结合在一起。

(四) 行业管理问题

相关政府部门对公共关系行业的管理跟不上行业发展的速度,导致一些文化创意产业的优惠政策未能涵盖公共关系领域,一定程度上制约了公共关系产业的发展。

因此,政府有关部门应该率先建立公共关系意识,要在宏观上加强指导和引导。对公共关系的理论、教学体系、行业准则、职业培训等具体问题要制定出明确的、带有一定权威性的规范。在当今中国社会强调依法治国的大背景下,在适当的时候应该出台有关中国公共关系的法令和法规,使其尽快纳入法治轨道。加强协会管理和行业自律,也是提高行业发展的重要措施。对已经正式列入《国家职业分类大典》的公共关系职业,应该采取行之有效的具体措施进行管理。对这个发展中的职业进行科学、高效、到位的管理,可以监督并授权行业协会对公关人员培训及持证上岗进行检查,以维护政府法令法规的权威性和严肃性。

四、我国公共关系事业的发展前景

(一) 公共关系事业将进入相对的平稳上升期

在当今中国,公共关系管理在组织管理、品牌创建等方面的重要性日益被重视,公共关系管理人员的社会地位日益提高,企业、政府对公共关系的投入不断增加,展现出广阔的发展前景。

从我国公共关系发展的社会环境看,我国社会各项事业呈现强劲的上升态势,为公共关系发展提供了坚实的经济基础;党中央提出"以人为本"的治国方针,推进政治文明被写进《中华人民共和国宪法》,社会民主化进程加快,为公共关系发展排除了在政策、制度等方面的障碍;改革开放不断深化,社会各种矛盾日益显露,需要协调关系,解决矛盾的有效管理方法和手段,为公共关系发展提供了强劲的社会需求。

随着我国经济发展,更多的企业公司、政府组织、非政府组织等将导入公共关系管理,寻求专业公共关系咨询,这是支持我国公共关系事业持续发展的最基本条件。文化、体育、娱乐等产业公共关系的兴起,各类国际贸易、国际比赛、大型会展活动等,都为我国公共关系事业发展提供了更广阔的舞台。此外,上市公司黑幕丑闻不断,银行、保险、通讯等企业纠纷缠身,我国社会发展已进入危机多发期,无论是社会公共危机,还是企业商业危机,都将危机公关管理推上风口浪尖……不断增长的国内社会需求,对我国公共关系事业保持持续发展提出了迫切要求。

(二) 公共关系活动将进一步走向整合和双向互动

20世纪90年代,在以网络为代表的新传播科技的冲击下,中国传播社会生态发生了剧烈变化:媒体数量越来越多,每个媒体所覆盖的受众群体越来越小,而每个受众接触的媒体数量却越来越多,其选择的自由度越来越大。"一网打尽"已是过时的神话,广告投放的效果被明显稀释。媒体的种类越来越多,新兴媒体令人目不暇接,大众媒体独大的地位已动摇,四大媒体的格局已一去不复返。大众传播出现向分众化、个人化方向发展趋势,新的媒体生态已经形成。公共关系传播活动只有进一步提高整合的层次和力度,才能适应新的变化,确保公关活动取得良好效果。

随着网络多媒体时代的到来,组织已越来越认识到信息网络、新传媒技术对公共关系传播的重要意义。这些新技术将完成对公共关系传播沟通管理的方法和手段的调整、更新。

实际上,网络传播已经实实在在地成为一种主流媒体而支持着公共关系传播的开展,像电子邮件、组织主页、网上新闻发布、网上展览、网上市场调查、网上新品推广等,使得公共关系传播的那种平等性、双向性、反馈性得到更大程度的提升,信息传播双方已成为真正意义上的平等交流伙伴,实现了更深层次涵义上的双向互动。

随着高科技的发展,人类传播史的革命还将继续,我们有理由相信,未来的公共关系手段将是一种更加数字化的手段,人们会在高科技的服务支持下,实现真正意义的互动公共关系。

(三) 公共关系市场将日益国际化

随着全球化的进程,我国经济日益融入世界经济,我国在世界事务中的作用和地位不断提高,公共关系管理将日益国际化。

跨国公司在我国实施本土化战略,中资公司的海外上市、海外并购,实施全球化战略,网络等高科技传播技术的普及和发展,都将促使我国企业、组织的公共关系日益国际化,跨文化国际公关传播将成为组织管理的必修课。

中资公关公司将不断壮大发展,业务趋向国际化。它们发展趋向会有两种模式,一种是纯中资式的,一种是合资式的,它们的服务对象会有所变化。

20世纪90年代时,中资公关公司的绝大多数客户均是国内客户,但近几年这种情况已发生了变化,中资公关公司的外资客户比例已大大提高,像微软、惠普等世界著名跨国公司的许多公关业务已归于中资公关公司名下。与此同时,一些合资公关公司将会增加,中外公关公司合作倾向更加明显。这种联手合作将更多地带动我国的一些著名企业走向世界,创国际品牌,开拓国际市场。

专业公关公司业务的国际化和国内组织、企业公关业务的国际化都将进一步推进我国公共关系市场的国际化发展进程。

（四）公共关系管理的地位将日益显著

随着企业组织公共关系管理发展，人们已认识到，公共关系所研究的管理好组织的社会关系环境、组织的形象以及处理好组织与各类公众的关系等问题，这都是关系到组织生存发展的重要战略性问题。

卓越的公共关系管理，必须打破把公共关系视为企业管理的一种战术性工具的局限与偏见，把公共关系管理目标纳入组织的战略目标，把公共关系管理提升到企业战略性管理的层次，使之成为组织战略管理的一个组成部分。

从我国公共关系的发展趋势看，公共关系的战略管理地位将越来越显著；我国的国际公关将由现在的商务层次，上升到国际事务的层次；政府公关将由现有的新闻发言人层次，上升到政府公关主管的层次；将有越来越多的大、中型企业把公共关系管理上升到最高决策层次；组织的公共关系主管将成为各类媒体曝光、报道最多的新闻焦点人物之一；公共关系职业也将会成为我国社会最被人们尊重、羡慕的职业之一。

公共关系作为一种经营管理方法和一门学科步入中国大地，并在理论上被认可、在实践中被加以系统运用。随着我国改革开放的不断深入，特别是市场经济的不断发展，我们必须在系统掌握和借鉴国外公共关系理论与研究成果的基础上，从中国的具体实际出发，大力开拓中国的公共关系事业，建设适合我国政治、经济和人民思想文化心理的公共关系理论，让公共关系学这门年轻的学科遍地开花并焕发出迷人的魅力。

思考题

1. 简述现代公共关系产生的基本条件。

2. 简述艾维·李和爱德华·伯内斯对公共关系发展的贡献。

3. 结合相关具体材料分析现代公共关系的发展趋势。

4. "公关小姐"出现于 20 世纪 60 年代的港台地区，80 年代在我国大陆曾引起轰动效应，人们对此褒贬不一，你有何认识和评价？

5. 观察并讨论，在我们周围有哪些公共关系现象是古代就有的？为什么能够传承至今？

第四章　秘书的内部公关工作

　　秘书的内部公关工作是指以组织内部公众为对象的秘书公关工作。秘书对内来说,是领导开展公关工作的帮手,是领导、部门、员工、股东之间交互沟通的桥梁,是组织形象"雕塑"的造型师和粘合剂。秘书开展公关工作首先要从组织内部做起,要在强烈的公关意识作用下,积极主动、创造性地开展工作。本章作为秘书公关实践能力培养的入门篇章,主要研究秘书面向各类内部公众的公关工作内容和基本策略。

第一节　秘书内部公关工作的含义和意义

一、秘书内部公关工作的含义

　　秘书的内部公关工作是秘书运用信息传播的手段,促进组织与其内部公众之间的双向沟通,寻求并达成和谐、互动、目标一致的公关状态的管理活动。要深入理解秘书内部公关工作的含义,需进一步明确以下三个问题。

　　(一) 秘书在组织内部公关中的主体地位

　　有人认为,内部公关就是组织内部部门间、员工间的日常沟通,这种认识不够全面。内部公共关系也是组织的一种有策略、有计划的传播管理工作,它与部门或员工间自发的交流沟通不同。社会组织作为公共关系的基本要素之一,在内部公关中的主体地位和主导作用必须予以重视。

　　在内部公关的操作层面上,公关的主体"社会组织"通常是具有组织代表身份的特定部门和成员,如组织的公关部、组织的最高管理层、秘书部门和秘书。秘书是作为领导的助手和公关职能的承担者行使内部公关工作的。

　　(二) 秘书内部公关工作的客体

　　在公关客体上,秘书的内部公关工作与管理层开展的内部公关有所不同。后者的公关对象主要是管理层之外的普通员工(包括秘书)、股东和各职能部门;秘书部门在组织中的职能地位是比较特殊和复杂的,既是领导面向基层公关工作的辅助执行机构,又是联系组织内部上下左右关系网络的"中转站",还承担着领导个人或管理团队的专职公关顾问职能。因此,秘书内部公关工作的客体主要包括四种类型:组织内部的员工、股东、部门和领导。

　　(三) 秘书内部公关工作的目标

　　首先,秘书的内部公关工作要服务于组织公共关系的总目标。

　　1. 构建有利于组织生存发展的内部生态环境

　　良好的内部生态环境主要表现为:组织内各类公众关系和谐、目标一致、积极合作、沟通顺畅。为此,秘书要积极引导组织的决策及行为,使之充分体现组织与内部各方公众的共同利益,促进部门、员工接受组织的管理思想和战略决策,推进沟通,减少摩擦。

2. 为内部公众展现真实、良好的组织形象

通过对内部公众的传播沟通,促进组织与内部各类公众的相互尊重和了解,使组织的最高权力部门随时掌握内部公众舆论,使中、基层公众充分理解组织,认可组织文化,参与组织管理,接受或赞成管理层的决策,对组织抱有荣耀感和自豪感。

在上述总体目标的基础上,秘书的内部公关工作还应实现下列分项目标,承担相关职责。

1. 组织文化的构建和完善

组织文化是组织在长期的经营活动中形成的、全体成员共同持有的行为准则和道德规范的总和。组织文化的战略和氛围直接影响内部公关工作,内部公关也反作用于组织文化的建设。秘书应通过各种细致扎实的内部沟通工作,促进平等、亲密、富有活力的组织文化的形成和稳固,还应积极开展组织文化建设方面的专项内部公关工作,包括组织识别系统的构建和传播、品牌建设、组织社会责任的承担等。

2. 协助领导树立良好的管理者形象

协助领导开展个人公关工作,提高组织管理者在组织内外的威信和声誉。

3. 协助内部公众树立公关观念、开展对外公关活动

为全员公关的开展提供教育引导和技术支持,为部门、员工和股东提供外部环境信息和公关建议,整合各部门的对外公关业务,协同相关部门开展外部公关工作。

4. 做好秘书部门和个人的自我公关管理

秘书在组织内部关系中既是公关的主导者、执行者,也是组织内部公关客体的成员。秘书要做好内部公关工作首先就要以身作则,在双重身份上严格要求自己。

二、开展内部公关工作的意义

很多秘书在组织内外的公众关系上存在这样的误区:组织内部的部门、员工只是被"管"(指行政管理或强制性管理)的对象,领导是秘书服务、服从的对象,他们都不需要做公关;只有客户、政府官员、媒体等外部公众才是"有用"的公众,才需要做公关。这种认识是极其错误的。正确的管理观念应该是"管少点,理多点",加强内部公关管理将对组织产生积极、深远的影响。

(一) 增强组织的内在凝聚力和外在竞争力

《孙子兵法》中讲:"上下同欲者胜。"[①]和谐、一致的内部公众关系造就组织的聚合力,是组织实力和对外竞争力最重要的体现。一个组织如果内部意见纷纷、怨声载道,就会像一盘散沙一样不堪一击;反之,如果每一个成员都能对组织产生强烈的认同感、归属感和荣耀感,就能团结一致、士气高昂,与组织同舟共济,抵御外来的各种阻碍和竞争。内部公关与组织的行政指

①《孙子·谋攻篇》。

令、薪酬制度等管理相配合,能对内部公众发挥其独特的引导作用和心理调节作用,使组织的生命力、凝聚力和竞争力不断增强。

(二) 提高组织的工作效率和管理水平

有学者曾对富士康的流水线生产方式和佳能的细胞式生产方式做过这样的分析:富士康的员工太有挫折感,这辈子每天按螺丝,工作太枯燥;佳能一到四个左右的工人工作在一张工作台上,每个工人掌握尽可能多的操作环节技术,相互配合,并且以人力车取代传送带和无人搬运车,工人可以边聊天边工作,工作效率极高。大连佳能工厂在采用细胞式生产方式后的一年内,生产率就提高了370%。由此可见,员工的密切合作和良好的工作情绪是保障生产效率的重要因素。

随着社会分工的细化,工作节奏的加快,组织成员间的交流在普遍减少。工厂里的工人像传送带上的零部件一样,被程序化管理,没有交流的空隙;写字间里员工被安排在被隔开的工作区里;高校教师只顾讲好自己的课,中学老师之间也除了彼此班级成绩的较量外,少有沟通。

但是,分工越细越需要合作和交流。由秘书部门等专职机构等进行专门的公关协调必将有利于化解因沟通不畅而带来的消极、沉闷的组织心理氛围,减少隔阂、摩擦、相互推诿或重复性劳动,促进全体员工自觉、积极地投入工作,从而有助于提高组织的工作效率,同时,在管理层面促进决策的民主化、科学化,提高组织的整体管理水平。

(三) 促进外部公众关系的发展

美国联合包裹服务公司(UPS 快递)亚洲区总裁曾经说过这样一句话:"我们要照顾好员工,他们就会照顾好客户,进而照顾好我们的利润。"内外部公共关系具有相互联系、相互影响的作用。内和才能外顺,内部公共关系是外部公共关系的基础,也是卓有成效地开展外部公关的保证。组织对外形象的塑造不仅依靠组织的产品和服务,更重要的是依靠组织上下领导干部和全体员工的努力。他们是组织与外部公众接触的触角,是在外部公众看来最真实、可信的组织形象。如果全员公关做得好,就能让每个成员发挥其组织形象代言人的作用,担当外部公关工作的主体和推动者。

第二节　秘书的员工公关工作

员工是秘书公共关系工作中最基本的公众对象,维护和发展员工关系是秘书的一项重要日常业务。这里的"员工"特指组织内部除最高管理人员之外的所有职工。

一、秘书开展员工公关的原则

在秘书公关工作基本原则的基础上,针对员工公关的特殊性,特别强调以下三项原则。

(一) 尊重员工

和谐、互动、目标一致的公关状态是以内部公众彼此尊重为前提的,秘书开展员工公关必须以尊重员工为首要原则。员工只有受到了尊重,才会发扬主人翁精神,自主、自愿地工作。

秘书在员工公关工作中应该做到:

第一,尊重员工的人格和地位。无论员工职位高低,秘书都不能以"二首长"自居,居高临下,颐指气使。

第二,尊重员工的知情权和表达权。秘书要让员工分享组织信息,赋予其外部公众之上的优先知情权;还要深入倾听和对上传达员工的心声,尊重员工的合理要求。

第三,尊重员工的劳动和个人价值。秘书要视员工为各个方面的专家,信任他们,对员工的工作报以感激和赞美。

(二) 惠及员工

任何公众关系的维护都是在互惠互利的基础上实现的。在员工公关上,尽管事实上员工与组织之间是共荣俱损、相互依托的关系,但仍要把员工的利益放在首位,在保障员工利益的基础上实现互惠双赢。

秘书在员工公关中绝不能站在员工的对立面,打着与组织共谋大业的幌子,以单向的指令传达代替双向的公关沟通,一味地要求员工服从大局、接受组织管理,甚至放弃自身的应得利益。秘书要关注员工利益,平衡组织与员工的利益关系,促进相互沟通和理解,寻求组织目标与员工个人目标的和谐统一。

(三) 情系员工

秘书在员工公关中要将公共关系的体验传播,特别是要将情感体验发挥到极致,原因有二:

首先,员工关系具有其他公众关系所不具备的情感关系性质和良好的情感基础。在员工眼里,组织不仅是他们立业谋生的场所,还是其社会生活的中心,员工在工作单位里有相互交际、抒发感情、获得群体认同的愿望,因此容易接受和配合秘书的情感公关。

其次,这种工作方式特别适合于秘书工作,能够与组织管理层或公关部开展的员工公关进行很好的辅助、配合。领导与员工的基本关系是权力关系,很难与员工,尤其是与广泛的基层员工有深入的情感联系,公关部开展的内部公关以组织群体性的活动见长,而秘书人员本身就具有普通员工的身份,与其他员工的工作交往较频繁,很容易与员工打成一片,进行日常细致的情感沟通。

因此,秘书应结合自身优势,以情感激励和沟通作为最主要的公关手段开展工作。

二、秘书员工公关工作的内容和方法

(一) 把握员工心理,征集合理化建议

1. 在日常工作中随时了解员工、解决问题

为了进行有针对性的公关沟通、建立情感联系,秘书应通过日常的工作交往和"闲聊",有意识地了解员工情况,在头脑里建立员工个人信息的"数据库"。一般来说,除了掌握员工的基本个人信息外,秘书还应关注每个员工的健康状况、兴趣爱好、职业抱负、在职教育、特殊生活困难,以及员工工作中的疑问、困难、抱怨等。

员工对组织有某种程度的牢骚、抱怨是正常的,但是如果不能及时化解,就可能演变成工

作上的消极情绪，甚至扩散到员工群体中。当个别人的"小声嘀咕"变成集体的失望或呐喊时，局面就很难控制了。

2009年5月，数十名百度华南区销售人员到当地劳动局提交对公司的投诉，抗议百度削减销售人员底薪、提高销售目标，以及其他一些"苛刻"的考核制度。在这些员工们看来，百度新颁布的绩效考核机制基本是"不可能完成的任务"，有的员工甚至质疑这是公司的变相裁员。随后几周里，数百名员工要么呆在家里，要么在办公室消极怠工。此事经媒体传播，变成了破坏百度形象的危机事件。可见，及早发现、及时疏导，是避免这类事件发生的关键。

员工有一些小抱怨时往往不直接找领导谈话，却可能对秘书诉说，所以秘书对此要引起足够的重视，并且应在传达指令、安排工作时主动询问员工，让他们把想法、意见讲出来。

秘书在了解员工的过程中一旦发现员工有困难、困惑，就要根据自己的权限和组织政策，尽快做出反应，比如，给予员工物质或精神上的慰问、进行有关组织意图或政策的解释、联合相关部门开展会商会签活动、将意见反馈给有关部门或领导等。

2. 设立征集员工意见建议的专门渠道和制度

设置专门的渠道和制度，开展了解员工意见建议的专项活动，是秘书进行员工沟通的又一重要手段。常见的做法有三种：

一是定期开展较大规模的员工意见调查活动。一些高校期中教学检查工作中的师生问卷和座谈就属此类调查。

二是成立专门的员工沟通部门，随时处理员工沟通问题，或者由最高管理机构、公关部、秘书处按照既定的时间安排，接待或走访员工，了解和处理员工意见。

2007年，联想公司创立了全球投诉办公室，其作为保密和中立的第三方，对全球所有雇员开放，帮助联想全球员工解决有关办公中个人遇到的疑虑和问题，创造多样化的、公平的工作环境。

三是设立员工合理化建议制度，用奖金、表彰等方式鼓励员工通过意见箱、组织内部网站等表达对组织行为的看法，为组织献计献策。

日本丰田公司自创立之初便设立员工建议制度。公司用"好产品、好主意"的宣传标语和各种奖励、表彰吸引员工积极参与，活动成效十分明显。如20世纪80年代初，员工提建议量高达85.9万条/年，采用率达94%，有不少建议每月就可为公司节省二三百万日元。在日本汽车工业起步晚于美国30年的情况下，丰田公司在创立后40年便赶超了美国，人均汽车生产量达到了福特和通用公司的5倍，如此辉煌的战绩与"动脑筋创新"的员工建议制度是分不开的。

秘书应积极参与员工调研渠道和制度的建立，引导和鼓励员工参与活动；负责组织实施活动、记录整理员工意见；督查各管理部门对员工申诉的处理和落实，及时向员工反馈；研究带有共性或发展势头的员工关系问题，为领导决策提供咨询意见。

在工作过程中，秘书切不可有任何诸如"探听隐私"、"打小报告"、"走过场"等心态，也不能让员工产生这样的误解。要充分表现出对员工的真诚关怀和尊重，以及对员工意见的切实索求和认真对待,正确表达组织的公关意图。

(二) 利用组织自控媒介,沟通内部信息

1. 几种组织自控媒介在员工公关中的效用比较

组织自控媒介,就是由组织创立并控制使用的传播媒介。秘书的员工公关工作除了运用口头传播(面谈、会议、电话等)外,使用最多的媒介就是组织自控媒介。

常用的自控媒介包括:网络自控媒体、组织刊物、闭路电视、有线广播、公文、公告板、意见箱、宣传海报和标语等。

网络自控媒体包括组织内网、博客、微博、电子邮件等,具有即时互动性、娱乐性等特征,日渐成为员工公关的重要阵地。秘书人员应加强这类媒体的开发利用,让自己成为内部网络交流的活跃分子,并积极培养员工上网交流的热情和习惯。

组织刊物包括业务通讯、杂志、报纸等,便于阅读、保存和传阅,特别适合有分支机构、地区办事处的大型组织使用。

闭路电视和有线广播具有文字传播所欠缺的生动性和真实性,用来传播员工所熟悉的人和事,容易引起员工的兴趣和共鸣。

公文一般具有严肃性、规范性和程式性,适合较正式、传统的公关信息往来。

公告板、宣传海报和标语容易引起员工的注意,主要用来向员工传达各类工作信息、通告组织及各部门的最新业绩、进行精神激励等。

2. 组织自控媒介员工沟通的主要内容

美国民意调查公司的一项调查表明,只有10%的员工认为组织的事与己无关,其他90%的员工都渴望知道组织的最新动态,希望了解组织的内情。组织自控媒介应成为满足员工这一愿望的主要途径,全面传播员工需要了解的组织上下的各方面信息。

第一,组织宏观管理战略和规章制度。秘书要紧紧围绕组织文化建设的主线,针对不同阶段的工作重点,不断地借助各种机会、各种形式,将组织的发展方针、建设理念、规章制度等内容传达给员工。

第二,关于组织日常管理和员工工作的信息。包括与组织发展有关的社会新闻、行业消息、组织经营管理的现状和前景、干部升迁信息、先进部门和员工的工作情况,以及相关技术、知识等。

松下电器公司创始人松下幸之助有一个独特的成功经验:将秘密告诉员工。这种让员工知晓组织真实情况的做法是尊重和信任员工的体现,而且员工对组织的宏观、微观环境及管理层的意图有全面的了解后,能够以一定的认识高度明确自己该做什么、为什么做、怎样去做,淡化命令的强硬性,实现有效沟通。

第三,有关普通员工新闻和生活情况的信息。如果在组织的内刊上到处都是领导的身影和组织对员工的工作要求,势必引起员工的反感。行政命令和安排应该用工作会议等方式来传达,内部刊物、广播等应主要在公关上发挥作用。既然是与员工的交流,理应将重点放在普通员工身上,比如,报道员工关心的生产生活中的新闻、发表员工自己的文章和摄影作品等,把组织内部媒体变成员工间赖以沟通交流的精神家园。

以西班牙努德莱斯巴公司 2004 年 8 月期的内部杂志为例：

这是公司首次以西班牙文和中文两种文字编制的内刊，中间夹页上由总经理签名的致员工的信对此作了说明。信中写道："努德莱斯巴宣传册是一本由巴塞罗那总部发行的杂志，每年三期，用来与员工交流公司新闻、新品投放，公司、职员、工人的活动，公司的社会活动，等等。为促进西班牙与中国的交流，西班牙方面决定将天津高乐高食品有限公司①的信息发表在努德莱斯巴公司的宣传册上，将主要的议题和公司新闻翻译成中文。这样做有两个目的：加强公司的跨国联系，因为我们大家都属于一个团队；分享信息和公司变革，分享经验和知识。它将带领我们营造更好的工作氛围。请随时将好的建议发送给人事部，促进我们公司传播的体制。"

杂志仅有 12 页，但图文并茂、内容丰富，该期内容包括：集团总经理撰写的公司未来三年战略计划的主要目标和公司 2004 年上半年的执行情况、西班牙市场推广情况、公司新网页、中国市场及分公司工作、公司新近建设项目、员工培训工作、"好极了"业务奖评选活动说明，以及员工摄影比赛作品展。

从上述介绍中可以看到，努德莱斯巴内刊的信息内容基本覆盖了员工公关所应包含的全部范围，有效地发挥了其作为跨国企业员工沟通桥梁的作用。

（三）开展联谊性员工公关活动，在欢乐中催人奋进

所谓"家和万事兴"，把组织变成温馨和睦的员工大家庭是秘书公关工作的一项重要目标，而联谊性员工公关活动则是实现这一目标的有效手段之一，其作用效果主要表现为三个方面：第一，具有生动活泼、寓教于乐的特点，易于被员工接受；第二，在创造家庭氛围、促进员工关系方面，具有立竿见影的效果；第三，其良好的心理影响能够一直延续到员工的工作中，进一步激发友好合作的团队精神和组织战斗力。

1. 节日联谊活动

在一些重大节日，如组织的周年纪念日、元旦、春节，以及教师节、建军节等与相关组织有关的社会纪念日或组织自创节日，秘书部门应积极筹划、组织富有创意的活动，渲染节日气氛，让所有员工都参与进去、欢乐起来。

某公司秘书特别擅长在节日联谊活动中自创节目，为节日造势。在一次"三八"妇女节，他组织单位聚餐，为每位女同事献一支花，祝贺节日。"六一"儿童节，该秘书又让平日里正襟危坐的高管们和大家一起戴着红领巾唱儿歌。在工作单位里，员工的职位"标签"太过鲜明，需要借助节日让大家"脱去西装革履"，放松紧绷的神经，像兄弟姐妹一样彼此友爱，从而营造大家庭的气氛。

2. 集训联谊活动

员工的培训工作也可融入公关的理念和做法，在训练中进行员工沟通和激励。比如，趣味职业技能比赛、互动游戏、讲故事、野外拓展培训、危机公关演练等。

有一种名为"信任背摔"的心理素质拓展项目（图4-1-1），员工依次站到背摔台上，绑住

---

① 天津高乐高食品有限公司是西班牙努德莱斯巴公司的中国分公司。

秘书公关原理与实务

双手,背对同事队友,身体笔直倒下,下方队员安全地接住背摔队员。这个活动有助于建立员工间的信任关系,锻炼员工的个人心理素质。秘书在组织这类活动时,要注意启发员工对公关观念和组织管理理念的思考,并确保员工安全。

除上述两类活动外,秘书人员还可以组织员工开展体育比赛、歌会、舞会、旅游、参观考察等活动,也可以进行某些项目的组合,根据需要变换主题和活动方式,不断推陈出新。

图 4-1-1　信任背摔①

(四) 抓住三个关键时机,突破员工公关

1. 新员工入职

新员工的入职程序和接待工作通常由秘书来安排,其效果的好坏直接影响新员工对组织的第一印象和工作热情。秘书要从员工公关的角度开展这项工作,一般要把握四个环节:召开欢迎会或入职仪式、参观组织全貌、发放宣传资料(公司介绍、员工手册等)、组织座谈。

秘书在上述公关过程中,一是要做好活动过程的筹划、安排;二是要以热忱和关爱的态度引领新员工参观,耐心地介绍组织基本情况、薪酬福利制度,以及需要新员工特别注意的规章制度等,并积极了解新员工的情况和要求。整个过程中要表现出对组织由衷的热爱和自豪,通过"言传身教",让新员工迅速适应组织文化,萌生对组织的敬意,树立强烈的责任感,体会组织大家庭的温暖。

日本的银行通常会在新员工接受培训后、正式上岗前,为新员工举行正式的结业和入职仪式,新员工的家人也会受邀参加。总经理首先致词欢迎新雇员加入银行大家庭,以家长的语气对他们提出期望和要求,再向新员工的家长承诺保证其孩子的全面发展。接着家长和新员工代表分别上台讲话,表达对公司的感谢。通过这种仪式,极大地鼓舞了新雇员。

2. 员工离职

员工离职特指员工主动辞职或离退休的情况。很多秘书认为,员工离职时组织唯一要做的就是人力部门出具手续,既然不再属于本单位,就不必做员工公关了。实际上恰恰相反,这是秘书员工公关的又一个关键时机,一旦把握不住,产生的后果绝不仅仅是个别离职员工的伤心问题。

秘书的员工公关一贯强调以真情和尊重对待员工,员工虽然离开工作岗位,但感情不能"戛然而止",否则只能证明以往公关的虚伪,动机不纯。因此,秘书在员工离职公关上的不作为,直接影响所有员工对组织的感情和信任。

秘书首先应与即将离职的员工进行一次交谈,谈话的语气不要带有严肃的官方色彩,应在轻松、自然的氛围中进行。谈话的目的,一是代表组织和个人表达由衷的遗憾、不舍、关切和祝福;二是请对方指出组织发展中的不足、为组织提供建议。由于打消了在职时的某些顾虑,

---

① 图片来自"进步体验"网站,http://www.going-ahead.com/gaokongxiangmu.html。

并且对组织依然有感情,很多人在离岗前都愿意把过去藏在心里的话说出来,为组织做"最后一次"贡献。这些建议是十分宝贵的,秘书一定要抓住这个同样宝贵的公关机会。谈话结束后,应认真回忆谈话内容,进行必要的记录和总结。

下面列出的是某公司秘书与一位离职员工谈话后所整理的关于公司的不足和建议:

(1) 对公司的文化不认同,不喜欢喊口号。

(2) 各部门员工之间缺乏沟通和了解,容易形成小团体,导致整个团队没有很好的凝聚力。("我感到我们这里有一些小团体,都是部门与部门之间开会、培训,都没有与其他部门一同交流过。")

(3) 员工工作的指导没有产生良好的作用。("下午下班了,还要开会和培训。每天都有,像过一个形式一样。")①

每一个为组织付出了多年辛苦甚至半生精力的员工,都希望在离职时能够得到一句中肯的评价,划上圆满的句号。秘书可以组织茶话会或其他富有创意的主题公关活动,邀请相关领导和在职员工参加,请领导总结离职员工对社会和组织所做的贡献,大家共同畅谈工作生活中的小故事,交流思想感情。这样既可以安慰离职员工,又可以借此融洽团队关系,激励在职员工,让组织大家庭的气氛在欢笑和泪水中得以升华。

2009年12月22日,美国弗吉尼亚州民主党籍州长蒂姆·凯恩在《州长热线》节目中接到奥巴马总统的热线电话:"我想抱怨一下弗吉尼亚州北部交通的拥挤问题,但是我更希望告诉你,我为你在担任州长期间的政绩感到多么骄傲。祝你在为弗州人民尽心尽力完成四年任期后,能和家人度过最美妙的圣诞节假期。"这番话让即将离任的凯恩州长的心变得暖暖的。他涨红着脸,有些语无伦次地感谢总统的祝福。而双方真诚、自然的话语也通过电台传到了千家万户,树立了奥巴马爱护"员工"的良好形象。

3. 组织内部重大人事调整或组织面临危机

当组织因经营管理需要而发生机构合并、分立或大规模裁员等重大人事调整,以及面临危机时,内部的员工沟通工作就会变得异常紧张和艰巨。据调查,75%的企业在合并后的前4—8个月中生产全面下滑,"人的问题"是致使企业陷入困境的最关键因素。企业的分分合合给员工带来的冲击是可想而知的,这些有着不同背景的人带着疑惑和忧虑走到了一起,如果不能让他们同心同德、齐心协力,企业发展势必受到影响。秘书必须在组织变革时期,协助相关部门和领导建立员工之间的信任感,使他们尽快适应新形势、投入新工作,保证组织平稳发展。

1998年12月9日,世界两大制药公司阿斯特拉和捷利康宣布合并,成立阿斯利康公司。合并期间存在着诸多不确定因素,上至总经理、下至普通员工,所关注的是与自己切身利益息息相关的"涉我事宜",如:我是否失业、我的薪金是否受影响、我的新老板是谁等。另外,原两家公司各自独特的工作方式和文化常常发生冲突,员工们迫切希望了解新公司的新要求。这些问题使员工不能安心工作,严重影响工作效率。

①"sabrina 的窝"的博客,"与离职员工沟通",2005 年 10 月 18 日。

为此，阿斯利康公司迅速成立了传播工作组，制定了严密的内部传播计划。他们根据各阶段不同的沟通需求，确定最有效、最迅速的沟通渠道和工具，如 E-mail、致员工信、录像、员工活动等，还特别编制了《快递》内刊，出版了《阿斯利康通讯》。由于信息发布准确、及时，员工反馈顺畅，遏制了不确定消息的产生。他们还建立了内部沟通日志，以实现两个总经理间的有效沟通，确保他们的意图得到贯彻。

通过沟通小组严密的计划和迅速有效的实施，两家公司的文化得以整合并逐渐演变为新公司文化，员工对新公司的未来充满了信心。其中国合并办公室负责人说："有效的内部沟通是加快两公司融合最好的催化剂，我们很幸运在中国做到了这一点。"

组织在经营发展中有时会因外部经济环境的影响或内部合并、转产、降低成本的需要等，而实施大规模裁员。与普通的员工离职相比，此时秘书需要做更复杂的员工公关工作，主要包括：

（1）协助领导将组织面临的经营状况开诚布公地告知员工。

（2）向员工公布裁员计划，并以组织最高领导的名义向所有员工发出公开信函，讲明组织不得已裁员的原因，向员工致歉，同时作出有关安置补偿的原则承诺。

（3）与被裁员工逐一进行面对面的沟通交流，允许和支持员工正常表达诉求，并给予有效反馈。

（4）在员工离开组织时充分体现人文关怀，让员工有尊严地离开。

（5）鼓励留任员工，修复和强化对组织的信任和忠诚。

与裁员类似，当组织面临其他非常性的动荡时，秘书同样要加强员工公关工作。"患难之中见真情"，在领导忙碌、组织危急的时刻，秘书要对员工格外关心和重视。要将有关情况第一时间告知员工，以缓解他们的紧张不安，避免私下猜疑，甚至散布谣言；要鼓舞员工士气，坚定必胜信念，激发与组织风雨同舟，共渡难关的力量。

第三节　秘书对组织内部结构关系的辅助管理

组织内部结构关系是指组织与其内部机构、群体的公共关系，以及组织内纵向、横向部门间的公共关系。它们是组织内部公关大环境中的"小环境"、"小系统"，能否与组织保持同步发展、相互间沟通得是否顺畅，直接影响组织的内在公关状态。秘书部门处于组织内部上下左右关系的节点位置，作为领导和部门的公关参谋和服务机构，有义务、有责任做好组织内部结构关系的辅助管理工作。

一、秘书对各职能部门的公关工作

（一）帮助各部门树立全局观念

秘书人员应帮助基层部门打消"部门本位主义"思想，树立全局一盘棋意识，使其关注组织的奋斗目标和整体利益，协同其他部门精诚合作、良性竞争。比如，在传达组织决策时，要让部门清楚地了解组织的总体策略、本部门应发挥的作用，以及与其他部门的关系。

秘书也可以利用员工的部门本位主义思想,将其转化为部门集体荣誉感和归属感,并与组织整体目标相统一。比如,向员工布置任务和进行工作总结时,提及员工所在部门的情况,让员工意识到不能给部门荣誉抹黑。

秘书还可以利用组织内部的联谊活动,对部门员工进行公关意识的培养。

某高校人文学院的元旦联欢晚会在院办公室的创意策划下,为各部门颁发了各具特色的奖项,例如,为全部都是女同志的部门颁发了"巾帼不让须眉奖";再通过颁奖嘉宾宣读颁奖词的方式,对各部门的工作给予了肯定;最后,院领导在讲话中将这些业绩和奖项与全院一年来取得的成绩联系起来。这样,大大激发了员工的部门荣誉感,增进了部门团结,更促进了学院整体的和谐发展。

(二) 担当信息交流的使者

部门的公关工作也是以信息的输入、输出为基本手段的。秘书要围绕部门公关工作的需要,传播组织内外的信息,促进上下同心、协调一致。

这项工作首先要求秘书充分掌握各部门的工作情况和信息需求,信息传递要主动、精准,这样就可以及时、客观地将各部门的工作实际和最新成就反映到网站、宣传册等传播平台上,而不是一味地等各部门提交。秘书在取得消费者的投诉意见等信息后,要经过一定的了解核实,再传递给负责部门,避免由于秘书自身工作不力造成不必要的沟通障碍。

其次,秘书对部门的公关交流要站在协助组织统筹管理的高度来进行,客观地传递信息,公平地处理问题;要善于发现部门之间协作上的问题,并能提出合理的解决方案,促进组织和相关部门的利益多赢。

例如,某公司为配合新产品上市,准备由秘书牵头,联合推广部和销售部开展营销公关活动。推广部在制定市场推广计划时,需要客户资料和其他产品的铺货量、销售渠道等数据。这些基础材料销售部有,但是以往两部门曾经因为"信息所有权"问题发生过争执,谁也不肯让步,之后部门间关系一直没有理顺,要么各搞各的、重复劳动,要么互相推诿、谁也不做。于是,秘书就与两部门沟通,讲明工作需要后,请销售部提供基础材料,由推广部进行统计整理和客户细分,再把整理后的材料与销售部共享,很快取得了双方的同意。

(三) 搭建部门沟通合作的平台

秘书的上传下达是必要的,但不能完全解决部门间的沟通难题。部门之间还需要经常进行面对面的直接交流,以促进相互了解、启发工作思路、寻求合作机会、避免或减少部门间的成见、猜疑和摩擦。这就需要秘书积极创造条件,搭建方便、快捷、高效的沟通平台。

比如,国内外很多大公司都有"咖啡时间"(Coffee Break)制度。在每天相对固定的时间里,公司各部门领导和员工尽可能把手头工作放下,到公司内部的咖啡厅里休息一下。在轻松的氛围中,不同部门的员工彼此交流工作和友情,化解了很多工作中的难题和不同部门间的隔膜,启发了创意和灵感。这就是咖啡时间所包含的"3C定律":coffee(咖啡)、creative(创造)、communication(交流)。这种做法值得借鉴。此外,建立"健身时间"、"娱乐时间"、"阅读时间",组建各种有益的员工兴趣小组等,都能发挥这种作用。

二、秘书对非正式群体的公关工作

组织内部的非正式群体主要有:校友、同乡、球友、"驴友"(户外运动爱好者)、组织合并前在同一单位的员工群体等。他们是以成员间相同或相近的情感、兴趣、价值观等为纽带,自发聚合而形成的。其成员间关系较亲密,联系较频繁,沟通较容易。秘书如果能够与非正式群体搞好关系,将对内部公关工作起到积极的促进作用,为此应注意以下四个方面。

(一) 尊重非正式群体及其成员的情感、爱好

秘书首先要接纳各类非正式群体,不能因个人好恶而反感、贬低,甚至拆散他们。对那些"酒友团"、"麻将帮"、"网游帮"、"闲聊群"等看似爱好不够高雅的非正式群体,也要给予充分的尊重,因为每个人都有自由选择爱好、朋友和生活方式的权利,只要不违法违规,不影响正常工作,不应干涉他们。

(二) 加强与非正式群体的情感联系

秘书应适度而真诚地融入非正式群体中,这是秘书员工公关情感交流的一种有效手段。非正式群体内部充满着浓厚的人情味,秘书同样要用真挚的情感与兴致驱动,以普通员工的身份加入到某些群体中。同时要注意适度介入、公私分明,否则容易给员工造成"拉帮结伙"、破坏团队和睦的印象,一旦需要平衡利益或关系时,也很难做到客观、公正。

(三) 发展与意见领袖员工的关系

意见领袖是每一个非正式群体中备受成员尊敬、喜欢、拥护的人。他们可能德高望重、足智多谋、消息灵通、重情重义,或者在共同的爱好上技艺超群等,因而逐渐树立了其在团体中的影响力和权威性。

秘书处理与意见领袖关系的方法和技巧主要有:

第一,像群休成员一样格外尊重他们,与他们交流个人在工作、生活中的体会,主动寻求他们的帮助或指导。

第二,随时倾听他们对组织的意见、建议和要求,并通过他们了解其他员工的想法;积极向他们解释组织的新规定、新政策,争取他们的理解和支持,防止小道消息和负面情绪在员工中蔓延。

第三,请意见领袖协助处理员工中的矛盾冲突,或带领其他员工合作开展某些复杂的工作。但要注意不要使用任何行政压力,迫使他们变成组织管理层的"舆论工具",这样就会引起他们的反感,也会影响他们在群体中的威望。

(四) 妥善处理非正式群体的业余活动与工作之间的矛盾

如果非正式群体的业余活动过于频繁,影响了组织内部的团结和正常工作,必须谨慎地进行处理。

类似的情况在很多组织中均有发生:喜欢运动的一群员工在上班时间穿着运动装,满头大汗地走进办公室;经常结伴喝酒的员工在早晨上班的时候仍然浑身酒气、萎靡不振……当非正式群体与组织的制度和工作氛围相冲突时,秘书人员应分析其根本问题和原因,对症下药,情理结合地加以解释和劝导,并以适当的方式继续支持和引导其合理的部分,允许他们在

不违背制度、不影响工作的前提下继续开展业余活动。同时,可以由组织发起组建文艺演出队、组织业余比赛等,引导他们参与一些能够发挥特长或产生兴趣的其他活动,这样再对他们谈组织纪律和要求就很容易被他们接受了,他们也能自觉地相互提醒、约束自己。反之,强硬地制止或惩罚也许会在表面上解决问题,但员工心理上的抵触却会给组织带来恶劣的影响。

三、秘书对组织决策层的公关辅助

秘书是"从事办公室程序性工作、协助领导处理政务及日常事务并为领导决策及其实施提供服务的人员"[①],因此广义上讲,秘书的所有公关工作都是对组织决策部门及领导的公关辅助。这里特指秘书直接面向决策部门和领导,尤其是组织最高层领导,为他们服务的公关工作。

自从艾维·李处理美国无烟煤矿工人罢工时提出他"必须有权直接和组织最高管理层接触,能影响最高决策过程"以来,公共关系便与组织的战略管理活动联系起来,管理部门大量的公关工作都需要秘书人员协助完成。

(一) 提供公关情报,当好领导的公关哨兵和参谋

组织管理中很多决策都应有公关方面的信息支持和效果评估,秘书必须在日常工作中,特别是在领导决策前后做好情报信息工作,调查了解公众的意见和决策对组织形象的影响。

在收集公关信息、掌握资料上,秘书要比别人快、全、准、精,注意对零散的、不确定的初级信息进行加工整理及深度研究,为管理层提供咨询建议;要善于发现"天边出现的淡淡乌云"(柯特立普),捕捉到可能破坏组织形象的内外环境信息。

2004年底,巨能公司遭遇其巨能钙产品中有过氧化氢残留的舆论风波。事发前,公司高层曾得知《河南商报》要报道此事,但没有及时采取措施或给予合理解释。作为新闻发言人的总裁办副主任甚至事前都不知道发生了这样的事。更有甚者,巨能公司发言人和高层对自己产品缺乏深入详细的了解,面对采访,竟然出现说不清的尴尬。最终,巨能公司也没能达成统一的对外宣传口径。[②]

巨能公司总裁办副主任作为公司对内辅佐最高领导的公关服务人员和对外的公关发言人,犯了三个层次的渎职性错误:没有充分掌握组织的基本信息、没有及时捕捉到组织内外发生的问题产品事件和舆论、没有为管理层提供必要的事态信息和参谋建议,致使公司一步步陷入被动局面。

(二) 了解决策层情况,当好领导的公关代言人

让一位不了解领导真实想法的秘书向公众解释组织的某项重大决定,肯定是徒劳无功的。秘书一切公关计划的制定都应围绕决策部门所提出的大政方针和阶段目标来实施,秘书与公众的公关沟通也都要反映组织的意图,为此秘书要主动与领导沟通,在相关问题上掌握管理层的想法和态度倾向,甚至思维习惯。

---

① 中华人民共和国人力资源和社会保障部《秘书国家职业标准》。
② 《团队》杂志:细数巨能钙危机公关五大败笔,http://finance.sina.com.cn,2005年1月12日。

从上述巨能公司事件可以看出，秘书发现问题后要立即与管理层交流，了解领导对事件的态度和大体要求，再根据领导的指示迅速拟定工作计划和对外传播材料，请领导批示，共同寻求解决问题的途径，这样就不会出现上面的问题了。

（三）服从与灵活相协调，当好领导公关指令的执行人

秘书要完成好领导交办的公关任务。领导具有法定的职级和权力，服从领导是秘书的天职，但是这并不意味着秘书只能无原则地、被动地听从领导安排。在公共关系方面，秘书的主动性、能动性应更加突出，理由是：

首先，公共关系作为一种管理学科，有它自身的规律和规范。公关能力是秘书必备的专业技能，但对于领导来说，一般只需将公关作为一种通用管理知识和技术来运用，不必达到专业化的水平。术业有专攻，进行专业性的公关辅助管理是秘书职业价值的体现。

其次，公共关系作为一种管理艺术，具有灵活性和创意性，在某些具体问题上，究竟应怎样开展工作，秘书应与领导沟通、商议后，再服从领导的安排。个别情况下，秘书可以在不违背公关原则和领导基本要求的前提下，做变通处理。

例如，某公司经理因为与代理商发生摩擦，怒气冲冲地命令秘书给对方发绝交信。秘书知道，该代理商已经与公司有了多年的业务往来，双方合作一直很愉快，这样的客户对公司十分重要，便不动声色地写好了信，直到下班时才试探着询问经理是否需要发出那封信。此时经理的火气早已被一天的工作冲淡了，后悔不该那么冲动，而秘书的灵活处理则巧妙地挽回了即将出现的公众关系损失。

秘书公关执行的灵活性尽管重要，但也要注意与服从性相统一，要有礼有节、适度、慎重地处理。一是要严格服从与领导沟通后的领导最终决策，二是要承认领导的综合管理能力更强，考虑问题的视角往往更宏观、全面，因此不要妄断是非、一意孤行。

（四）秘书搭台领导唱戏，当好领导公关活动的筹划人和推进者

在美国，公共关系被视为组织最高管理层的职责之一，很多公司的公关经理由副总经理直接担任。我国虽没有整体上达到这种认识水平，但各类组织的最高管理者都必然会主持或参与很多公关活动。全员公关领导先行，领导在公关工作中的身先士卒、亲力亲为，要求秘书人员根据组织公关工作的整体部署和需要，负责或参与领导公关活动的策划、执行工作。

秘书要把握领导作为组织首脑的关键作用，请领导在各种公关场合，向公众传播组织的管理理念和发展战略，表达组织对公众的尊重、友好、感谢等情感。比如，在产品的外包装上，可以印上由公司总裁签名的给消费者的致辞；在节假日，用贺卡或邮件给组织的重要公众，包括全体员工寄去领导的祝福；在员工的工资袋上，附上表达感谢的话语，等等。其中的筹划、写作等具体工作应该由秘书来完成。

在内部公关方面，秘书应更多地辅助领导与内部公众的直接沟通，包括个别交流、公开演讲、发微博等，从而体察疾苦，解决问题，凝聚人心。

2010年初，日本丰田公司的"召回门"事件愈演愈烈，总裁丰田章男在美国听证会上以最谦恭的姿态接受美国议员的"炮轰"，甚至当众啜泣，十分难堪。尽管如此，回国后，丰田章男声泪俱下地感谢丰田员工的支持。他说："在听证会上我并不孤单，你和你们的同事，包括美国和全球的员工都和我在一起。你们的到场和鼓励鼓舞人心，我无法用语言表达感激，请接受简单的一句话，感谢大家。丰田现在正处于十字路口，我们必须重新思考我们的工作，重新获得客户的信任，我们需要再次强调我们取得成功标志的价值观。"此举有效地稳定了员工的情绪，增强了战胜困难的信心，对外也显示了企业内部凝聚力所焕发的强大韧性和张力。

在组织的周年庆典等大型内部公关活动中，秘书应通过一定的设计和安排，突出领导的主导作用，让领导揭示活动主题，增强公众对领导言语或行为的注意力和接受度。

2012年1月，爱尔康（中国）眼科产品有限公司召开隆重的全国销售年会。会议以一段反映公司发展状况的视频做开场，并巧妙地将事先采访拍摄的领导感言融汇到整个视频中。为配合领导感言的播放，达到互动效果，现场还专设了众高层的亮相环节：在闪亮的舞台上，当LED屏幕瞬间打开时，身着加油服的10位公司领导手持加油枪，为爱尔康的"加油台"加油助威。现场气氛被烘托得异常热烈，令员工士气大增。

公关是一种幕后工作，秘书公关尤其如此。秘书要学会巧妙地为领导"定制"公关活动，以突出领导在公关工作中的领袖作用。

（五）塑造组织英雄，当好领导形象的设计师和传播者

领导形象对于组织形象建设具有重要的榜样作用和象征意义。一个"组织英雄"般的领导是内部公众的精神支柱和行为楷模，某种程度上还是外部公众心目中组织形象的化身。

据德国某商业周刊调查显示，64%的公司主管深信企业声誉主要来自CEO声誉。英国也有类似的调查，49%的意见领袖认为CEO声誉的好坏决定了企业声誉的好坏。整体来说，CEO对企业声誉的贡献度高达50%左右。[①]

组织英雄可以造就一个组织，对组织形象的建设往往能产生事半功倍的效果。但是，领导形象也是一把双刃剑，一旦受损，组织形象也会随之减分。

例如，2008年汶川地震期间，万科董事长王石发表博客称他所捐的200万"是个适当的数额"、"万科普通员工的捐款以10元为限"，遭到众网友的指责甚至漫骂，直接伤及万科的品牌形象。

因此，领导形象的塑造应纳入组织公共关系的整体建设中来，实施科学、系统的规划、设计、传播和维护。

美国著名的政治公共关系专家罗杰·艾尔斯为不同的美国总统竞选人效力了二十多个春秋，美国人称之为"利用媒介塑造形象的奇才"。1984年，里根总统竞选连任。起初公众对他的印象不佳，觉得他年纪大，又当过演员，有轻浮、年迈无力之感。但他在公关顾问艾尔斯的协助下，在竞选演说时，非常注意配合以适当的服饰、发型与姿势，表现得庄重、经验丰富，样子看上去也非常健康，终于改变了公众对他的不佳印象，结果成功获得连任。

1988年美国总统大选，布什又遇到了类似里根总统的问题。他的形象不佳，在民意测验中落后于竞选对手杜卡基斯十多个百分点。于是布什请来了罗杰·艾尔斯。艾尔斯从公众形象的角度指出了布什的两个毛病：一是演讲不能引人入胜，比较呆板；二是姿态动作不美，风格

---

① 严亚男、杜惠清：《CEO玩好微博，提升企业声誉》，《国际公关》，2012年第2期，第42页。

不佳,缺乏独立和新颖的魅力。艾尔斯帮助布什着重纠正他尖细的声音和生硬的手势,并让布什讲话果断、自信,体现出强烈的自我表现意识。在 1988 年 8 月举行的共和党新奥尔良全国代表大会上,布什做了生动而有吸引力的接受提名演讲,这几乎成了同杜卡基斯较量的转折点,最终获得了大选的胜利。

可见,领导者公众形象的塑造不仅是领导个人的任务,也是其公关顾问或秘书人员的职责。通过专业的形象规划和执行,可以为领导打造一个“全新”的、富有魅力的领袖风采。具体可通过以下四个步骤来进行:

第一,调研分析。包括领导的特质、组织的特质,以及竞争对手的组织形象和领导者形象等。

第二,形象定位。即确定符合组织愿景、体现组织文化、符合领导个人特质和公众期待的独特的基准形象。

第三,具体形象设计和传播方案策划。即导入领导人形象设计系统(EPIS)来进行整体规划,配合组织识别系统(CIS)整体目标的达成。其中包含四个子系统:EPMI,领导人理念识别,包括人生观、价值观、座右铭等要素;EPBI,领导人行为识别,包括社交活动、演讲风格等;EPVI,领导人视觉识别,包括仪容仪表、签名、名片等;EPPI,领导人传达识别,即独特高效的领导人形象传播策略,包括著书、参与公益活动等传播方式,以及媒体运用策略等。

第四,形象传播与维护。即有计划、持续性地实施领导形象的传播策略。在此过程中,秘书要做好舆论监测,预防和处理领导形象危机。

领导形象的设计要与组织形象定位相吻合,其传播活动要与其他公关工作相配合、相统一。例如,宏大集团董事长刘沧龙是一位农民企业家,对家乡父老怀有非常纯朴的感情,他的社会公益活动主要面向父老乡亲,包括“5·12”地震后,他出资帮助四川家乡的受灾职工和农民重建家园。这种领导形象与组织形象相互兼顾的传播,产生了相得益彰的效果,使两方面个性都更加突出。

综上所述,本节主要研究了秘书在组织内部结构各种公众关系中应发挥的作用及其基本公关策略。实际上,秘书对组织内部的关系协调是融合在秘书各种日常工作中的一项常规工作,关于秘书与领导个人关系的处理、对领导班子团结的维护、秘书与部门和员工的工作协调等,都属于秘书公关的内容,本节在这些方面涉猎不多,具体的协调方法与技巧请参考秘书专业其他相关学科知识。

第四节　秘书对股东关系的辅助管理

股东关系是股份制企业所特有的一类内部公众关系。目前,我国股份制企业中已普遍设置了董事会秘书一职,处理好企业与股东的关系,是董事会秘书的一项重要工作。

一、股东关系的基本概念和意义

(一)股东的含义和类型

股东是股份公司的股票持有人,也指其他合伙经营的工商企业的投资人。按照不同的标准,可以把股东划分为很多类型。秘书在公关工作中应注意对如下几种股东的区分。

1. 机构股东与个人股东

机构股东指享有股东权的法人和其他组织,包括各类公司、金融机构、保险公司等;个人股东指一般的自然人股东。

2. 控股股东与非控股股东

从持股数量与影响力上来看,股东有控股者与非控股者之分。出资额占有限责任资本总额50%以上,或其出资额所享有的表决权足以对股东会、股东大会的决议产生重大影响的股东,即为控股股东。控股股东还可分为绝对控股股东与相对控股股东。

(二) 股东关系的含义和性质

股东关系也称"投资者关系"或"出资者关系",是股份制公司在保障股东和公司根本利益的前提下,运用信息传播的手段,不断协调股东与公司之间的关系,促进彼此的了解和支持,推动企业发展的公共关系管理活动。

秘书的股东公关工作主要是辅助公司董事会或董事来实施股东关系管理。董事会是由董事组成的公司经营决策机构,对内负责掌管公司的日常运作和管理工作,对外代表公司开展经济活动。董事由股东或非股东担任,可分为执行董事(常务董事)和非执行董事。一般来说,执行董事是那些全职负责公司管理的人,非执行董事是从外部引入的经验丰富的专家。有些股东人数较少或规模较小的有限责任公司只设执行董事,不设董事会。

股东作为出资者,与其他内部公众一样,拥有分享组织收益、参与组织管理的权利,因此,股东关系属于组织的内部公众关系。但是一般来说,绝大部分股东并不属于组织的内部员工,而且由于有自由购买和抛出股票的权利,其股东身份不稳定。所以可以认为,股东是分散于组织内外的一种特殊的内部公众,股东关系是兼具外部公众关系性质的内部公众关系。

(三) 股东关系的意义

股东是企业的"财源"和"权源"所在,是公司存在的基础,没有股东就不可能有公司;良好的股东关系可以为组织赢得更多的投资者,保障公司股值的稳定和上升;通过广大股东的口碑作用,可以扩大组织的知名度和信誉度,在更大范围内树立良好的组织形象。

二、秘书辅助股东关系管理的主要目标和任务

秘书开展股东关系工作的基本目标是:促进公司董事会和其他管理部门对股东的了解;保障公司对股东各项传播工作的顺利开展;树立企业在股东心目中的良好形象,稳定已有的股东队伍,吸引潜在的投资者;借助股东关系,促进品牌和产品的广泛影响与营销。具体任务主要有:

(一) 为管理部门提供有关股东情况和意见的信息服务

秘书要随时了解、研究不同类型股东的数目和分布情况,以及股东的投资心理,还要掌握股东对组织信息的接收情况和反馈意见,供董事会和其他管理部门使用。

由于股东分散在不同的社会组织之中,通过对股东情况的搜集整理,就可以比较全面地了解各界公众对本组织的反映。同时,出于规避投资风险、争取自身利益的考虑,股东通常对

本企业及其他竞争企业的经营管理有一定认识和见解，一些来自股评专家、投资顾问或大股东的意见和忠告更可能成为企业重要的经济情报。秘书应注意收集和调研这些信息，交付有关部门认真处理，并将处理结果与股东沟通。这样不仅可以发挥秘书的公关参谋作用，而且有利于激发股东的主人翁意识和作用。

（二）协助股东行使特权

股东自购买企业股票之时起，就成为企业的主人，他们对入股企业至少拥有如下特权：

1. 选择管理者的权利。股东有权投票选举企业董事会、监事会，并由董事会推举管理人员管理企业。

2. 参与决策权。股东有权参加股东大会等企业重要会议，并参与表决企业经营管理中的重大决议。

3. 资产收益权。股东有权按股份比例获得股息和红利；企业解体时，股东有分配剩余财产的权利。

4. 知情权。股东有权查阅公司章程、股东名册、公司债券存根、股东大会会议记录、董事会会议决议、监事会会议决议、财务会计报告。

保障股东权利是维护股东关系的前提，也是培养股东与企业荣辱与共的责任感和自豪感的手段。秘书在处理股东关系时，要努力维护股东的正当权益，不论其占有股票多少，都要一视同仁。要熟悉有关法律法规，随时调查了解股东权利的保障情况，及时通知或邀请股东参与相关活动，并依照法律和工作程序为股东提供信息服务。

（三）主动提供股东所关心的组织信息

秘书为股东提供信息除了要依照《中华人民共和国公司法》的有关规定，满足股东的知情权外，还要积极主动地为股东提供他们所关心的投资信息和投资效益分析，这是搞好股东关系的关键。股东只有充分掌握这些信息，才能关注企业或购买股票；才能熟悉和信任企业，在企业遭遇风险时继续支持企业；才能因受到尊重而保持对企业的偏爱和忠诚。

秘书主动向股东传播的信息应包括：组织理念、发展历史、管理人员变更、产品或服务特点、行业竞争地位、赢利情况、分红政策、面临的困难和承担的风险等。

三、股东沟通的渠道和秘书公关工作要求

（一）股东会议

从出席人员上看，股东会议包括董事会、全体股东会议和部分股东会议（股东代表会议、股东地区会议等）；从时间上看，包括年会、季度会议和临时会议。

秘书在策划实施股东会议时要特别注意以下两个环节：

第一，会前对股东做好参加会议的宣传动员工作。秘书要在会前两周将会议通知书和委托书寄达有权参与的每一位股东，鼓励动员他们参加会议。委托书上要列出提名董事名单、投票表决事宜和委托投票方式，以此来保证不出席的股东也能行使自己的权利。规格较高的股东会议最好事先将有关会议召开的消息在一些媒介上披露，以示郑重。

第二，会务活动要安排得周密合理。时间、地点、餐饮等安排要尽量满足绝大多数股东的

需要,会议进程要紧凑有序,鼓励股东参与发言、讨论,适当增加参观展览、文艺演出、旅游等活动。要注意股东的内部公众性质,把他们看作是"自家人",积极创造轻松活泼的友好氛围。

(二)股东年度(半年度、季度)报告

股东年度报告是组织应履行的一种法律手续,有些企业每半年或每季度公布一次,主要记录一定时期内公司的工作成就、重要事件、财务情况,以及发展展望,此外还可以写入企业产品和管理人员介绍、董事长给股东的致信等。

股东年度(半年度、季度)报告是组织与股东之间极有价值的沟通工具。秘书在撰写报告时应注意以下几方面:

1. 每份报告要主题鲜明、重点突出。

2. 不能隐瞒事实、报喜不报忧;对未来的预测不要过于乐观,对困难要有充分的估计。

3. 运用比较分析、提供真实材料等方法提高报告的说服力,但要避免数字过多或文字枯燥、晦涩,应当增强通俗性、趣味性、可读性,激发股东了解企业的欲望。

4. 请各部门工作人员配合编写,请专家认真审核,确保信息精准、专业。

(三)股东杂志和股东通讯

股东杂志和股东通讯是组织与股东进行经常性沟通联系的主要媒介。二者的不同主要在于,股东杂志是定期面向多数股东公众的交流媒介,而股东通讯则根据需要,不定期地发送给特定股东,较灵活,针对性更强。

股东杂志的内容主要是有关组织政策的解释、股东对组织意见的反馈,以及其他与股东有关的问题或事件报道。目的是增进股东对组织的全面了解,促进投资兴趣。

股东通讯的形式主要有:新股东加入时总经理签发的欢迎祝贺信件,股东出售股票退出时企业发出的表示遗憾、征求意见及希望再入股的信件,对股东批评、咨询等的回复信件,向股东散发的资料、广告,以及定期寄送股息支票时附带的组织简讯或简短祝贺、调查等函件。

(四)其他股东沟通手段

股东沟通的方式还有很多,比如,请股东审查或试用新产品、向股东馈赠小礼品。

国外的企业往往将股东视为义务推销员。如果1万名股东每人有20位亲友,就会有20万潜在的顾客。美国通用食品公司每逢圣诞节便给股东分发本公司产品,股东们骄傲地向亲友介绍,并纷纷寄回购货单,使这家公司每到此时就会收到大批订单。

给股东寄送产品样品,最好配合个人专访和电话联系等方式征询股东意见。

其他常见的股东沟通方式还有:邀请股东参加组织的开放参观活动、社会公益活动、组织旅游集会等。股民们十分关注持股企业在媒体上的最新消息,作为股票运作决策的重要依据,利用大众媒体广泛传播的广告、新闻等,也能起到股东沟通的作用。

无论如何,企业所有以拉动股票为目的的传播行为都要以公共关系的基本原则为准绳,要为组织的整体形象服务,不可因小失大。

2003年3月5日,《深圳商报》爆出长虹公司在美国遭巨额诈骗的传闻。第二天,长虹通过媒体辟谣。随后的一个星期,长虹股价在经历了骤起骤落的几次反复后最终上涨。然而2004年底,《21世纪经济报道》发表文章指出,曾经诈骗长虹的犯罪嫌疑人已经被公安机关拘

留审查,随之一些内幕被揭露出来,诈骗案"有诈"的说法不攻自破。股民们指责长虹公司隐瞒了重大信息,企业形象遭受重创。这件事情告诉人们,以欺骗股东的方式拉动股票上涨,只能为企业埋下危机隐患,最终会大大降低股民的信任和企业的信誉。

思 考 题

1. 秘书内部公关工作的总目标和主要职责是什么?

2. 秘书应如何开展员工公关?

3. 秘书应如何搞好组织内部各职能部门的公共关系?

4. 秘书应如何辅助组织决策机关和领导的公关工作?

5. 秘书应如何开展股东公关工作?

第五章　秘书的外部公关工作

对于外部公众来说,秘书是组织形象窗口中的"模特",更是除了专职公关人员以外最具公关意义的角色。现代秘书要突破领导和本单位内部的工作视野,高度重视外部公众对组织发展的影响,既要在对外工作往来中展现良好的个人和组织形象,又要根据本单位秘书部门公关职能的要求,做好外部公关的辅助管理,积极主动、开拓创新,专业化地开展外部公关活动。一般来说,秘书部门需要重点开展的外部公关工作主要有消费者关系、经销商关系、社区关系、政府关系、新闻媒介关系等。

第一节　秘书对消费者关系的辅助管理

消费者是指为生活消费需要而购买、使用商品或者接受服务的公民个人和单位。从广义上讲,任何组织的服务对象都可视为消费者。政府职能部门与其管理服务对象、学校与学生、学校与用人单位等,都具有某种程度的消费者关系属性,可以参照消费者关系策略来开展公关工作。

一、消费者关系管理的意义和目标

(一) 消费者关系管理的意义

在今天的市场经济环境里,整个社会生态系统呈现着显著的消费关系特征,处理好消费者公众关系是组织承担社会责任、保障社会和谐的必然要求。

消费者公众是组织公共关系对象中利益关系最直接、最明显的外部公众。组织的生存发展离不开消费者的信赖和支持,消费者的需要决定着组织的生产经营和管理活动。

随着市场经济的发展和竞争的加剧,消费者在市场中的主体地位和对组织的影响越来越突出,消费者关系不再仅仅依赖于组织为其提供好的产品和服务,消费者需求逐渐趋向个性化、多样化。只有持续、主动地开展有影响力的消费者公关,才能赢得消费者的信任和支持,使组织健康、良性地发展。

(二) 消费者关系管理的目标

消费者关系管理的目标是达成组织与消费者之间的关系和谐与利益双赢,促使消费者形成对组织及其产品、服务的良好印象和评价,引导消费者建立对组织有利的消费观念,增强组织的市场影响力和吸引力。

秘书部门和工作人员应把消费者关系管理目标纳入自身的工作目标之中,积极推进组织与消费者的沟通协调。

二、秘书对消费者关系管理的职责和要求

(一)开展内部公关,引导部门和员工树立"顾客至上"的经营宗旨

很多组织都会把"顾客至上"或其他类似的口号当做重要的经营理念,却很难贯彻到实际工作中。当组织和部门专注于自身利益的最大化时,消费者的利益和地位就容易变成一纸空文。因此,要搞好消费者关系,最关键的措施是:建立有益于消费者关系管理的组织文化,发挥全员公关的作用,使"顾客至上"的经营宗旨真正植根于管理人员和全体员工的思想观念中,落实在日常管理和业务活动中。

实际上,"顾客至上"与"利润至上"具有相辅相成的辩证关系,正如美国默克制药的创始人乔治·默克所说:"应永远铭记,我们旨在救人,不在求利。如果记住这一点,我们绝不会没有利润,记得越清楚,利润越大。"秘书人员首先要理解这种辩证关系,继而经常性地组织开展公关活动,引导员工"清楚地记得"维护消费者利益的责任。具体方式有:张贴标语、领导讲话、组织内部研讨会及员工与消费者的交流会等。

(二)开展消费者调查,监察消费者权利和消费心理的保障情况

保障消费者的合法权益、满足消费心理,是建立和维护消费者关系的基本前提。

消费者在消费领域中所享有的权利主要体现在《中华人民共和国消费者权益保护法》等法律、法规中,包括人身、财产的安全权、对商品或服务的知情权、商品或服务的自主选择权、依法获得赔偿的权利、获得有关权益保护方面知识的权利、人格尊严和民族风俗习惯受尊重的权利等。

消费者最基本的消费心理是,以合理的价格获得优质的产品和友好、诚信的服务。随着市场的繁荣,人们的消费心理日益复杂,组织的经营管理和公关工作都依赖于深入细致的消费者调查。秘书人员必须协助管理部门承担起监察守望的公关职能,以专业的水准研究和把握消费者的权利与心理,如同"松下电器"创始人松下幸之助所说,"每天都要测量顾客的体温"。

某广播电视局经常组织"广播电视节目受众调研座谈会",由广电局局长亲自带队,率领下属各台领导、节目总监、部分主持人和记者深入社区,与社区工作者和居民代表进行座谈,倾听受众声音,研究百姓对广播电视节目的需求。通过面对面的与听(观)众的交流,有效地拉近了公众关系,准确把握了节目创办方向。这种扎实的消费者调研的工作方式适用于各类组织的秘书公关工作。

洞察消费者是当今秘书人员必须熟练掌握的公关技术。秘书不仅要组织实施正式的调研活动,而且要结合自身工作的特点,抓住各种与消费者接触的机会,如接待、走访、接听电话等,分析消费者的权利诉求和心理变化。秘书还要注意观测组织决策和相关部门工作中是否有不尊重消费者、侵犯消费者权利、违背消费者需求的行为,及时发现问题,沟通处理。

(三)建立有效的消费者意见反馈系统,积极协助处理顾客投诉

消费者意见的收集和妥善处理不仅有助于指导和改善组织自身的生产、服务和管理,而且有利于稳定和扩大消费者队伍。有研究表明,当消费者对产品或服务有意见时,95%的人不

会去投诉,而是停止购买,并且转告给他人;54%—70%进行投诉的消费者如果投诉得到解决,他们还会再次购买该组织产品;如果得到妥善解决,这个数字将上升到95%,而且替组织做正面宣传。

秘书要积极引导消费者把他们的意见倾诉给组织,并及时给予满意的答复处理,避免留下隐患,甚至酿成危机。如本书第一章所讲的诺基亚5500手机键盘脱胶问题,如果企业能够及时发现和妥善解决售后服务中暴露出来的产品问题,就能避免危机的发生。

消费者意见的反馈渠道包括免费投诉电话、网站、专用电子信箱、征求意见卡、专项调查活动、售后服务部等。秘书应根据不同类型消费者的习惯,为他们设置不同的沟通渠道,以方便消费者将意见表达出来。

某汽车公司就为消费者设置了专门的投诉电话和QQ号,由秘书负责接收和答复消费者,这种经常性的直接沟通方式使企业和消费者之间形成了彼此信赖和支持的良性关系。

秘书在接待消费投诉时,切不可不闻不问,一味地搪塞、辩解,或盲目为领导挡驾,令事态扩大。不论消费者的投诉是正当的,还是出于误会,或是一种挑剔,秘书都要用诚恳、耐心、同情、认真的态度去对待消费者,努力挽回组织信誉。

一天,李女士在超市里购买了一个汉堡包,被孩子吃掉大半后发现里面已经发霉,便立刻返回超市。售货员引领这位女士来到距卖场较远的综合办公室,办公室主任出面接待了顾客。他首先礼貌地向李女士询问投诉情况,当听到孩子吃了发霉的汉堡包时,立刻关切地询问:"孩子现在怎么样了?"得知孩子当时并无大碍后,他诚恳地承认了错误,说明了问题出现的原因:新来的理货员业务不熟,致使过期商品没有被及时发现、撤柜。随后他征求了顾客的意见,按照高于《消费者权益保护法》的规定给予了赔偿,并递上了自己的名片,请顾客注意观察孩子的身体反应、保留好售货凭证,一旦有问题随时打电话解决。最后,该办公室主任再次道歉,感谢顾客光顾商场、反映问题,并承诺加强管理,杜绝此类事件再次发生。这一系列做法赢得了顾客的原谅,并且让顾客对该超市产生了好感甚至敬意。

(四) 采取多种方式,主动向消费者传播组织信息

广告界有这样一句话:"不做广告犹如在黑暗中向情人递送秋波。"公共关系亦如此。消费者对组织或其产品、服务不了解,就很难产生消费欲望和对组织的好感,永远停留在潜在顾客的层次。秘书人员要积极主动地向消费者传播组织信息,在具体操作上应注意以下几方面:

第一,要根据组织的整体公共关系和营销计划,针对消费者调查中发现的问题,对消费者加强消费观念和消费方式的教育引导,有的放矢地实施传播。

日本东芝公司调查发现,中国消费者对东芝的认识大多还只有东芝彩电的概念,对东芝的计算机技术和产品了解甚少,直接影响了这类产品在中国市场的销售,而其主要原因则是"跟消费者沟通太少"。对此,他们提出了"离消费者近些,再近些!"的口号,上至东芝社长,下至办公室秘书、销售人员,抓住一切与消费者和媒体接触的机会,向消费者传播企业在IT业的发展状况,全力以赴培育市场。

第二,要以诚信为本,注意传播内容的真实性,杜绝夸大其词、隐藏事实的虚假宣传。例如,秘书在撰写产品宣传材料时,如果产品中含有色素,就应该告知消费者,并且具体说明色素的成分。

第三,公关传播必须与单纯的销售活动区分开来,不可急功近利,不能有浓重的商业色彩。秘书与消费者的沟通要投入真情实感,关心消费者,给予他们精神上的快乐和满足。

国外一家珠宝店在圣诞节前夕向消费者发放两种贺卡,一种只有祝福性内容,另一种在"圣诞快乐"的下面写有一行商品促销信息,结果发现,前来惠顾的消费者绝大多数是收到第一种贺卡的人。

可见,只有真诚地对待消费者才能拥有消费者。组织消费者参与娱乐活动、文体活动、公益活动,便是这种要求下常见的消费者公关方式。即使是以产品上市、市场竞争为目的的营销公关,一般也要融入一定的娱乐或公益色彩。

以促生长药品为主打产品的某医药企业通过成立"矮小人联谊会"和创立"红十字天使计划——矮小儿童医疗救助活动",为生长障碍患者提供了精神援助和医疗救助,获得了价值超过 2300 万元的媒体报道,使产品得到了有效推广。

秘书应从以上案例中获得启发,用公关的思维和沟通方式去面对消费者、争取消费者。

第二节　秘书对经销商关系的辅助管理

经销商也叫"中间商",泛指以转售和代理的形式将产品提供给最终消费者的企业和个人,包括代理商、批发商、零售商。

一、秘书的经销商关系观念

IBM 公司(国际商业机器公司)自建立起"蓝巨人"的国际形象后,就以"商老大"自居,把经销商当成"靠 IBM 吃饭的伙计",摆在可以任意呼来唤去的位置。"反正 IBM 形象伟岸,名大业大,不少你一家代理商","IBM 的政策怎么变,大家都要跟着走;IBM 的困难,大家都要分担",这是大多数 IBM 人的想法。IBM 的这种观点必定会在其行为中表露出来,终于,代理商们被激怒了,他们纷纷经销别的公司产品,使 IBM 的销售网顿时土崩瓦解。可见,企业与经销商关系的好坏会直接影响到企业的发展。[①]

IBM 的这种经销商观念在很多公司员工中都存在。秘书要开展经销商公关工作,必须正确认识经销商的地位和经销商关系管理的意义,以正确的态度对待经销商。

(一) 经销商与企业是平等互利的合作伙伴关系

经销商对于企业来说,是企业的渠道资源和物流资源,是企业资金流正常运转的基本保障。经销商执行企业的重要营销职能,通过渠道的建立和产品的销售来实现企业价值。因此,经销商是企业重要的经营合作伙伴,企业的市场营销需要他们的密切合作。中间商的选择、渠道决策的制定都直接制约其他营销策略,如果与经销商建立良好的长期合作关系,能够使企业的经营管理策略得到持续稳定的贯彻。

---

① 熊超群、潘其俊:《公关策划实务》,广东经济出版社,2003 年版,第 103—104 页。

（二）经销商是"准内部公众"，是企业与消费者之间的中介

经销商是社会化大生产下通过社会分工而形成的专门发挥营销服务职能的独立企业，是外部公众中与本企业联系最紧密、利益最相关的一类公众。秘书应把经销商当做本单位的"外挂部门、分支机构"，在某种程度上像对待内部公众一样与经销商保持亲近的合作关系。

经销商直接面对企业的重要公众——消费者群体，良好的经销商关系不仅有助于向消费者推销产品，而且可以请经销商协助企业树立品牌形象；通过经销商得到消费者的反馈信息，还有助于改善企业经营。

（三）秘书对经销商要持尊重、友好、一视同仁的态度

秘书应从自身做起尊重经销商，不能在产品滞销时对商家热情相待，产品旺销时却态度怠慢；不能只对大的代理商、KA店（重点零售商客户）尊重有加，却对那些小商家态度冷淡。秘书要适时地代表组织对经销商开展礼节性的交往，包括拜访、约见、宴请招待等，不断增强彼此间的尊重和友好，努力形成彼此熟悉、相互信赖、患难与共的业务伙伴关系，共同推动双方事业的发展。

二、秘书对经销商关系管理的职责和要求

（一）向目标经销商介绍企业情况，辅助招商工作

秘书要帮助组织吸收有良好资质的经销商加入合作伙伴队伍，首先要掌握经销商信息。要善于对经销商信息资料进行收集，建立经销商数据库，对经销商信息和双方的合作情况进行科学管理，这样就能适时地有针对性地向目标经销商传播信息，促进组织相关部门与经销商的合作。

其次，要向目标经销商介绍本企业的设备、技术、生产能力和产品，让他们了解企业、信任企业，增强销售信心。在传播方法上，可以召开产品推介会和招商洽谈会、发送组织和产品的宣传材料、邀请参观企业等。

浙江省某县有家百货公司从温州批进了一批皮鞋，不料是劣质产品，顾客意见强烈，公司经济上、声誉上都遭受损失。第二次，公司又从杭州批进了一批皮鞋，由于皮鞋市场的变化，这批皮鞋的款式很快显得过时，造成大部分滞销。该公司心有余悸，对皮鞋进货很冷淡。上海的一家皮鞋厂了解到这一情况后，发函热情地邀请该公司的采购员来厂，陪同他参观厂内的生产流水线，让他了解本厂从进料到成品检验全过程严格的管理、设计部门对国内外信息的掌握能力和设计能力，以及本厂产品在国内各地畅销的情况，还向他展示了正在生产和将要投产的皮鞋样品。这位采购员信心大增，向领导请示后大量进货，销路果然很好。从此，就成为这家皮鞋厂的长期批发客户。[①]

当常规的招商活动效果不佳或无力开展时，秘书要善于制造人为事件传播组织信息，吸引经销商。下面提供两则案例，供参考借鉴。

2010年10月至2011年4月，福田雷沃国际重工股份有限公司举办了"中国装载机第一街

[①] 杨剑宇：《秘书职业技能鉴定培训教材》（公共关系部分），海潮出版社，1997年版，第59页。

舞"全国大型上市路演活动。该活动打破了工程机械行业"会议营销"的推广定式,更加注重与终端用户的深度互动和情感交流,以新颖、独特、一致的体验式营销公关和整合传播,满足了受众的娱乐化诉求。该事件在短时间内迅速成为行业及社会关注的焦点话题,产品的利益点和品牌价值也随之被用户感知和认同。

广东一家保健品公司派一位业务员带着10万元去湖南长沙地区开拓市场。这位业务员知道,用10万元开拓这么大的市场,靠广告投入是行不通的,经销商是不会轻易接受一个毫无名气的产品的,即使接受也肯定是"不平等条约",因此必需另辟蹊径。当时正值国庆前夕,他便以公司名义主办了一次当地的小学生合唱比赛。结果,有关"某某杯"庆国庆歌咏比赛成了新闻媒体的报道热点,产品广告被巧妙地安排在整个活动和媒体报道中。活动第二天便有不少经销商和这位业务员联系表达经销意愿,他又拿着报道比赛新闻的报纸去找其他经销商洽谈,产品迅速完成了铺货,当月就回款20多万元。

(二)协调解决与经销商合作中的问题

经销商在产品经营过程中会随时出现各类问题,秘书要保持与经销商的联系和沟通,随时调查了解情况,反馈给相关部门并协助解决。

2000年,广东科龙电器公司湖南分公司新经理张小虎上任,立刻派人了解经销商的意见,据此分析湖南地区在全国销售最差的原因。经过调查得知,经销商对于公司返利、广告费和退换货方面意见很大,对继续经营信心不足。当时正面临年度订货,针对经销商的状况,张小虎和团队共同编排了文娱节目,组织员工精心排练,与经销商们一起举办了一场特殊的联欢会。他们用小品《返利》向与会经销商演绎厂家的政策和态度;张小虎用随身携带的钢笔进行"拍卖",与经销商互动,进而推出主题——企业与经销商相互信任、坦诚相待、共谋发展;他们又与经销商合唱歌曲,表达对未来的祝福和合作的愿望。通过这样的活动,经销商们士气倍增,信心大涨,接下来的订货活动变得非常顺利。

秘书不直接参与经销商业务,但要负责对经销商态度、诉求方面的舆论管理。否则一旦疏于管理,就可能产生一系列连锁反应:信息获取不及时,舆情分析不正确,应对沟通不到位,给组织带来难以弥补的损失。

2009年6月,济南、长沙、杭州、上海等多地经销商在卖场打出"拒卖诺基亚"等横幅,将诺基亚手机全部撤柜,有过激者甚至直接封堵诺基亚办事处。3个月之后,诺基亚280余家经销商在北京召开新闻发布会,向政府相关部门举报诺基亚涉嫌价格垄断、偷税漏税、侵害消费者权益"三大罪状",受到国内外媒体等公众的高度关注。

如此浩大、持久的抗议活动起源于诺基亚对经销商"窜货"的罚款。窜货罚款本是生产厂商用以打击经销商不正当获利的常见手段,这种处罚也是符合诺基亚制度的,但是部分被罚的经销商仍然认为厂家处罚不合理,便联合起来进行抵制。诺基亚认为他们的处罚是完全正当的,而且那些发动"闹事"的经销商只是其正规授权之外的"窜货商",因此诺基亚采取了"硬碰硬"的态度,不与之对话,只是以声明的方式做了回应。但是企业与经销商的矛盾并没有解决,并且很快升级为公共舆论事件,令诺基亚深陷其中无力自拔。

秘书应该从诺基亚的"窜货之殇"中得到若干处理经销商关系的经验:第一,要重视和尊重经销商,即便是不正规的"窜货商"也是客观存在的,不可置之不理;第二,应尽早发现问题、解决问题;第三,要配合情感诉求方式,借助第三方力量,以积极的态度,开诚布公地与经销商沟通,单纯地依靠理性、制度和法律难以解决经销商关系问题。

经销商与企业合作的首要关注点就是利润,除了要与之做好利润分配方面的沟通外,企业应积极协助经销商经营,帮助经销商扩大利润,实现与企业及其他分销商的多赢效果。比如,提供贷款融资服务,支持零售商开展促销活动,协调代理商和批发商参与促销活动,运用广告、公关等营造市场氛围,协助解决经销商之间及经销商与消费者之间的纠纷等。

(三) 开展经销商业务指导和公关培训

经销商与生产厂家毕竟是各自独立的企业,而且经销商的规模大多很有限,要想使经销商与厂家统一在一起,为厂家多销售产品,并对外维护厂家利益,就要对经销商开展业务指导和公关培训,主要有以下几方面内容:

1. 企业和产品知识

经销商有义务回答消费者有关生产企业和产品的疑问,指导消费者使用产品,企业更希望经销商能够主动向下级分销商和消费者介绍公司及推销商品,但是经销商毕竟不是生产厂家,缺乏对企业背景信息和产品相关知识的了解。因此,秘书应组织开展相关业务培训活动,提高经销商的技术能力和服务水平。

2. 企业营销政策与合作意义

经销商常常认为厂家克扣他们的利润,担心赢利少或者亏本,有时不肯承担费用开展营销或公关活动,这时企业就要给经销商宣讲企业营销政策和边际利益等知识,帮助经销商算"经济账",解除他们的后顾之忧,提高开展活动的积极性。

3. 销售和管理知识

企业要针对经销商的营销和管理现状,对经销商开展销售知识、销售技巧及企业管理方面的业务培训。这种培训对经销商业务能力的全面提高十分有益,某种角度看相当于给经销商的一种福利,因此通常很受经销商欢迎,也成为建立和改善经销商关系的一种手段。

4. 公共关系知识

公共关系知识包括公关传播技巧、媒体问答应对技巧、公关意识、本单位的危机公关制度和危机预警方案、经销商处理公关危机的技巧等。通过对经销商开展公关培训,使经销商发挥本单位"公关协管"的作用,帮助组织传播形象,避免因经销商的公关问题而殃及企业信誉。

对经销商指导和培训的方法除了有正规的课程或演练外,还可以用网站专栏、网络即时沟通、销售期刊、工作手册,以及日常谈话等。

第三节　秘书对社区关系的辅助管理

在公共关系里,社区是指以社会组织所在地域为基础的区域关系对象,主要包括当地居民、社区管理部门及当地的其他社会组织。组织与社区公众形成的公共关系即社区关系。

社区范围的大小是相对而言的,主要取决于组织自身的规模和知名度,即组织的影响力。

对于一些大型的知名组织来说,其社区的范围可能是整个一座城市;而大量的影响力较小的组织,其社区范围可以小到一条街道、一个居民区。不同的组织应据此确定目标公众的辐射范围,开展社区公关活动。

一、组织与社区的依存关系

组织与社区之间不仅是地理位置上的客观存在关系,更重要的是,它们之间存在着相互依存共生的关系。正是这种关系的存在,才有了彼此发展公共关系的基础和意义。

(一)社区对组织的影响

1. 社区为组织提供基本的生存条件

组织日常经营所必需的水、电、交通、通讯、消防、卫生等后勤保障系统离不开社区的社会服务,很多企业的生产原材料也依赖于当地的资源或供应商。此外,健全合理的地方政策和法规、良好的社会治安环境、高素质的劳动力资源,以及适宜的区域产业特征、经济发展水平和居民生活方式等,都是组织发展的必要条件。

2. 社区是组织内部员工的主要生活场所

员工通常会经常光顾社区的商场、饭店等服务单位,对于那些居住在组织所在社区的员工来说,他们的日常生活更是离不开社区。社区生活服务的配套完整可以提高员工的生活质量,解除员工的后顾之忧,使其安心工作。如果社区生活的改善来自于本组织的贡献,或者社区居民对组织有较好的评价,就会增强员工的自豪感,反之则会损伤他们的自尊心。

3. 社区公众是组织重要的意见领袖群体

社区公众对组织的印象会以各种方式表达出去,比如,社区居民可能会用某种骄傲或遗憾的语气对别人说自己住在某某单位附近,或者更为详细地向别人介绍、评价这个"邻居"。如果组织很有名气或者当组织遭遇危机的时候,社区公众作为意见领袖的作用会更大,因为相比大众媒体上的报道来说,人们往往更愿意相信身边人的讲述。

4. 社区关系是组织外部公众关系的综合体现

社区公众中的政府机关同时也是政府公众,新闻单位是媒体公众,社区顾客是企业的消费者公众,而且社区公众往往是组织各类公众中比例较大、影响较大的一部分。不同类型的社区公众对组织的印象直接影响着相应公众面的关系,制约着组织的整体形象。一个组织如果连左邻右舍的关系都处理不好,很难在更广阔的社会环境中获得良好的口碑。

(二)组织对社区的影响

1. 组织的自身发展和对社区的支持推动社区繁荣

社区的繁荣发展离不开社区中各组织的力量。一个生机勃勃的社会组织能给社区更多的就业机会和丰厚的利益回报,它的税收能增强社区的经济实力,它在社区中的业务拓展能发展社区经济。组织的产业特征可能会带动社区产业链,形成区域经济特色。

2. 组织的经营管理活动影响社区公众生活

首先,组织文化会不同程度地影响社区文化的形成。比如,在高校林立的大学城里,不同生活背景的居民都会比较崇尚知识,行为举止比较文明。如果组织有意识地进行文化传播,就会使社区公众在耳濡目染中与组织文化逐步趋同,从而更容易接纳和认同组织。

其次,组织的产品、服务及各种公关活动容易率先进入并广泛深入社区,从而丰富社区公众的物质与精神生活。

第三,组织的噪声和污染物排放情况,以及参与社区建设的力度,直接影响社区环境和居民的生活质量。

从以上分析可见,组织与社区公众是相互依存、相生相克的"鱼水"关系,是随时"谋面"、互相照应的邻里关系,其根本利益是一致的,二者共同的诉求是创造一个睦邻友好、安定繁荣的生存、发展环境。俗话说:"远亲不如近邻",处理好社区关系对组织来说是十分重要的。秘书人员要在日常工作中积极发挥自身社区公关的作用,并为领导或相关部门创造条件,实施社区公关。

二、秘书对社区关系管理的职责和要求

(一)主动进行信息的双向传播

秘书要抓住各种机会或创造条件,向社区公众表达组织对他们的尊重友好,传播组织的政策宗旨、发展目标、治理"三废"的情况和对社区的贡献、支持等组织信息,让社区公众了解和喜欢他们的邻居。同时,还要积极征询社区公众对组织的意见、建议,寻求合作或支持,并向组织内部管理层传播社区公众的反馈信息。

秘书社区传播的方式主要包括:与社区代表进行会晤或社区集会;利用公共大众传媒或组织自控传媒向社区发送新闻、广告、专题片;举办开放参观、展览、联谊、庆典等活动时,邀请社区公众参加。

秘书要特别注意与社区中富有影响力的人物或团体建立良好关系,以此作为社区公关的起点和基础。这类公众包括:社区居民中本组织的员工及其家属、社区媒体、社区政府,以及其他有一定社会影响的企事业单位、知名人士等。要加强与这类公众的传播交流和友好往来,及时就社区公众关心的问题进行商谈,积极为他们排忧解难;邀请某些团体或个人对组织进行工作指导或开展相关知识培训;此外还应给予重点社区公众以组织产品或服务的特别待遇。

(二)积极协助组织参与或赞助社区建设

美国罗格公司的发言人曾说过,我们认为那种亲身参与社区事务的管理比简单的捐赠好得多,那样,市民们会更相信我们对社区的诚意,他们会忘记金钱,但是不会忘记我们的管理人员曾与他们一起共同解决过的问题。秘书应通过参谋建议或策划实施公关活动,协助组织承担社区责任和义务,关爱社区家园,为社区造福,在社区中树立"合格公民"的组织形象。

近年来,哈尔滨学院学生社团广泛深入到当地社会生活中,开展了"服务大冬会"、"三下乡"、"关爱农民工子女"、"保护母亲河"、"送法进社区"、"中央大街行为艺术展示"等多项社区服务活动,几乎每逢节假日都会在市区重点街路举办各类文艺演出或文明宣传活动。经过长期的努力和媒体的不断报道,哈尔滨学院及其社区活动逐渐被公众熟悉和关注,形成了独具特色的社区公关品牌。

社会组织开展社区建设活动主要包括三个方面：

一是文化体育事业建设。参与、赞助或主办社区文化周、音乐会、书画摄影展、竞技比赛、节假日文化活动等，丰富社区文化生活。

二是教育事业和社区文明建设。如，赞助希望工程，捐献教育设施，设立奖教、奖学基金，进行科普、法规、公共道德等市民宣传。组织还应积极开展对社区本身的传播活动，通过对社区的历史、传统、建筑、自然景观、社区人物及社区事件等社区信息的宣传和介绍，增进社区成员对所在社区的了解和关爱。

三是公共服务与福利事业建设。如，协助社会治安管理，参与环境治理和道路工程建设，关心残疾人、老人、儿童、贫困家庭等弱势群体，提供义务性的专业服务，向社区开放本组织的服务设施和娱乐设施，倡导和践行节能减排，积极参与流行性疾病、自然灾害等突发性灾难的救助等。

2003 年 9 月 27 日，哈尔滨市首条由企业出资参与建设并冠名的"哈药路"新路名正式揭幕启用。该道路是哈尔滨北部的重要出城口，哈药集团投资 1100 万元参与综合改造，赢得了对这条道路 15 年的冠名权。改建后的哈药路彻底改变了原有旧、乱、堵的状况，成为绿色快速的景观大道。这是一项成功的公益性社区公关。作为一家著名的医药企业，哈药集团的品牌和产品名声在外，特别需要为家乡做一些实实在在的公益活动，彰显其社会责任感和大企业的风范。哈药集团此次通过出资建路，彻底改善了附近居民的生活环境，为市民做了一件大好事，进而赢得了当地消费者、政府等社会各界的更多支持。

（三）引导组织管理层和员工重视社区关系

秘书要协助组织管理人员和员工在社区公关方面发挥作用，做好相关的危机防范工作，通过全员公关影响社区公众。

首先，要让领导认识到参与社区活动是组织最高管理层的职责，进而积极协助领导从事社区关系工作。如参加社区内其他组织的庆典等活动、与社区舆论领袖会晤等，使领导成为社区公众所熟悉的社会活动家。

其次，引导员工与社区公众普遍交往，并在与社区公众的接触中积极宣传组织、了解公众；教育员工不能把组织内部的牢骚、意见随意发泄给周围居民，避免让社区公众对组织形成以偏概全的不良印象。

第三，协助组织加强自身管理，不做有损社区公众利益的事情，如大气污染、水质土壤污染、噪音污染等，同时积极采取措施做好环境生态的保护。

总之，搞好社区关系的最好方式就是使组织与社区公众打成一片，以普通公民的身份积极参与社区活动。

第四节　秘书对政府关系的辅助管理

政府关系指的是组织与国家各级管理机构及其人员的关系。在我国，就国家管理机构的职能来看，对组织影响较大的有：行政关系（如计划、物资、人事等）、财政金融关系（如税务、审计等)、法律事务关系(如各级人大和公检法等机构)等三大方面。对于跨国或跨地区经营的组织来说,政府公关还需要随着市场的开拓而开展跨地域的活动。

一、我国政府与组织的角色关系

(一) 管理者与被管理者

政府具有领导和管理社会的职能,对各种组织的管理是政府实行全社会统一管理的重要组成部分。通过制定政策法律和行政干预,对社会组织进行必要的监督、指导和调节。任何组织都必须服从政府管理,严格遵守和执行政府制定的各项法令。

(二) 政府采购的招标者与投标者

政府采购是指政府以公开招标等方式依法使用财政性资金采购货物、工程和服务的行为。当组织参与这类投标或中标时,政府就成了组织积极争取或为之服务的大客户。

(三) 合作者关系或竞争者关系

政府与其他组织一样,也参与市场经济的运作,如投资国有企业,创办国家各级各类学校、医院,进行市政建设的招标投资等,具有政府投资性质的组织或这类组织的供应商、经销商等合作单位,便与政府构成了合作者关系;反之,一些民营、外资企业或其他未参与政府合作的同行业组织便与之构成了竞争者关系。

(四) 互为公共关系的主客体

政府与组织互以对方为公关对象。组织需要运用公共关系争取政府的支持;政府要在民众中树立良好的形象,同样也需要得到广大社会组织的肯定和支持。在今天民主化、信息化的社会里,人们对政府的行为给予更多的关注和监督,社会组织作为政府对民众公关的中坚力量和舆论领袖,成为政府了解民意,争取理解、信任和爱戴的重要公众。

二、开展政府公关的意义

政府对有关产业和区域的政策倾斜以及财政货币政策、福利政策、产品标准、高校专业设置等政策、法令的制定,直接或间接地影响相关组织的发展。如果政府能够在资金和税收方面,给予组织减免税、无偿财政拨款、优惠贷款等支持,能够将政府采购、投资项目分配给某个组织,就会有力地推动该组织的建设和发展。

俗话说:"会哭的孩子有奶吃。"尽管组织处于被政府管理的地位,但决不能坐等机会的到来,而是要"能哭"、"会哭",即善于运用公关的手段和技巧,在不违背社会利益的前提下争取对组织有利的政令和财政支持,争取更多的政府采购与投资,为组织创造较大的经济利益,并借助政府力量扩大组织在社会中的良好影响,提高社会声誉。

此外,处理好政府关系能够更好地掌握政府在政治、经济、文化等方面的社会信息,及时捕捉政府在各方面建设中的最新意向,有利于组织及时调整发展策略,抢先一步获得竞争优势。

三、秘书对政府关系管理的实施原则

(一) 遵守法规政策

遵纪守法是政府对组织的最基本的要求,也是组织取得政府信任的前提。因此,组织的一切活动都应在政府政策和法规的范围内进行,秘书开展政府公关工作也要在公开透明、合理合法的原则下进行,力求在政府公众中建立奉公守法的形象。

(二)树立全局观念

秘书与政府沟通时,应多从政府的角度认识问题。政府进行管理活动时首先会考虑全社会的整体与长远利益,再考虑个别组织的利益,他们会密切关注组织的诉求或行为方式对国家、地区、行业等的影响,进而寻求有利于社会共赢的解决方案。秘书在政府公关中也要注意把握组织与国家间的利益关系,多从社会高度认识问题,充分体现对政府工作的理解和支持,树立识大局、敢担当、负责任的组织形象。

(三)讲求取予之道

"将欲夺之,必固与之",[1]秘书与政府的公关不能一味地要求政府给予组织政策、资金支持、索取政府信息,而是要主动将组织自身情况如实地反映给政府,要多做一些有益于社会的事,协助政府塑造良好的政府形象。通过协调取予平衡,实现共同发展。

(四)维护政府权威

政府是组织所有公众关系中最具社会权威性的对象,秘书要认可政府的社会地位,信任和尊重政府,在努力寻求政府对本组织权威性保护和支持的同时,更要以实际行动维护政府的权威。

四、秘书对政府关系管理的职责和要求

(一)熟悉政府部门和政策法令,为组织决策提供咨询服务

秘书首先要通过政府网站、媒体信息的研究以及公关沟通等,加强对政府的认知。要熟悉与组织有工作联系的政府机构的部门设置、职能范围、办事程序和工作人员,以便使组织与政府的业务往来和公关沟通"门当户对",减少"公文旅行"等现象,促进组织与政府的高效沟通。

其次,要全面、准确地了解与组织有关的各项法令、政策、政府采购信息等,及时跟踪政策走向及政府工作重点的转变,提供给本组织领导及各部门参考,以便使组织自觉遵章守法,并随时调整组织的政策和活动。

(二)经常主动提供组织信息,建立工作联系和情感沟通

政府部门的政策制定、执行以及对社会动向的监控,都需要全面了解社会组织的情况;组织要取得政府的关注和支持,也需要让政府了解自己,争取在政府中建立较深刻的良好形象,逐步培养相互间的工作感情。这就要求秘书主动与政府部门沟通,随时通报组织情况,包括发展规划、经营业绩、社会贡献、对政策法规的履行情况等。

这种日常联络的主要形式有:发送纸质公文、简报;借助网络办公系统发送电子文件;组织召开正式或非正式的聚餐或圆桌会议;组织高层管理者拜访政府;邀请政府人员访问、参观组织或参加庆典等大型活动;在大众传媒上发布组织信息,间接传播给政府。

(三)表达组织诉求,争取政府支持,影响政府决策

日常的信息传达是一种必要的工作交往和礼节性、情感性的公关沟通,也是为"关键时刻"

---

[1]《老子》,第 36 章。

政府关系能派上用场、发挥效用而做的必要铺垫。当组织面临困难需要政府援助时,当组织与政府之间产生一定的矛盾需要协调时,或者当政府准备制定对组织有重大影响的政策、法规时,秘书就要协助领导运用更加有力、频繁的沟通方式,加强与政府的联系,在保障国家利益的前提下,使组织的利益和处境得到政府的充分考虑和重视。在具体做法上除了上述日常沟通方法外,主要是游说、参与政策讨论和制造舆论。

游说是一种通过私人访问的形式,劝说政府部门接受组织意见和主张的传播方式。秘书在领导或相关人员进行游说前,需要做大量的准备工作。首先,要在充分调研和专家论证的基础上,拟写一份观点鲜明、证据充分、文笔流畅的游说准备材料,以便游说时参考及提交给政府部门。为了使政府更加重视组织意见,实现游说目的,有时还要联络社会知名人士、专家学者、新闻媒介及其他具有相同利益的组织、股东、社区公众等,争取他们的支持与合作,号召他们通过正当的渠道和程序向政府部门反映看法或意愿,共同参与政府沟通。

所谓"参与政策讨论",是指社会组织争取列席政府部门举办的某些政策、法律研讨会、听证会或审议会,阐述组织观点和诉求,争取对组织有利的政策性优惠或支持,也可以提供相关材料,供会议参考、讨论。即使是与组织关联不大的社会问题的讨论活动,一般来说秘书人员也应为组织争取参与机会,以体现关注社会、参政议政、承担社会责任的组织风范,提高组织的社会影响力。

2004 年 8 月,促进非公有制经济发展座谈会在温州举行,温家宝总理到会,主要议题是征求以温州民营资本为主要代表的企业界的意见。这次讨论对于 2005 年出台的"促进非公经济发展 36 条意见"产生了重要影响。九位民营企业家争取到列席并发言的机会,取得了有利于本企业发展的政治环境。

制造舆论也是一种向政府传播组织意见的方法。借助舆论的力量,扩大组织的声音"分贝",从而敦促政府认真对待和考虑。常见的方式有两种:一是在互联网等大众媒介上播发具有一定轰动效应的真实信息,或策划实施带有"新闻制造"效果的公关活动,吸引公众参与讨论和评价,呼吁公众支持或反对某项未决的立法或政策,从而形成有利的舆论支持;二是针对某个问题,对公众进行民意调查,将调查结果提供给政府有关部门,其前提是这种调查结果是组织所期待的,并且调查过程科学、严谨,无虚假成分。

（四）协助和配合政府工作,帮助政府解决问题、塑造形象

第一,积极配合政府进行日常的或组织危机中的监管审查,协助领导主动、如实地向政府汇报情况,从公众利益出发妥善处理危机事件。

第二,从社会发展和政府工作需要出发,对政府法令、政策执行中出现的偏差等问题,以及有关经济增长、社会安定等方面的好建议,以适当的方式反馈给政府部门。

第三,协助政府塑造清廉、权威的良好形象,不做行贿政府等伪公关行为,不在网络等媒体上发表恶意抨击政府的言论,并以广告、软文、演讲等方式积极向公众宣传政府政策、法规、社会福利等。

第四,以实际行动支持政府的经济文化发展战略,为政府分担一定的社会责任,这是政府公关的一项重点内容。如以组织名义赞助社会公益事业和公共服务,与政府签订相关培训计划等。在技巧上应注意既要进行长期的品牌化投资,又要契合政府的政策重点,将其融入到组织的投资战略中,这样可产生雪中送炭的效果,有力地促进政府关系,同时也容易获得政府政策等方面的支持。

例如,西部大开发是近年来国家重点推进的战略之一。惠普公司紧跟政府步伐,不断调整在中国的发展战略,近几年来着重布局并加速在西部地区尤其是重庆的发展。2008 年 7 月,重庆市政府全面启动为期 5 年的"IT5000 公益培训计划",惠普公司积极提供帮助,为重庆大学等四所高校即将进入大四的大学生提供多种 IT 技能培训。同年 10 月,惠普公司宣布在重庆建造电脑生产基地,建立惠普中国呼叫中心和建设重庆大学城资源共享网络平台。这三个项目的正式签约再一次兑现了惠普对中国的承诺,得到了国家有关领导的高度肯定,称惠普公司的做法完全与中国电子信息产业强国之路相吻合,工业和信息化部将积极全力支持重庆发展信息产业,密切关注和支持惠普公司在重庆的发展。

可见,那种契合政府发展战略的组织投资管理项目能够得到政府的支持,促进政府关系的发展,使组织在经济效益和社会声誉上全面提高。

第五节　秘书对媒体关系的辅助管理

媒体公众指大众传播媒介及其工作人员。作为公关传播对象的媒体公众是组织与更加广泛的社会公众建立联系的桥梁和纽带,是公众舆论的控制者和把关人,是受公众信赖的信息源。任何社会组织都希望借助大众传媒将自身的良好形象进行经常、广泛的传播;而当组织面临危机时,则希望媒体做适度、客观的报道。在良好的媒介关系下,媒体可以给组织较多的报道机会,也容易对组织有较全面的了解,从而以真实准确的报道为组织创造良好的舆论环境。

在当前"大众麦克风"的时代,舆论的力量在迅速增长,对于一个组织来说,社会舆论的好坏基本决定了其公共关系的成败。秘书必须特别重视媒体公众,努力争取媒体对组织的支持。

一、秘书媒体关系管理的原则

(一) 合作原则

秘书的公关工作与新闻媒体的传播工作有很多关联性:维护社会整体利益、减小信息不对称性是它们的共同目标之一;媒体是公关传播的中介,组织的公关信息又是媒体获取新闻的重要来源。因此,二者具有相互支持、合作、互利的必要和可能。秘书开展媒体公关工作必须本着这种合作的观念,以为社会建立清晰透明的舆论环境为宗旨,积极配合媒体工作,绝不能把媒体当做只会揭露组织丑闻的"对立者"。应该认识到,媒体对组织的批评报道也是避免组织偏离公众的一种积极可贵的监督保障,应该为此对媒体表示真诚的感谢。

(二) 坦诚原则

坦诚是建立良好媒体合作关系的前提,唯有坦诚才能取得媒体的信任和支持。真实是媒体新闻报道的生命,也是公关工作的基本理念,为公众提供真实可靠的信息是组织和媒体的共同诉求。特别是在媒体高度发达的今天,虚假已无处藏身,任何欺骗媒体的企图和手段即使能瞒过一时,最终也必将导致媒体的反感、舆论的反击和公共关系的全面恶化。因此,组织必须以开放的胸襟面对媒体,接受媒体的监督。

(三) 尊重原则

尊重原则要求秘书在处理媒体关系中,在平等观念的基础上,认同和维护媒体的职业尊严,保持本组织的自尊自重。

社会赋予新闻媒体独特、高尚的职业尊严,它们是公众知情权与社会正义的捍卫者,被称作"无冕之王",秘书也要为此对媒体表示尊重乃至尊敬。不论媒体级别大小、名望高低、对组织是褒是贬,秘书都要以礼相待、积极合作。要尊重媒体的自由采访权和自由播发权,绝不能压制、干涉媒体的正常新闻活动。

秘书在尊重媒体的同时,也要表现出对自身的尊重,从而赢得媒体和社会公众对组织的尊重,不可为刊载新闻而乞求讨好或贿赂收买记者,也不能利用广告业务胁迫记者为组织服务。秘书与媒体合作必须相互尊重,不卑不亢,平等交往。

二、秘书对媒体关系管理的职责和要求

(一) 全面了解媒体

秘书要在了解各类传播媒体运作机制和传播特点的基础上,熟悉一些重要媒体,如大型知名媒体,本行业、本地区的媒体,掌握它们的影响力指标、截稿时限、选题和表达风格、工作人员的基本信息和个性特点,甚至包括某些网站版主和意见领袖的个人身份和主要观点,此外还要掌握不断出现的新媒体、新型传播手段及媒体改版动向。例如,中央电视台2009年进行的以"新闻立台"为核心的改版,趋向于更加透明开放、权威公正,更加关注来自网络和基层组织的信息,这种变化为一些中小组织的公共关系带来了机遇和挑战,组织的公关工作也应做出相应的调整。

了解媒体的目的主要是根据媒体特点控制组织传播信息的内容和风格,并将组织信息发给适当的媒体和记者,以提高刊载几率和传播效果。

2007年12月,医药行业巨头默沙东在全球范围内紧急召回某疫苗注射剂。由于中国消费者对企业召回产品常有偏见,因此需要做大量的媒体公关。公司了解到新华社等几家重要媒体对其他媒体和社会舆论的影响力较大,便首先和这几家媒体进行一对一的解释,使它们清楚整个事件的全过程。这种做法很快得到了良好的回报:这几家媒体的报道为全国媒体的后续报道定下了公正客观的基调,舆论普遍对企业的负责、诚信表示赞扬,企业还为此获得了由中国医药企业管理协会和人民网颁发的"2008医药企业社会责任贡献奖"。此次社会对药品召回的"反常"反应,很大程度上归功于默沙东公司对媒体的掌握和选择。

(二) 主动提供信息

找到合适的媒体和媒体人只是传播的开始,秘书最重要的媒体公关工作之一,就是做组织与媒体沟通的桥梁,向媒体传递组织信息。秘书要注意发现和挖掘有利于组织形象塑造的新闻信息,经常、主动地提供给媒体。当这类信息缺乏时,秘书应发挥公关创意和策划的能力,努力制造组织新闻,吸引媒体报道。例如,2005年10月,长春某酒店借神舟六号飞船升空之际,特别推出一道新菜品,取名"一飞冲天",引来各大媒体报道。酒店公关人员还借机在电视

上讲解该菜品的寓意，表达酒店的爱国情怀，顺势给酒店做了软广告。

秘书要成为受媒体欢迎和信任的优秀"资料员"，在向媒体提供信息时要注意以下四方面要求：一要保证信息的真实可靠，不可夸大其词、制造假新闻；二要保证信息的新闻价值，要善于利用或引导公众的关注焦点；三要保证专业化的写作质量和水平；四要提供完善的组织资料，以免媒体工作人员以偏概全、误解组织。

（三）支持媒体采访

一般来说，在没有专职公关人员的组织里，管理层秘书是对外发布消息的主要负责人。秘书必须随时做好准备，积极热情地配合媒体工作。

2003年长虹公司遭巨额诈骗事件的曝光，就与该公司秘书的失职有很大关系。最初媒体只是听到一些长虹被骗的传言，为了证实此事，记者曾先后给长虹公司的宣传部和国际拓展部打电话，从两处得到一些不完整的信息。随后国际拓展部工作人员将"负责这方面事务"的集团办公室的电话告知记者，但办公室人员却对记者说，他不负责这件事，请对方找集团宣传部。结果记者在无从查证的情况下，将采访到的各方面外界信息报道了出去，使长虹公司陷入被动局面。

很多时候，秘书要协助媒体联系采访对象、提供相关材料、引导参观考查。当组织的某方面情况被公众关注，尤其是出现负面消息时，媒体通常要求采访有关领导。秘书接待记者时绝不能自作主张地安排领导躲避记者、以"无可奉告"等拒绝记者、以"你是哪个单位的？"等威胁记者、以"辛苦费"等名义行贿记者，更不能抢夺、损毁采访器材或殴打、扣留记者。这些在现实生活中屡有发生的做法是对媒体尊严和组织形象的严重亵渎，在秘书公关工作中必须坚决禁止。

2010年8月17日开始，广东某县股级以上干部陆续收到一条署名为县委书记秘书的短信，要求凡是记者上门采访或接受电话采访必须经过县委宣传部同意或安排，其他一律不接受采访，因为有人"捏造事实"举报县领导。此事经媒体报道，舆论哗然。23日，该县县委书记和秘书通过媒体"澄清"事实：县委秘书只给"一位领导"发了短信，结果被该领导转发了，该县并非抵制记者采访，主要是"为了甄别采访人真实身份"。这个解释没有令公众信服，媒体上随即出现大量分析该解释中漏洞的文章。结果，秘书为抵制负面舆论所做的精心安排，反让所在县和相关领导陷入更大的舆论浪潮。拒绝媒体就是剥夺公众的知情权和监督权，任何抵制媒体采访的行为都将遭到舆论的谴责。

（四）处理误报问题

受媒体竞争和网络的影响，以及由于媒体对组织情况和专业知识很难全面准确地掌握，容易发生媒体报道失实的情况，给组织造成一定的不良影响。秘书和公关人员要妥善解决这类问题，既要维护组织利益，又要避免矛盾升级甚至与媒体结怨。

2009年11月24日，海口市工商局发布消费警示，称农夫山泉和统一企业三个批次的产品总砷含量超标（后经有关部门复检证实产品合格）。媒体在转发此事时，用了老百姓更容易接受的"砒霜"概念来诠释"砷"这一专业术语，实际上这是不准确的。对此统一企业发言人杨寿正表示，媒体的报道有"瑕疵"；把砷和砒霜联系在一起是一种误导；公司官网发布声明称，

"希望相关单位能给予一个更正声明,引导社会公众对此问题有一个正确的看法,弥补公司形象的损害。"这种不急不燥、不卑不亢地陈述事实的做法是比较得体的。

巴西航空工业公司中国区也曾遭遇过被媒体错误报道的情况,公司副总裁兼大中华区总裁亲自将撰文记者请到公司里,专门为他做了一个报告。这位记者大为感动,并就此又撰写了一篇新的文章。

解决媒体误报问题的根本手段是加强沟通、增进理解,要用真诚和技巧处理问题,绝不能过分指责或粗暴伤害媒体记者。

（五）加强友好往来

媒体关系要讲究"细水长流",注重日常维护,通过长期的情感交流和合作,逐渐达到彼此熟悉、信任的程度。

在主要节假日、媒体纪念日、某些媒体人的生日时,秘书不要忘记代表组织送去祝福;当组织刚刚成立、组织最高领导新上任,以及媒体开展某些重大活动时,秘书应安排好相关领导对媒体进行友好访问,表达相互支持的愿望。

媒体交往要"走出去",也要"请进来"。秘书要协助组织以各种形式邀请和招待新闻界人士,如邀请媒体参加组织的各种公关活动、举办媒体答谢会、聘请媒体做组织顾问或监督员,对组织的新闻报道和刊物编纂工作给予指导等。这样变被动为主动,在推动媒介关系的同时,能够更加有效地发挥媒体舆论引导和舆论监督的作用。

（六）联合开展活动

在塑造自身形象的需要下,组织经常举办各类有益的公关活动。媒体本身也是一种社会组织,也有改善自身形象的需要。因此,秘书可以选择一些公关活动,如社会公益活动、文体活动等,争取媒体的参与合作;也可以专门筹划一些适合媒体做的公关活动,组织给予赞助支持,如征文、摄影作品展等。

2010年9月,作为第16届亚运会燃气具和火炬供应商的华帝公司与"网易"携手,启动了"紧握潮流,聚能有我"2010亚运线上火炬传递活动,网友纷纷上线参与活动。这种与媒体联合的公关活动不仅有利于双方形象塑造和友好合作,而且借助媒体的"近水楼台",可以实现更广泛的传播。

思 考 题

1. 秘书对消费者关系管理的职责有哪些?

2. 秘书对经销商关系管理的职责有哪些?

3. 为什么要重视社区关系?秘书社区公关管理的基本策略有哪些?

4. 秘书如何做好组织政府公关的辅助管理?

5. 案例分析。

国庆节这天是某公司十年庆。十年来该公司发展红红火火,所以对这次十年庆老板十分重视,一再声明要搞得热热闹闹的。老板嘱咐秘书马小姐,一定要把新闻单位的人请来,因为这是个宣传公司的好机会。

于是,马小姐逐一给几家新闻单位的人打电话,说请他们国庆节这天大驾光临。早报的王编辑回应说:"看看吧,看那天谁有空的,我叫他去。"晚报的李记者说:"那天我家有事,可能来不了啊。如果能抽出身,我一定来。"都市报的张记者说:"那天我有空一定来。"所有人异口同声地都是委婉拒绝的话,这是为什么呢?

原来,马小姐自以为是大公司的老板秘书,认为她和记者之间没有她求记者的事,只有记者求她给新闻的事,所以当新闻单位的人来找她要点什么消息的时候,她要么态度冷淡,要么干脆拒绝,没有一次能配合的,这样就疏远了关系。这次马小姐找上门来,当然是他们报复马小姐傲慢的好机会,没人买马小姐的账也是正常了。

新闻单位的人没有一个给肯定的回话,最后没办法,还是老板亲自出面,这些"小记者"、"小编辑"们才来捧场。①

请思考以下问题:

(1)秘书马小姐为什么会遭到媒体的婉言拒绝?

(2)秘书在为组织处理媒介关系上应发挥怎样的作用?

(3)秘书应如何开展媒体公众关系工作?

———————
① 陈嫦盛:《秘书沟通》,海天出版社,2007年版,第189—190页。

第六章　秘书公共关系工作程序

秘书的岗位职能和工作内容,决定了秘书肩负着为组织开展"内求团结,外求和谐"的公关职责。而公共关系工作作为一项实践性极强的管理活动,其本身有着一整套的操作流程和实施步骤。"工欲善其事,必先利其器",秘书只有切实了解并且熟练掌握公共关系的工作程序和工作方法,才能有效地参与组织的公共关系工作。

公共关系工作的程序,是指在开展公共关系活动的过程中需要遵循的各个阶段和先后步骤。目前国内外公关学界和公关实践中普遍接受并认可的公共关系工作程序,是由美国学者斯科特·卡特里普和艾伦·森特提出的公共关系"四步工作法",即:公共关系调查→公共关系策划→公共关系实施→公共关系评估。这四个阶段相互衔接并循环往复,构成公共关系活动的完整过程。秘书在开展公共关系工作的过程中亦需遵循这一程序。

第一节　秘书公共关系调查

公共关系调查,是社会组织有意识、有目的地运用科学的方法和技术,通过搜集和分析相关资料,了解本组织的公共关系状况,为组织有效开展公共关系活动提供决策依据的一项社会实践活动。

所谓"知己知彼,百战不殆",公共关系调查能够为组织提供全面、准确的公共关系状态信息,使组织在及时了解和掌握自身现实状况和存在的问题的基础上,有的放矢地策划和实施公关活动,有效地实现公关目标。因此,公共关系调查是公关工作程序的初始环节,是开展公共关系工作的起点。而秘书岗位的"枢纽"位置,使秘书拥有更为便利的条件开展公共关系调查研究工作。

一、公共关系调查的作用

公共关系调查所具有的了解信息、监测环境、把握公众舆论、进行问题预警的功能,使其能够在组织的公共关系活动中发挥以下作用。

（一）获取信息,确定公共关系目标

组织的正确决策来源于对实际情况的透彻了解和正确判断,而调查研究是了解情况的基本方法。公关工作是创意性很强的实践活动,若要取得成功,就必须充分重视调查研究工作,掌握全面而详尽的材料,为组织制定正确的公关目标提供事实依据。

（二）发现问题,指导公共关系计划的实施

公共关系工作是组织进行管理的过程,也是实现组织目标的活动。通过调查,能够发现公关活动过程中存在的问题,找到产生问题的关键,使组织及时掌握情况,找出差距,从而有针对性地提出改进公关活动的方法,改善组织的公共关系状况。

(三) 分析状况,进行公共关系效果预测

公共关系计划能否取得预期的效果,很大程度上取决于策划前对调查材料的分析和研究,发现产生问题的根本原因,并对未来的公关状况进行预测。这种预测不是凭空产生的,而是建立在对组织历史和现状的深刻了解和分析的基础之上的。

(四) 科学决策,提供有效管理方法

公共关系是组织管理活动的重要组成部分。在现代社会日益激烈的竞争中,组织只有根据公关调查了解的实际情况,才能有针对性地解决组织面临的问题,从而提高组织的公众形象,使组织在复杂的内外环境中知己知彼,从容应对,实现组织的工作目标。

> 20世纪40年代,速溶咖啡在美国问世,它方便、省时,不会发生配料错误,而且价格低于新鲜咖啡,厂商即把商品诉求定位放在价廉与方便上。然而实际结果却是:速溶咖啡不受消费者的欢迎。初步调查显示:消费者觉得速溶咖啡要比新鲜咖啡的味道差,但又说不出二者究竟有何差别。这表明速溶咖啡是有市场潜力的。进一步调查揭示了速溶咖啡不受消费者欢迎的社会心理方面的原因。原来,当时美国的社会文化,把购买速溶咖啡的人看作是懒惰、生活拖沓的人,而购买新鲜咖啡则是有身份有品位的象征。产品定位没有与消费者的心理需求契合,所以失败了。在通过调查研究认识到问题的症结后,厂商和广告商改变策略,着力介绍速溶咖啡与新鲜咖啡同样具备美味、芳香和质地醇厚的特点,大力强调这是"100%的真正咖啡",而且强调速溶咖啡代表着新潮流、新时代,结果符合了消费者的心理而获得成功,成了西方国家咖啡消费中最受欢迎的饮品。

速溶咖啡成功的曲折经历表明,正是由于通过对消费者公众的调查,组织及时发现了问题所在,并在调查结论的指导下调整和实施了新的公关策略,才使这一新生事物获得了公众的接受和认可,并取得最终的成功。

二、公共关系调查的内容

公关调查的目的,是及时准确地了解组织的公共关系状况,评价组织形象,把握公众舆论对组织的态度和看法,在掌握大量第一手信息材料的基础上,寻找差距,确定问题,为公共关系工作指明方向。因此,公关调查的内容就必须紧紧围绕与组织相关的公共关系要素进行。

(一) 组织基本情况调查

1. 组织自然情况。包括组织的地理位置、外观、名称、性质、机构设置、职工人数、文化程度、年龄、性别、职务、职称结构等。

2. 组织历史情况。包括组织的建立时间、体制变化、重大事件、有突出贡献的成员及其贡献情况、历届领导人情况、人员素质变化、发展阶段等。

3. 组织管理情况。包括组织的管理模式、业务范围、社会效益和经济效益、内外政策、组

织文化、优势及存在的问题等。

4. 组织现实情况。如组织的知名度、产品的数量和质量、生产能力及社会需求等。

5. 组织未来情况。如组织的发展前景、近期目标和长远规划等。

（二）组织形象调查

组织形象是公众对组织的认识、看法和评价，对于组织的生存和发展至关重要。组织形象一般用知名度和美誉度两项指标来衡量。

1. 组织成员形象：领导者形象、公关人员形象、组织内部典型人物形象和群众形象。

2. 组织管理形象：组织内部成员岗位职责的履行情况，对组织内部工作计划、组织内部管理制度、组织纪律的执行情况等。

3. 组织实力形象：组织自身的物质基础和技术力量、组织成员的文化层次、知识结构、组织的科研力量、工作环境、设备及组织成员的福利待遇等。

4. 组织产品形象：包括物质产品的名称、所用的材料、产品的质量、设计、包装、商标，以及在公众中产生的影响和社会效益。

（三）公众舆论调查

公众舆论调查能够确定公众对组织的意见、态度及评价，公众对产品、服务的评价，特定公众对象的基本情况等。

公众舆论调查内容包括：公众的类型和背景资料、公众认知资料、公众需求资料、公众态度和行为资料等。

一提到北京(喜来登)长城饭店的公关工作，人们立刻会想到举世闻名的里根总统的答谢宴会、由北京市副市长证婚的 95 对新人集体婚礼、颐和园的中秋赏月和十三陵的野外烧烤等一系列使长城饭店声名鹊起的专题公关活动。长城饭店的大量公关工作，尤其是围绕为客人服务的日常公关工作，源于其周密系统的调查研究。

长城饭店日常的调查研究通常由以下几个方面组成。

1. 日调查

（1）问卷调查。每天将调查问卷表放在客房内，表中的项目包括客人对饭店的总体评价，对十几个类别的服务质量评价，对服务员的服务态度评价，以及是否加入喜来登俱乐部和客人的游历情况等。

（2）接待投诉。客服经理 24 小时轮班在大厅内接待客人反映情况，随时随地帮助客人解决困难、受理投诉、解答各种问题。

2. 月调查

（1）顾客态度调查。每天向客人发送并收回喜来登集团在全球统一使用的调查问卷，月底集中寄到喜来登集团总部，进行全球性综合分析，并在全球范围内进行季度评比。

（2）市场调查。前台经理与在京各大饭店的前台经理每月交流一次游客情况，互通情报，共同分析本地区的形势。

3. 半年调查

喜来登总部每半年召开一次世界范围内的全球旅游情况会议,其所属各饭店的销售经理从世界各地带来大量的信息,相互交流、研究,使每个饭店都能了解世界旅游形势,站在全球的角度商议经营方针。

这种系统的全方位调研制度,宏观上可以使饭店决策者高瞻远瞩地了解全世界旅游业的形势,进而可以了解本地区的行情;微观上可以了解本店每个岗位、每项服务及每个员工工作的情况,从而使决策能够有的放矢。

正是基于这种常抓不懈、持之以恒、细致入微的组织公共关系调查和分析研究,长城饭店才能够随时了解目标公众的需求,使问题得以及时发现和解决,使组织决策能够不断适应组织内外部形势的变化。

(四)社会环境调查

社会环境是指与组织相关的各种社会条件。社会环境调查的目的,就是协调组织和社会环境各要素的关系,使组织了解和适应不断变化的社会环境,从而使社会环境成为组织发展的重要保障。

社会环境的调查主要包括:组织所处的政治环境、经济环境、法律环境、自然环境和人文环境等。

三、公共关系调查的基本原则和一般程序

(一)公共关系调查的基本原则

1. 实事求是原则

实事求是就是在调查活动中尊重客观事实,在收集资料时,广泛收集正反各方面的事实材料,不以偏概全,更不弄虚作假;分析研究时,结论要由调查的真实材料中得出,使结论具有客观性,不能因个人感情的好恶使结论带有倾向性。

2. 全面性原则

全面性包括两方面的内容:第一,调查对象要全面,凡是与组织公共关系问题有关的对象都应当列入调查范畴;第二,调查内容要全面,影响组织公共关系的诸因素,都应加以调查和分析研究。

3. 科学性原则

公关调查是一项严谨的研究工作,需要在具体的理论指导下进行。例如在公共关系调查中,往往需要很多人共同完成一个调查课题,每个人对问题的分析能力、理解能力都不同,如果没有一个客观的标准,对同一问题就会出现不同的调查结果,这样就失去了调查的意义。

4. 时效性原则

公共关系调查的时效性是指在调查过程中,调查人员不仅要注意调查信息的准确性,更要注意调查信息传递的迅捷性。因为公共关系调查是了解调查对象在某一确定的时间内对组织形象的评价,调查的结果具有很强的时效性。此外,客观事物总是处在不断运动和变化之中,公共关系的任何一次调查,反映的只是某一具体时段内公众的态度和评价,因此,公共关系调查的时效性原则同时隐含了调查的长期性和循环性。

(二)公共关系调查的一般程序

公共关系调查程序是指进行公共关系调查的阶段和过程。掌握公共关系调查的操作程

序,是秘书开展公关调查工作的基础和前提。

公共关系调查的一般程序分为四个阶段。

1. 调查准备阶段。这是公关调查的起始阶段。主要工作是选择调查课题、设计调查方案、准备调查条件并组建调查队伍。

2. 资料搜集阶段。这是公共关系调查过程中的实施阶段。其主要任务是:按照调查设计的内容和要求,深入社会实际,利用各种调查方法收集有关资料。

3. 分析研究阶段。这是运用科学的方法,对调查阶段获得的各种事实材料进行鉴别、整理,并进行统计分析和理论研究的过程。充分深入的研究能够清晰地反映社会组织在公共关系中存在的问题,并用科学的理论阐释问题产生的原因,提出解决问题的方法。

4. 总结阶段。总结阶段的主要任务是:撰写公共关系调查报告、总结本次调查和研究工作的优点和不足;对调查结果进行评估。

四、公共关系调查的基本类型和主要方法

(一) 公关调查的基本类型

根据选择调查对象范围的不同,公关调查可分为全面调查、抽样调查、典型调查和重点调查四种类型。

1. 全面调查

全面调查是将调查范围内的调查对象逐个地、无一遗漏地进行调查。全面调查的优点是能够获得比较全面的资料,但是存在工作量大、成本高的不足,因此全面调查一般在较小规模的公关调查中运用。

2. 抽样调查

抽样调查是遵循一定的原则,从全体调查对象中抽取一部分样本进行调查,并以此推断总体特征的一种调查方法。这种调查方法由于针对性强、调查范围小,可以提高调查效率、降低调查成本,是公关调查中经常采用的一种类型。

抽样调查可分为随机抽样和非随机抽样两种。随机抽样是按照概率原理来抽取样本,使调查对象中的每一个都具有同等被抽中的可能性的抽样方法。具体抽样方法包括简单随机抽样、分层随机抽样和整群随机抽样。非随机抽样是根据研究者个人的主观经验或设想,有选择地选取调查样本的方法。具体抽样方式可分为判断抽样、配额抽样和便利抽样三种。

3. 典型调查

典型调查是指在调查总体中有意识地选择若干具有代表性的对象进行调查,达到推论全体的调查方法。由典型单位的调查情况可推断调查总体的状况,一般都比较接近实际。因此,典型调查适用于调查总体数量庞大,调查者对总体情况比较了解、并能准确地选择有代表性的公众作为调查对象的情况。

4. 重点调查

重点调查是从调查总体中选出少数重点对象进行的调查。所谓重点对象,是指在总体中处于十分重要地位的对象,或者在总体总量中占较大比重的对象。由于调查对象少,重点

调查能够用较少的人力、物力、财力进行深入调查，从而能够较快地掌握调查对象的基本情况。

（二）公共关系调查的主要方法

在进行公关调查时，应根据调查研究的目的、意义、规模、对象、范围的不同，选择适当的方法来进行。

1. 问卷调查法

问卷调查法是调查者运用统一设计的问卷或表格，向被调查者了解情况、征询意见的方法。问卷调查法由于具有不受地域空间限制、具有很好的匿名性、能够排除人为干扰、便于资料定量分析、节省人力财力时间的优势，在现代公关调查中被广泛应用。

××房产企业顾客满意度调查表

编号：

说明：此表由家庭主要成员填写。烦请您百忙之中抽出宝贵的几分钟，就以下项目给出您认为适当的评价（在您认可的□内画√，并提出您的建议和意见）。您填写的资料会绝对保密，仅用于我们统计分析和改进工作。非常感谢您对我们工作的支持和帮助。

您的房号：___栋___座（单元）___号　您的姓名：_____　电话：_____

规划设计	满意程度分值	□10 □9 □8 □7 □6 □5 □4 □3 □2 □1
	不满意的具体位置	□空间布局 □水电位置 □橱柜地柜 □空调安放 □门窗 □电梯 □单元梯间 □家私电器摆位 □阳台栏杆 □建筑外观 □小区环境 □其他
	改进的建议	
工程质量	满意程度分值	□10 □9 □8 □7 □6 □5 □4 □3 □2 □1
	不满意的具体位置	□土建裂缝 □土建渗漏水 □土建装饰工程 □电器工程 □给排水工程 □部品（厨柜、洁具等） □其他（公建、煤气等）
	改进的建议	
维修工作	满意程度分值	□10 □9 □8 □7 □6 □5 □4 □3 □2 □1
	维修及时性	□每次都及时 □有时迟到 □每次都迟到
	维修质量	□好 □一般 □差
	维修服务态度	□好 □一般 □差
	不满意的原因及改进建议	
销售服务	满意程度分值	□10 □9 □8 □7 □6 □5 □4 □3 □2 □1
	不满意的原因	□人员素质 □服务态度 □专业水准 □亲和力 □诚信 □沟通方式 □信息资料 □推销方式 □其他
	改进的建议	
物业管理	满意程度分值	□10 □9 □8 □7 □6 □5 □4 □3 □2 □1
	不满意的原因	□管理人员工作状态 □物业维护 □安全管理 □环境管理 □信息传递 □户内有偿服务 □社区活动 □其他
	改进的建议	

客户服务	满意程度分值	□10　□9　□8　□7　□6　□5　□4　□3　□2　□1
	投诉处理的及时性	□每次都及时　　□有时不及时　　□每次都不及时
	处理结果	□满意　　□一般　　□不满意
	对处理人员的评价	□好　　□一般　　□差
	不满意的原因及改进建议	
其他建议和意见(可另附纸或写在背面)		

请您于____年__月__日前将此表填妥投入您所在小区或大厦的顾客意见箱中,或邮寄、传真至本公司客户服务中心。
公司地址：　　　　　邮编：　　　　传真：　　　　电话：

2. 访问调查法

访问调查法是调查者通过当面或电话交谈的方式向被调查者进行调查的方法。访谈可分为个别访谈和集体访谈,个别面谈灵活方便,彼此容易沟通,能深入了解情况,多方面搜集资料;集体访谈(即座谈会)能集思广益,但有时被调查者由于人多,不愿表达自己真实的意见或看法。电话访问可跨越空间距离的障碍,但进行调查时需占用被调查者的一些时间。

3. 观察调查法

观察调查法是指调查者深入现场,通过直接观察、跟踪和记录被调查者的情况来搜集第一手资料的方法。这种方法要求调查者事先做出观察计划,事后要对所观察到的事实做出实质性的结论。采用这种方法时,调查者既可以直接参与所观察的活动,以一个参与者的身份来观察,也可以作为一个旁观者置身于所观察的情景之外进行观察。

4. 实验调查法

实验调查法是在人为控制某种因素的前提下,通过进行各种对比实验从而取得资料的方法,其结果较客观、准确、可靠,但往往费时、成本高,而且存在许多实际因素无法人为控制,从而导致实验结果可能出现误差。

5. 文献调查法

文献调查法是一种搜集、分析已有文献资料的调查研究方法。这是在第一手资料不够用或不可能取得第一手资料时,利用第二手资料的方法。运用这种方法获取资料较为方便、容易,调查成本低,但所取得的资料可能在时间上、资料的完整性上具有一定的局限性。

各种调查类型与调查方法都有自己的优点和不足。为了保证公关调查所搜集的资料的可靠性、准确性和科学性,在选择调查方法时,应注意多种调查方法和技术的综合运用,集中各种调查方法的优势,充分而准确地搜集信息资料。

第二节　秘书公共关系策划

所谓策划,是以既定的目标为出发点,对相关信息进行分析,制订有针对性的策略及行动方案以实现目标的过程。公共关系策划是策划人员为了达到组织的目标,在充分调查研究的基础上,对组织的总体公共关系战略、重大的公共关系专项活动进行的谋划和设计工作。

秘书在公共关系活动中,通常需要参与活动的策划工作,因此必须了解和掌握公关策划的方法和技巧。

一、公共关系策划的原则

(一) 目的性原则

公共关系策划要有明确的目的,不可无的放矢。目的越明确、越清晰,公共关系的策划和执行方案就越具有可行性。

(二) 整体性原则

公共关系策划是一项需要花费大量人力、物力的系统工程。因此,在公共关系策划时,必须纵观全局,深谋远虑。既要考虑组织利益,又要考虑社会利益;既要考虑当前利益,又要考虑长远利益;既要考虑局部利益,又要考虑全局利益。

上海市申办 2010 年世界博览会,考虑的就不仅仅是为了上海当前的利益,而是在综合分析的基础上,认识到上海申博成功,会对长江三角洲产生巨大、深远的影响。上海周边城市将迎来一个扩大对外开放,活跃人流、物流、信息流,带动相关产业发展的历史性机遇。据统计,1 美元的会展投资,将拉动 5—10 美元的城市相关产业投资,这对江浙两省无疑是一个极好的机遇。上海世博会创下参观人数超过 7000 万人次的世界纪录,其中 30%—35% 将继续在华东地区游览,这意味着上海周边的苏州、杭州、无锡、南京、扬州、镇江,乃至整个华东 6 省 1 市,都会在上海世博会的直接带动下,产生巨大的经济和社会效益。

(三) 创新性原则

公共关系策划过程是一种思维过程,尤其离不开创新性的思维。在公共关系策划中,既要借鉴前人成功的公共关系案例,吸取其精华,又要不为前人所限,充分发挥想象力,激发灵感,只有这样才能设计出新颖独特、别具一格的方案。

"老公,烟戒不了,洗洗肺吧!"这是保健品清华清茶的广告语。该广告第一次在北京广播电视报亮相后,创造了京城报纸广告单期反馈的新高,像一枚"情衣炮弹"迅速传诵全国。清华清茶是经卫生部批准的保健食品,具有良好的"清咽润喉、免疫调节"的保健作用。然而,作为"清咽润喉"产品,以金嗓子喉宝、三金西瓜霜、江中草珊瑚含片等为代表的主流品牌几乎垄断市场。策划者经过详细的调研和深入的分析后,把目光锁定烟民这个群体:烟民是呼吸系统最容易受到危害的群体。在所有引起咽喉症状的因素中,吸烟的危害性最大,也最容易引起共鸣。如何让烟民认同这个产品,策划者展开一系列头脑风暴和创意联想,否定了近百个提案。就在此时,一句不经心的自言自语撬动了策划者的灵感:"抽烟机、空调、风扇、排烟道,像人体的呼吸系统一样,承担着吸纳和排烟(气)的功能。因为烟尘、灰尘太多,往往出现障碍,需要经常擦擦洗洗……肺不也一样吗?"于是"洗肺"一词产生了。

(四) 可行性原则

在策划公共关系方案中,既要考虑组织期望实现的公共关系目标,又要考虑外部环境的影响力和组织现有的资源状况。因此,公共关系方案的策划必须能够使组织的公共关系目标与组织外部环境、组织的现有资源(内部条件)处在动态的平衡中,公共关系方案才具有可行性。

(五) 灵活性原则

一个好的策划方案,应在能够确保既定目标的同时,在战术上具有一定的弹性。应当根据环境的变化适时调整方案,以利于目标更好地实现。环境发生变化时,公共关系的策略也要随之变化,切不可认为计划周密,就可以不顾外部环境的变化。

香港加多宝集团在与王老吉品牌合作的过程中,将产品定位为"怕上火,喝王老吉"。而在与王老吉品牌产生矛盾导致分道扬镳后,加多宝改变策略,乘浙江卫视《中国好声音》的火爆势头,借助"正宗中国好声音"之"正宗",重新定位产品为"加多宝,正宗红罐凉茶"。这种随形势的变化及时调整公共关系策略的做法,不仅为加多宝集团赢得经济效益,同时强化了公众对其"正宗"凉茶的认知,极大地提高了组织的知名度和美誉度。

二、公共关系策划的过程

(一) 策划构思与准备

1. 分析信息

在前期调查的基础上,公共关系策划者要进一步对调查所获悉的大量信息作认真的分析。其中包括两方面的工作:一是去伪存真、去粗取精,筛选有价值的信息;二是选择与特定的公共关系工作或公共关系专项活动有关的信息。

2. 确认目标及主题

公共关系工作或专项公共关系活动目标,一方面要为组织发展战略目标和公共关系整体目标服务,另一方面要能够对具体的公共关系工作或专项公共关系活动指明方向。主题是策划的灵魂、核心,贯穿于整个策划之中,是公共关系活动内容的高度概括。

3. 选择公众

具体的公共关系工作或专项公共关系活动都是针对特定的公众而言的,因此需要明确公众范围,分析公众的特征,了解公众的需求。只有恰当地选择了相关公众,才能有针对性地设计公共关系活动主题,才能较为恰当地选择媒体,才能在公关活动中突出目标公众的利益,获得公众的支持与合作。

4. 选择媒体

公共关系工作或公共关系活动的开展是离不开传播活动的,媒体选择是公共关系策划的重要内容。在媒体选择时,应考虑到以下三个方面:一是公共关系工作或公共关系活动的目的、特点;二是目标公众接触媒体的习惯;三是组织与媒体的关系状况。在全面衡量的基础上,有针对性地选择媒体。一般来说,公共关系策划者选择媒体时应特别重视对大众传播媒介的选择。随着网络技术的发展,网络媒体的功能日益被受到重视,公共关系策划者也应研究和重视网络媒体在传播和沟通中的作用。

(二) 公共关系计划编制与经费预算

1. 编制计划

公共关系策划者在经历了上述步骤之后,对策划要做总体规划,使比较零乱的、局部的构思有序地形成一个整体,使公共关系策划具有可操作性。这项工作就是制定切实可行的公共关系工作或公共关系专项活动计划。

公共关系工作计划一般包括:年(月、周)公共关系具体目标;年(月、周)公共关系工作项目;各项目的财务预算;各项目的计划及组织保证与人员的分工;评估及评估方式。

公共关系专项活动计划包括:目标、主题、时机、方式、地点、人员、步骤、经费、总结等项目。

2. 预算经费

公共关系工作或公共关系活动都需要一定的经费支持。在经费预算中既要考虑公共关系工作或公共关系活动本身对经费的客观需要,又要考虑组织的经费承受能力。要按工作或活动的轻重缓急统筹兼顾,真正调配好经费的使用。

公共关系经费预算具体构成有:

(1) 行政开支:包括劳动成本,如公共关系人员的工资、福利、奖金及各种补贴等。

(2) 管理费用:如房屋租金、固定资产折旧、办公用品、出差费、交际费、水电费、保险费、电话费、维修费等。

(3) 设备费用:各种影视器材、办公用电脑、打印复印机、传真机、印刷品、书刊订阅费、展销费等。

(4) 项目开支:指实施公共关系专题活动所需的费用,如记者招待会费用、广告费、赞助费、重大庆典活动经费、重大项目专家咨询费、大型公关调查费、制作费等。

(三) 形成策划书

1. 策划书的审定

公共关系策划者在完成上述步骤之后,初步的策划书已经形成,为了确保计划的可行性,对策划书审定是不可或缺的一个步骤。审定的内容主要有:

(1) 对目标、主题及活动开展的各要素如资金、人力、时间、传播计划等进行分析论证。

(2) 对策划实施过程中可能遇到的问题、补救措施等进行论证。

(3) 对预期效果进行综合效益分析,判断该策划的方案是否可以付诸实施。

2. 策划书的制作

策划书是策划全过程最后形成的文案,是公共关系活动实施的依据。以专项活动为例,其内容包括:

（1）封面设计。一份正规的公共关系策划书需要有与之相适应的封面。

（2）标题。策划书的标题应有制订计划的组织名称、活动的内容、活动的方式。

（3）正文。正文主要有以下内容：对环境的分析，说明此次活动的背景、目的、意义，对组织有何影响；本次活动的主题词（用一句简洁、新颖的语言概括）；此次活动的宗旨、目的、意义；此次活动的主办单位、协办单位、赞助单位及承办单位；此次活动的时间、地点、参加者及邀请人员；此次活动的工作班子和传播媒体；此次活动的实施程序设计，经费预算；此次活动的效果检测标准。

（4）策划者的署名和时间。

三、公共关系策划的技巧

公共关系策划是公共关系原则与创造性思维的碰撞结合，这种碰撞结合形成了一些相对稳定的思路和轨迹。

（一）策划新闻

所谓策划新闻，是指社会组织或个人在尊重事实、不损害公众利益的前提下，有目的地策划、组织、举办具有新闻价值的事件，制造新闻热点，争取报道机会，通过新闻媒介向社会传播，以达到吸引公众注意，扩大组织知名度和影响力的目的。

新闻策划必须符合新闻规律，要真实可靠，不允许编造事实、欺骗舆论。这是公共关系利用舆论的主要手段，也是与广告在传播上最大的不同。

留宿宜家——宜家物超所值的公关

宜家的家居展示一向都给人温馨的感觉，商场中经常可见走累的顾客惬意地躺在床上休息，而在 Facebook 上，有多达 10 万的网友加入了"我想要在宜家留宿"的公共群。面对众多网友如此强烈的诉求，宜家选择了大方接纳，在 2012 年 1 月份开展了一个"留宿宜家"的活动。这个活动主要是在上万人中，挑选了一百位幸运儿留宿宜家。此外，他们还要求参加活动的人年龄必须达到 25 岁，留宿期间必须像在家中一样穿睡衣。

活动当晚 8 点，这一百位网友走进了宜家商场。宜家商场免费提供包括眼罩、毛巾、拖鞋在内的各种生活用品，参加活动的网友可以随意选择适合自己的床、床上用品以及其他日用品。担心晚上的时光会无聊？这一点宜家想得比你还周到。他们为网友准备了甜点美食、美甲服务、影音娱乐等项目，甚至还有名人讲述的睡前故事以及关于睡眠和挑选床具的知识。宜家的这次活动不仅仅能够让顾客真真切切地感受一番宜家的美好留宿生活，而且有效地让更多的顾客了解、体验宜家的产品，同时向顾客有效地宣扬其品牌倡导的生活理念。

宜家别出心裁的留宿活动确实成功地吸引了消费者的关注，尽管不是每一个宜家商场都有这样的机会去组织一场留宿活动，但是这样有限的几个新奇活动，也足以能够吸引忙碌的顾客停下脚步，去看看宜家到底可以为顾客提供什么。宜家的产品和服务以及倡导的生活理念,也就是在这个活动过程中被众多人所了解的。通过这次活动,谁敢说宜家的公关,不是物超所值呢?

(二) 借力打力

借力打力是指社会组织在策划公共关系活动时,将组织及其产品与声望高、权威性强的名人、知名组织、有影响的事物事件联系起来,借助他们的名望、声望及权威来扩大本组织的影响力及知名度,从而达到事半功倍的效果。

(三) 小题大做

小题大做指在与公众交往中,社会组织要注重小节,在小事上发掘大道理,在小事上展示自己的大观念,从而有效地强化组织的形象。

(四) 以攻为守

以攻为守指当组织与社会环境发生矛盾,环境对组织的生存发展构成威胁时,社会组织不应消极观望等待,而应主动出击,对环境积极施加影响,从而变被动为主动,化不利为有利。

(五) 以诚换诚

以诚换诚是指当公众对组织产生不满、误解、抱怨时,社会组织要首先摸清情况,对社会、公众做出善意的解释,提出相应措施,以实际行动换取公众的谅解。

第三节　秘书公共关系实施

公共关系实施是在公共关系调查和公共关系策划的基础上,将公共关系策划的内容变为现实的过程;是为实现公共关系活动目标创造性地开展公共关系工作的过程;是传播信息和与目标公众双向沟通的过程。

一、公共关系实施的意义

(一) 是实现组织公共关系目标的关键环节

公共关系调查和公共关系策划是一个了解和分析问题的过程,而公共关系实施是解决问题的过程,只有通过有效的公共关系实施才有可能实现组织的公共关系目标。

(二) 决定公共关系目标的实现程度

一个好的公共关系策划方案可能因无效的实施而无法达到预期的效果,而一个有缺陷的公共关系策划方案也会因为有效的实施而得到完善。因此,公共关系策划的实施,不是"照葫芦画瓢"那么简单,而是一项富有创意性的工作。实施效果如何,直接影响到组织公共关系目标的实现程度。

(三) 为以后的公共关系策划提供参考参照

组织的公共关系工作是连续不断的,此次公共关系策划的实施结果,为下次的公共关系策划提供依据。总结成功的经验和失败的教训,都有助于以后的公共关系活动的有效展开。

(四) 可以检验公关策划工作的水平

公共关系策划方案只有通过实施才能发现其问题。如收集资料是否全面、准确;分析是否科学,是否具有针对性;策划的技巧和方法以及策划的创意是否新颖等。

二、公共关系实施的步骤

按照一定的程序实施公共关系策划方案,能够确保实施工作顺利有序地进行。

(一) 确保组织、人员、经费落实

根据公共关系策划书的要求设置实施机构,机构的规模应当与公共关系工作或公共关系专题活动的任务相匹配,机构设置的原则是精简和高效。确定参与实施的人员。人员的选择要根据公共关系任务的要求,结合参与者的专业素质和能力素质进行选拔。公共关系活动经费和必要的物质,在活动开展之前就要安排好,避免在活动中因后续资金或物质供应不上而导致活动中断。

(二) 相关人员的分工和培训

公共关系策划者和组织者在活动开展之前,必须对参与实施的所有人员进行培训,使所有的参与者都能够明确此次公共关系工作和活动的目的、任务、要求,了解此次活动对组织的重大意义。

对活动中的有关技术,也要进行人员的训练,以期能够熟练掌握,这对提高活动的准确性和效率十分必要。公共关系工作或活动往往是一项系统工程,需要组织中各部门、各环节相互协调、相互配合。为避免有相互推诿的现象发生,在公共关系活动开展前就要对组织的各职能部门和工作人员做合理的分工。

(三) 公共关系实施过程的动态调整

公共关系策划在实施过程中会出现由于外部环境或内部环境的变化,或由于策划中的疏漏等,引起策划方案与现实有不相符合的地方,需要对策划方案进行调整、修改,以保证在较合理的情况下,顺利完成规定的任务。因此,要做好对实施过程中的监控和动态调整。

三、影响公共关系策划实施的主要因素

(一) 公共关系方案的不完善

1. 方案本身存在的问题

虽然在公共关系策划的过程中,方案的制订都是经过反复推敲的,但是,主观分析与客观情况之间还是会存在差距,因此方案的设计难免会有疏漏,即方案本身在客观上会存在缺陷。这往往在设计过程中很难避免。

2. 客观环境的变化导致公共关系方案局部或全部出现问题

公共关系方案的策划有一定的时间周期,尤其是大型的公共关系项目策划的时间周期更长,而客观环境的变化却是瞬息万变的。因此,公共关系方案相对环境的变化总是滞后的。

正因为公共关系方案本身会或多或少地存在问题,在公共关系策划实施的过程中,一定要对方案进行必要的调整,使方案的实施更加顺畅。

(二) 方案实施过程中的沟通障碍

公共关系策划的实施过程,事实上是一个传播和沟通的过程。传播和沟通不畅都会影响

公共关系的实施效果。

1. 语言、心理、观念障碍

语言是人类交流思想的工具,也是公共关系传播的工具。比如公关演讲、专题发言、记者招待会,都是通过语言传播的方式来表达传播者及其所代表组织的思想、理念,以寻求公众的理解和支持。

但语言的运用是一个复杂的问题。如在语言的运用中可能会出现词不达意、语义不明、模棱两可,或不同语言之间交流出现障碍等情况。从深层次分析,语言的运用还受环境、时间、地点、受众心理和观念等因素的影响,而且这些因素往往是决定性的。心理障碍的形成主要由于人的认识、情感和态度等心理因素的差异性;观念障碍主要是由于人对客观事物的根本态度和看法的差异性造成的。

要克服这些障碍,就要研究受众的心理、观念,找到心理、观念的差距,运用语言技巧缩短差距,寻求共同点,才有可能达到预期的效果。

2. 风俗习惯障碍

风俗习惯是指在一定的民族、文化、宗教、信仰等历史背景下形成的具有固定特点的调整人际关系的社会因素,如道德习俗、礼节、审美观等。风俗习惯是世代相传的一种习俗,不仅不同国家、民族的风俗习惯不同,同一国家、同一民族也会因距离的远近不同而习俗不同。

"入境而问禁,入国而问俗,入门而问讳。"当今经济全球化已经成为不可阻挡的趋势,组织的公共关系范围也随之扩展,跨地区、跨国界的公共关系活动已经成为组织公共关系工作的重要内容。因此,深入了解目标公众的风俗习惯,避免和克服由此产生的障碍十分必要。

3. 组织障碍

组织障碍是由于组织机构设置的不合理而导致组织内外信息不能有效地传递。主要有以下几个方面的表现:(1)组织层次过多,造成信息传递速度慢且容易失真。(2)条块分割,造成信息通道的断裂,使信息传递受阻。(3)沟通渠道单一,造成信息量不足或传递渠道狭窄而无法做到信息充分传播和沟通而形成障碍。

解决组织障碍的方法是:首先在组织结构上减少层次,减少信息传递的环节;其次要建立多种信息传递及反馈通道,做到及时传递,及时反馈;再次要健全组织结构,建立高效、快捷的信息传递机制。

(三)突发事件的影响

对开展公共关系活动影响最大的是突发事件。它主要包括:其一,人为的纠纷,诸如公众投诉、新闻媒体的批评、不利舆论的冲击等;其二,不依人的意志为转移的自然灾害,如地震、水灾、火灾、空难等;其三,政策环境发生的变化等。

第四节　秘书公共关系效果评估

公共关系效果评估就是根据特定的标准,对公共关系策划、实施及效果进行对照、检查、评价和估计,以判断其优劣的过程。效果评估不仅考察组织当前的公共关系工作状况,而且为组织下阶段公共关系工作的开展提供参考和依据。

一、公共关系效果评估的意义

（一）有利于增强组织内部员工的凝聚力

一般来说，通过对组织公共关系效果评估，并将评估的信息传递给内部员工，使组织成员了解组织开展公共关系活动的目标，了解到组织所拥有的良好的社会声誉及在社会中的地位，无疑会使职工获得鼓舞，增强他们的自信心和荣誉感，并向组织的总目标努力。

（二）能够使公共关系工作不断得到完善

公共关系效果评估工作，可以检查和发现公共关系工作中存在的不足。对于比较成功的公共关系活动，我们要在肯定其成绩的基础上去发现存在的问题，并分析问题产生的原因和解决的对策，对后续的公共关系工作起到借鉴的作用，使后续的公共关系工作少走弯路，效率更高，更完善；对不成功的公共关系活动，更应当去积极地评估和反思，找到其失败的根源，吸取经验教训，对后续的公共关系工作意义就更重大。

（三）为组织的其他决策提供依据

组织的一切决策，都是为了实现组织目标，而组织目标的达成无不与组织的公共关系状态有关。如组织内部各项规章制度需要根据当前内部公共关系的状态制定；组织发展的战略决策，也要充分考虑组织当前的知名度和美誉度状况。

二、公共关系效果评估的标准

（一）主观标准

主观标准，就是根据公共关系活动中制定的预期目标来衡量公共关系实际效果。公共关系目标的制定是经过深入的公共关系调查，经过反复的推敲、筛选后形成的，它是公共关系活动的出发点和归宿。比如北京申办 2000 年奥运会未获得通过，从实现活动预期目标来说这次活动是不成功的。

用既定的活动目标作为公共关系效果的评价标准，具有直接性。目标制定得越具体，评估越容易操作。但是，用目标作为评估依据，有时有一定的局限性。有的大型公共关系工作或专项的公共关系活动时间周期较长，因而原定的公共关系目标随时间的推移会不适用或存在欠缺。因此，应尽可能采用修订后的目标作为评估依据或采用客观标准。

（二）客观标准

客观标准，就是以公共关系实践活动的社会效果为标准。用这一标准，既可以判明组织公共关系活动计划中制定的目标是否符合实际，又可以判明组织的公共关系活动是否对社会公众产生积极的影响，以及影响的程度如何。这是一种全面的公共关系效果评估。

1. 是否有利于组织的发展

是否有利于组织的发展是考虑一切问题的出发点和检验一切工作的根本标准。组织之所以投入一定的人力、物力开展公共关系活动，都有追求的价值目标，那就是通过公共关系活动塑造组织形象，提高组织的影响力，实现组织的发展。如北京申办 2000 年奥运会失利之后，北京奥申委全面评估了整个申办活动,既分析了失利的原因,也对整个活动所产生的积极影响做了评估,如通过申办活动,使世界各国对中国有了一定的认识,使申奥达到了"让世界了解中国"的目的。不仅如此,申奥活动还大大地激发了全国人民的爱国热忱,北京更是获得了城市发展的经验,进一步增添了全国人民申奥的信心。因此,从客观效果上看,首次申办虽然失利,但此次活动对北京的发展乃至对全国的发展都是有积极意义的。事实也证明:北京成功取得 2008 年奥运会主办权,与 2000 年的申办经验是分不开的。从这个意义上说,2000 年的申办虽然失利了,但仍有一定的积极意义。

2. 是否有利于营造组织发展的良好的内外环境

是否有利于营造组织发展的良好的内外环境是组织公共关系评估的最直接客观标准。因为组织公共关系的一项重要任务是,通过有效的公共关系活动,能够优化自身生存和发展的环境。北京历时 8 年申奥终于获得成功,其意义远远不止承担一项体育赛事那样简单。8 年的申奥史,是全国人民凝聚力、民族认同感不断得到增强的历史;是宣传北京、宣传中国的历史;是世界了解北京、了解中国的历史;也是世界认同北京、认同中国的历史。这为中国的发展提供了很好的环境。

评估归真堂"活熊取胆"事件的公关效果

2012 年 2 月初,从事活熊取胆的福建药企"归真堂"谋求在国内创业板上市,引发激烈讨论;14 日,NGO(公益组织)致信证监会反对归真堂上市,72 位名人声援支持;18 日,归真堂宣布举办媒体开放日活动,让公众看到熊被"舒舒服服"抽取胆汁的过程。希望通过这一活动,使公众对该组织有更深入全面的了解,并矫正公众的误解。

活动效果:

(1) 媒体反应。归真堂媒体开放日活动举办后,国内媒体高度关注活熊取胆一事,而且几乎都倾向于负面评价。而媒体对"取胆汁就像开自来水管一样简单、自然、无痛"(中国中药协会会长房书亭语)的转述,更是对公众起到了火上浇油的作用。

(2) 公众态度。归真堂提请上市,本来已引起公众的激烈反对。开放日活动再次激起众多动物保护组织强烈抗议"活熊取胆"这种非人道的做法,社会名流通过各种途径表达义愤之情,更多的普通公众也对企业这种为商业目的虐待动物的行为表示了极大的愤慨!

从媒体反应和公众反馈来看,从策划此次活动的初衷来说,归真堂的开放日公关无疑是彻底失败的。

三、公共关系效果评估的方法

(一) 公共关系工作总结法

公共关系工作总结法是实际工作中最常用的方法。通过总结,检查和了解公共关系目标的实现程度,各部门的配合协调情况,取得哪些成就,存在哪些差距。

(二) 公众意见测验法

公众意见测验法是用以测定公众意见或态度变化的检测方法,是在公共关系活动结束之后,通过对活动目标公众作抽样调查,衡量他们对组织的认知或态度的变化来分析公共关系活动效果。

(三) 新闻媒介测定法

新闻媒介测定法,是通过对新闻媒介的调查,了解新闻媒介对组织公共关系活动报道的深度和广度以及报道频率来测定组织公共关系活动的影响力和效果的检测方法。

如家酒店公关项目计划书(节选)

——公关效果评估

对如家酒店的公关效果评估可以从设立统一的评估目标开始,以调查分析、收集数据为前提和基础。比如,每次的公关活动是否提高了美誉度,竞争对手的美誉度怎样,有哪些资料可以证明? 为此,如家应建立一套客观适用的评估标准。最后对公关目标计划及实施过程和结果进行分析鉴定,并撰写评估报告向决策者汇报,以便及时调整顾客对如家的态度。

效果评估的依据及评估方法如下:

(1) 专家评定法。如家可以邀请本行业的专家审定公关计划,观察计划的实施,对计划实施的对象进行调查,与实施人员交流沟通,最后提出评估报告,评定公共关系活动的效果。

(2) 实施人员评估法。由如家的公关策划实施人员自行对实施效果评估,这种方法在活动实施中随时可以进行,并对实施进行反馈调整。

(3) 自我评定法。即由公关活动对象通过亲身感受而对公关活动给予评定。用这种方法如家可以向调查对象做一些调查,但对敏感的问题应采用灵活、委婉的方式提问。

四、公共关系评估的程序

公共关系的评估工作一般包括以下四个阶段。

(一) 评估准备阶段

在评估准备阶段中,应确定评估的目标和标准,安排评估的人员和时间进度。

(二) 全面评估阶段

全面评估阶段就是运用各种评估的具体方法,全面搜集各种所需的评估资料和信息。

(三) 整理分析阶段

在整理分析阶段,应参考评估标准对所搜集的各种资料或信息进行分析比较、统计对照,检查既定公共关系目标是否达到,检查预算执行情况与效果。并在评估分析的基础上,提出计划实施中尚存在的没有解决或新发现的问题,并进一步分析产生这些问题的原因。

(四) 撰写评估报告阶段

在全面检查、评估分析、提出问题的基础上,公共关系人员应根据情况和需要调整工作计划和目标,并向决策部门报告分析结果,以便领导者统筹考虑组织的目标和任务。同时,还要针对新问题并根据组织的总目标、总任务,设定公共关系工作下一个阶段目标和任务。

思 考 题

1. 简述秘书公共关系工作的一般程序。

2. 为什么要开展公关调查?公关调查有哪些主要类型和方法?

3. 公关策划应遵循哪些原则?

4. 简要叙述实施公关工作的几种主要方法。

5. 操作题:借助所在地区开展某项大型活动的机会,为你所在的社会组织(学校、系或班级)策划一次专题公关活动。

第七章　公关文书写作

公共关系文书是公共关系实务的重要组成部分,其写作是公关活动中的重要内容和形式之一,它与一般的秘书工作所涉及的文书有所区别,主要局限于组织与公众的公关信息传播和公关礼仪方面,相对而言适用面比较窄,专业要求更高。本章主要讲述公共关系文书的特点和几种常用的公关文书的写作要求。

第一节　公关文书概述

一、公共关系文书的概念及其分类

公关文书是指组织用于开展公共关系工作,促进组织公共关系目标的实现而使用的文字信息载体的总称,它是组织向内外公众传递信息的工具。一般来说,公共关系文书写作内容较多,但概括起来主要分为三个方面,即礼仪应酬性公关文书、传播性公关文书和事务性公关文书。

礼仪应酬性公关文书是社会组织为了实现与公众的友好往来而编制的礼节性文书,如请柬、祝词、答谢词等。

传播性公关文书是为了宣传组织良好形象,为组织的正常运作和发展创造有利的内外部环境而制作的文书,如广告、新闻、演讲稿等。

事务性公关文书是组织内部为了正常开展公关工作而编制的文书,如简报、公关计划、公关调查报告等。

二、公共关系文书的写作特点

1. 明确的实用性

公关文书与一般文书相同,其写作具有明确的实用性。它是为了达到一定的公关目的,在公众中树立良好的组织形象而写作的,实用性很强。如写公关广告,就是为了宣传组织形象,让公众了解,认知组织,提高组织的知名度,为组织的发展提供良好的舆论环境。因此在书写公关文书时,一定要从实际出发,本着一定的公关目标而写作。

2. 内容的真实性

由于公关文书服务于一定的公关目的,所以其中涉及到的事情、人物、情节、数字,一定要真实、准确,不能有假设虚构,否则就会影响组织声誉,给组织的发展带来不良的后果。

3. 较强的时效性

公关文书一般讲究时效,要求文书的写作在一定时间内完成,不允许拖拖拉拉,否则就会耽误工作的正常开展。如简报、新闻在这方面就有很高的时间要求,超过时间就毫无意义可谈。

4. 格式的规范性

公关文书与一般文书一样在写作上有较固定的格式,如请柬、信函等,有比较固定的结构层次、习惯用语、称谓、签署等,这样便于书写、阅读。

5. 作者与读者的特定性

公关文书的作者一般为组织或组织代表,在写作时一定要遵循组织的意图、目标,初稿写成后,还要经过集体讨论,大家提意见,然后修改,最后由负责人审阅通过。写作要求表现出一定的程序化,公关调查报告和公关计划就是这方面突出的代表。其次,公关文书的阅读对象也是特定的,如广告的阅读对象为社会公众,简报的阅读对象是组织领导和内部员工。

三、公共关系文书的语言要求

1. 用词准确

公关文书的真实性要求文书写作要力求用词准确,以达到预期的效果。如在介绍产品的广告中,其性能、规格、特点、专家评价、检测等一定要用准确而严谨的语言表述出来,否则就有虚假不实之嫌。

2. 文字简洁

公关文书要求文字简短,简洁明了。如简报的字数一般要求千字以内,最多不超过 2000字;广告、新闻更明确要求文字精炼,篇幅简短,表达准确。此外,为了使语言简洁,在信函中还经常使用"此复"、"函告"等习惯用语。

3. 语言质朴

公关文书是应用文书,因此要求写作内容实事求是,语言平实质朴,做到易看、易读、易懂。但是语言平实质朴也不等于枯燥无味,有些文体,如请柬的语言就要求富有感情色彩,情真意切,大方有礼;公关广告则要求运用适当的修辞手法使语言具有感染力,以达到引人注目的效果。所以在运用语言时一定要灵活多变,不拘一格。

4. 表现得体

公关文书有一定的阅读对象,因此语言要注意得体。如请柬对语言的要求方面要做到文雅、庄重、有礼,还要表现出邀请者的诚意;演讲稿要根据听众和场合的不同,在称谓上有所变化。如著名演讲家曲啸在给一个劳改农场的犯人作演讲时,所用的称谓就是经过再三斟酌而定的,他一开始用"犯人们",觉得不合适,后改为"同志们",还感觉不当,最后他再三思考,选用了"触犯了法律的年轻朋友们",这样既符合实际,又很亲切,使当时在场的犯人们感动地留下了眼泪。总之,公关文书的语言一定要得体,这样才能发挥其实际作用。

第二节　公关礼仪文书

公关礼仪文书是指国家机关、企事业单位、社会团体在公关礼仪活动中使用的各类文书,是在各种不同场合,根据不同的情况,遵循相应的习俗和人情所撰写的礼仪文字材料。本节介绍几种最为常用的日常礼仪类文书的写作方法和技巧。

一、请柬

请柬又叫柬贴或请帖。公关请柬就是社会组织在开展公关活动前,用来告知公众并发出邀请的礼仪文书。如开业、奠基、庆祝等礼仪性活动前,以请柬形式通知、邀请参加者。其主要作用是密切和协调主客体之间的友谊关系,促进双方的理解与合作,帮助本组织提高声誉和进一步发展。

1. 请柬的写作方法和格式

请柬的最大特点就是言简意赅却要表达出较浓的感情色彩和诚意,它的书写格式由以下几部分组成:

(1)标题

用较大的字体书写"请柬"二字,可写在第一行正中,也可放在首页的正中当作封面。

(2)正文

顶格上写明邀请的机构全称或个人的姓名,如果邀请的是个人的话,那么除了要写上他的姓名外,还要写上其头衔或职务;第二行空两格写正文,写明事由、时间和地点;并换行顶格写上"敬请参加"、"恭请届时光临"等词。

(3)落款

正文下面靠右写明发帖的单位全称或个人的姓名、头衔,换行写发帖的年、月、日。一般为表示诚意和恭敬,落款为个人的由本人亲笔签名。

2. 请柬写作的注意事项

请柬正文必须写明邀请的意向、活动的内容、时间、地点以及提请被邀请者注意的有关事项。应注意以下几点:

(1)活动的时间必须根据各种因素精确设定,撰写时做到准确无误。凡在日期后面加注"星期×"的(这是请柬的规范写法),应特别认真加以核对,保证两者统一。

(2)活动的地点,除必须写明具体场所(如××宾馆×楼的×厅)外,还须注明这一场所所在的建筑物的具体地址(如××路×号)。

(3)在请柬上注明一些需要提请被邀请者注意的事项。这类注意事项一般包括签到、着装、就座、人数限制和资料(礼品)领取等等,可视不同场合不同需要而定。

(4)在请柬的结尾,一般写上"敬请光临"之类的礼貌用语,并署上发出邀请的社会组织的全称和发出邀请的时间。

(5)语言简洁明了,礼貌典雅。请柬的文字要简洁明了,三言两语说明问题,切忌重复啰嗦。如果需要被邀请人在活动中讲话,也可在请柬中写清讲话的内容、时间要求。同时,请柬的语言要热情、真诚有礼。

例文:

请　　柬

张跃峰经理：

　　为庆祝我公司成立 30 周年，特定于 2002 年 6 月 13 日（星期四）在本公司大礼堂举办庆祝活动。敬请光临。

宏大房地产公司
2002 年 6 月 7 日

二、邀请函

　　邀请函又称邀请书或邀请信，是社会组织邀请公众参加洽谈业务、访问、进行技术交流、项目合作及其他较为大型复杂的公关活动而发出的一种专用书信。

　　邀请书一般来讲有以下两个特点：第一，邀请书具有朴实而热情的礼仪色彩。同请柬一样，邀请书也具有邀请的功能，要求有一些礼仪色彩。但相比较而言，邀请书更朴实、更常用一些。它没有请柬的过分庄重严肃，但却也礼仪周到，受到人们普遍的喜爱。第二，邀请书用语上比请柬随意，而且要求有较详细的邀约内容，采用书信体的格式。

　　1. 邀请书的写作格式

　　通常由标题、称呼、正文、结尾和落款五部分组成。

　　（1）标题。邀请书的标题一般有两种构成形式。单独以文种名称组成，如"邀请书"、"邀请信"；由发文原因和文种名称共同组成，如"关于出席欧亚经济发展峰会会议的邀请书"。

　　（2）称呼。称呼要顶格写被邀请的单位或个人的名称或姓名。也就是要写明主送对象。如"×××大学"、"××先生"。

　　（3）正文。邀请书的正文通常要求写出举办活动的内容、活动目的、活动时间、活动地点、活动方式、邀请对象以及邀请对象所做的工作等。活动的各种事宜务必在邀请书中写清楚、周详。若附有票券等物也应同邀请书一并送给主送对象。若相距较远，则应写明交通路线，以及来回接送的方式等。其他差旅费及活动经费的开销来源及被邀人所应准备的材料文件、节目发言等等也应在正文中交代清楚。

　　（4）结尾。结尾处要求写上礼节性的问候语，如"恳请光临"、"致以敬意"等等。

　　（5）落款。邀请书的落款要署上发文单位名称或发文个人的姓名，署上发文日期。邀请单位还应加盖公章，以求慎重。

　　例文：

新春晚会邀请函

＿＿＿＿＿　小姐/先生

　　仰首是春，俯首成秋，××公司又迎来了她的第×个新年。我们深知在发展的道路上离不开您的合作与支持，我们取得的成绩中有您的辛勤工作。久久联合、岁岁相长。作为一家成熟、专业的××公司，我们珍惜您的选择，我们愿意与您一起分享对新年的期盼。故在此邀请您参加×××公司举办的新年酒会，与您共话友情、展望将来。如蒙应允，不胜欣喜。

地点：×××

时间：××××年××月××日

备注：其间抽奖，请随赐名片

×××公司

××××年××月××日

2. 邀请函的注意事项：

（1）语言要含有尊敬之意。邀请书的主要内容类似于通知，但又有几分商量的意思，它不能是行政命令式的态度，所以在用词上一定要礼貌。有些邀请书在开头还应解释一下自己不能亲自面邀的原因，以免引起不必要的误会。

（2）邀请书务必事项周详。邀请书是被邀人进行必要准备的一个依据，所以各种事宜一定要在邀请书上显示出来，使邀请对象可以有备而来，也会使活动主办的个人或单位减少一些意想不到的麻烦。

（3）邀请书提前发送。邀请书要让被邀人早些拿到，这样可以使他对各种事务有一个统筹的安排，而不会由于来不及准备或拿到邀请书时已过了期而参加不了举办的活动。

（4）邀请书正文一般要求写明举办活动的内容、目的、时间、地点、邀请对象以及希望邀请对象所做的工作，行文应含有尊敬之意。结尾需署邀请单位、日期，并加盖公章，以示慎重。

三、贺信

贺信作为一种公关文书，是社会组织向取得突出成绩、作出卓越贡献或有喜庆之事的公众表示祝贺的一种礼仪文书。

1. 贺信的写作格式

贺信一般由标题、称谓、正文、结尾和落款五部分构成。

（1）标题。贺信的标题通常由文种名构成。如在第一行正中书写"贺信"二字。

（2）称谓。顶格写明被祝贺单位或个人的名称或姓名。写给个人的，要在姓名后加上相应的礼仪名称如"先生"，称呼之后要用冒号。

（3）正文。贺信的正文要交待清楚以下几项内容：第一，结合当前的形势状况，说明对方取得成绩的大背景，或者某个重要会议召开的历史条件。第二，概括说明对方都在哪些方面取得了成绩，分析其成功的主观、客观原因。贺寿的贺信，要概括说明对方的贡献及他的宝贵品质。这一部分是贺信的中心部分，一定要交待清祝贺的原因。第三，表示热烈的祝贺。要写出自己祝贺的心情，由衷地表达自己真诚的慰问和祝福。要写些鼓励的话，提出希望和共同理想。

（4）结尾。结尾要写上祝愿的话。如"此致敬礼"、"祝取得更大成就"、"祝您健康长寿"等。

（5）落款。写明发文的单位名称或个人的姓名，并署上成文的时间。

例文：

中共中央国务院中央军委

对神舟七号载人航天飞行成功的贺电

总装备部、工业和信息化部、中国科学院、国家国防科技工业局、中国航天科技集团公司、中国电子科技集团公司并参加神舟七号载人航天飞行任务的全体同志：

在中华人民共和国成立 59 周年到来之际，神舟七号载人航天飞行获得圆满成功，中共中央、国务院和中央军委向圆满完成这次飞行任务的英雄航天员，向所有参加这次任务的广大科技工作者、干部职工和部队官兵，表示热烈的祝贺和亲切的慰问！

神舟七号载人航天飞行圆满成功，实现了我国空间技术发展具有里程碑意义的重大跨越，标志着我国成为世界上第三个独立掌握空间出舱关键技术的国家。这是我国航天科技领域的又一次重大胜利，是中国人民在建设中国特色社会主义伟大进程中取得的重大成果，对于增强我国经济实力、科技实力、国防实力和民族凝聚力，鼓舞全党全国各族人民夺取全面建设小康社会新胜利、开创中国特色社会主义新局面具有重大而深远的意义。祖国和人民将永远铭记你们的历史功勋！

发展载人航天技术，和平开发利用太空，始终是中国人民的不懈追求。希望你们在以胡锦涛同志为总书记的党中央领导下，高举中国特色社会主义伟大旗帜，坚持以邓小平理论和"三个代表"重要思想为指导，深入贯彻落实科学发展观，大力弘扬"两弹一星"精神和载人航天精神，自力更生、艰苦奋斗、团结协作、拼搏进取，为继续推动我国航天事业发展、为实现中华民族伟大复兴不断作出新的更大贡献。

中共中央　国务院　中央军委

2008 年 9 月 28 日

2. 贺信写作注意事项

贺信要体现的是自己真诚的祝福，是加强彼此联系、增强双方交流的重要手段。所以贺信要写得感情饱满充沛。冷冰冰的陈述、评价是表达不出贺者心愿的。贺信内容要真实，评价成绩要恰如其分，表示决心要切实可行，不可空发议论，空喊口号。语言要求精炼、简洁明快，不堆砌华丽词藻。篇幅要短小精悍。

四、祝词

祝词也称"祝辞"、"致辞"，是对有关重大节日、重大典礼以及庄重场合表示祝愿的讲话，主要用于对正要开始、尚无结果的事情表示祝愿，泛指对人、对事表示祝贺的言辞或文章。

公关活动的祝词根据祝贺的内容不同可以划分为祝事业、祝酒、祝节日等类型。祝事业，多用于重大会议开幕、工厂开工、商店开业、展览剪彩以及其他纪念活动等，祝愿此事业顺利进行，早日成功；祝酒，用于宴会、酒会上，传达祝酒者美好的愿望；祝节日，即对节日表示祝贺。

1. 祝词的写作格式

祝词的写作格式一般由标题、称呼、正文、结束语、落款五部分组成。

（1）标题。标题写在第一行居中的位置，通常有两种写法：一是直接写"祝词"；二是写出具体祝贺的内容，如"×××书记在×××市××晚宴上的祝辞"。

（2）称呼。称呼在标题之下第一行顶格书写，以示尊重。对人的称呼按照书信写作的要求来写即可；祝事业的直呼单位或部门名称即可，要注意称呼的先后顺序和亲切感。

（3）正文。正文是祝词的核心。这部分写法比较灵活，针对不同的祝贺对象，不同的祝贺动机，写出相应的祝贺内容。但总的来说，都应包含下面几层意思：首先应向受祝贺的单位或人员表示祝贺、感谢或问候，或者说明写祝词的理由或原因；其次常常对已做出的成就进行适当评价或指出其意义，再次写表示祝愿、希望、祝贺之语，也可以给被祝者以鼓励。

（4）结束语。正文结束后常用一句礼节性的祝颂语结束全文。

（5）落款。在正文的右下方署祝者的名称（单位或个人）以及发祝词的年、月、日。如果在标题部分已注明，此处可省略。

例文：

弘扬奥林匹克精神，共创世界美好未来
——在北京奥运会欢迎宴会上的祝酒词
（2008 年 8 月 8 日）
中华人民共和国主席 胡锦涛

尊敬的国际奥委会主席罗格先生，尊敬的国际奥委会名誉主席萨马兰奇先生，尊敬的各位国家元首、政府首脑和王室代表，尊敬的各位国际奥委会委员，尊敬的各位贵宾，女士们、先生们、朋友们：

今晚，北京奥运会将隆重开幕，我们共同期待的这个历史性时刻就要到来了。我谨代表中国政府和人民对各位嘉宾莅临北京奥运会，表示热烈的欢迎！

在北京奥运会申办和筹办的过程中，中国政府和人民得到了各国政府和人民的真诚帮助，得到了国际奥委会和国际奥林匹克大家庭的大力支持。在这里，我谨向你们并通过你们，向所有为北京奥运会作出贡献的人们，表示诚挚的谢意！

借此机会，我对国际社会为中国抗击汶川大地震提供的真诚支持和宝贵帮助，表示衷心的感谢！世界各国人民的深情厚谊，中国人民将永远铭记！

女士们、先生们、朋友们！

2800 多年前在神圣的奥林匹亚兴起的奥林匹克运动，是古代希腊人奉献给人类的宝贵精神和文化财富。诞生于 1896 年的现代奥林匹克运动，继承了古代奥林匹克传统，发展成为当今世界参与最广泛、影响最深远的文化体育活动。在历届奥运会上，各国运动员秉承更快、更高、更强的宗旨，顽强拼搏，追求卓越，创造了一个又一个佳绩，推动了世界体育运动蓬勃发展。

奥运会是体育竞赛的盛会，更是文化交流的平台。国际奥林匹克运动把不同国度、不同民族、不同文化的人们聚集在一起，增进了世界各国人民的相互了解和友谊，为推进人类和平与发展的崇高事业作出了重大贡献。

当今世界既面临着前所未有的发展机遇,也面临着前所未有的严峻挑战。世界从来没有像今天这样需要相互理解、相互包容、相互合作。北京奥运会不仅是中国的机会,也是世界的机会。我们应该通过参与奥运会,弘扬团结、友谊、和平的奥林匹克精神,促进世界各国人民沟通心灵、加深了解、增强友谊、跨越分歧,推动建设持久和平、共同繁荣的和谐世界。

女士们、先生们、朋友们!

举办奥运会,是中华民族的百年期盼,是全体中华儿女的共同心愿。2001年北京申奥成功以来,中国政府和人民认真履行对国际社会的郑重承诺,坚持绿色奥运、科技奥运、人文奥运理念,全力做好各项筹办工作。我相信,在国际奥委会和国际奥林匹克大家庭支持下,我们一定能够共同把北京奥运会办成一届有特色、高水平的奥运会。

现在,我提议:为国际奥林匹克运动蓬勃发展,为世界各国人民团结和友谊不断加强,为各位嘉宾和家人身体健康,干杯!

2. 祝词写作的注意事项

祝词短小、精炼、炽烈,总的来说还是应该做到主旨鲜明、集中,感情真挚、热烈,语言平实、得体,富于感染性、启发性和鼓动性。祝词属于演讲词的范围,除文稿本身的写作要求外,还有一个演讲技巧问题,其中包括仪表、仪态要自然大方,口语表述要清楚、流畅,语势要波澜起伏等等。这就对讲话者提出了更高的要求,即不仅要有一定的文字修养,还要具备一定的社交能力,像礼节礼仪、口头表达、即席发挥能力等。

3. 祝词与贺词的异同

祝词与贺词有时被合称为祝贺词,二者都是泛指对人、事表示祝贺的言辞和文章,它们都富于强烈的感情色彩,针对性、场合性也很强。因此祝词和贺词在某些场合可以互用,如祝事业的祝词常常也兼有贺词的意思。

虽然祝词与贺词有时可以互用,但二者所包括的含义并不相同。严格地说二者是有区别的。祝词一般对象是事情尚未成功,表示祝愿、希望的意思;而贺词一般对象是事情已成,表示庆贺、道喜的意思。如祝贺生日诞辰、竣工庆典、荣升任职等,一般用贺词的形式表示庆贺、道喜。另外贺词使用范围比较广,如贺信、贺电等,也属于贺词类。

五、欢迎词、欢送词

欢迎词、欢送词和答谢词、祝词及贺词等有相同特点,即指国家机关、企事业单位、社会团体为了表示欢迎、欢送或祝贺、答谢,在比较隆重的聚会或仪式上的讲话,是当面的致词。欢迎词、欢送词特点主要体现在以下几方面:第一是深情流露;第二是欢愉的格调;第三是口语化。

欢送词的标题写法与欢迎词大致相同,所不同的是,欢送词可以写得像一篇抒情散文,可以另加一个散文化的标题,而用常规的欢送词标题作副标题。特别是欢送词更加突出惜别性。有句古诗说得好"相见时难别亦难",中国人重情谊这一千古不变的民族传统精神在今天更显得宝贵。欢送词要表达公众对象远行时的感受,所以依依惜别之情要溢于言表。当然格调也不可过于低沉,公关往来更应把握好分别时所用言辞的分寸。其次,同欢迎词一样,口语性也是欢送词的一个显著特点之一。遣词造句也应注意使用生活化的语言,使送别既富有情趣又自然得体。

1. 欢迎词、欢送词的结构

欢迎词和欢送词主要由标题、称谓、开头、正文、结尾、落款六部分组成。

(1)标题。可以直接以"欢迎词"、"欢送词"作为标题,也可以由场合和文种构成标题。

(2)称谓。称呼在开头处顶格后加冒号,可以用具体称呼也可以用笼统称呼。

(3)开头。说明此时在举行何种欢送仪式,发言人是以什么身份代表什么单位或什么人向宾客表示欢送的。

(4)正文。正文部分是核心,主要用来回顾双方在访问和合作期间达成了哪些一致意见、取得了哪些突破性进展、合作中取得了哪些成绩、给双方带来了哪些利益。还可以指出双方友谊的性质和价值,双方合作的深远的历史意义等。

(5)结尾。在结尾处再次表示真挚的欢送之情,表达期望再次合作的心愿。

(6)落款。包括致词单位名称、致词人身份和姓名、成文时间。

2. 欢迎词的写作要求

(1)看对象说话。欢迎词多用于对外部公众的公共关系。在各社会组织的对外交往中,所迎接的宾客可能是多方面的,如上级领导、检查团、考察团等。来访目的不同,欢迎的情由也应不同。欢迎词要有针对性,看对象说话,表达不同的情谊。

(2)看场合说话。欢迎的场合,仪式也是多种多样的,有隆重的欢迎大会、酒会、宴会、记者招待会;有一般的座谈会、展销会、订货会等。欢迎词要看场合说话。该严肃则严肃,该轻松则轻松。

(3)热情而不失分寸。欢迎应出于真心实意,热情、谦逊、有礼。语言亲切,饱含真情。注意分寸,不卑不亢。

(4)称呼符合礼仪。由于是用于外部公关,欢迎词的称呼比开幕词、闭幕词更具有感情色彩,更需热情有礼。为表示尊重,要称呼全名。在姓名前或后面加上职衔或"先生"、"女士"、"亲爱的"、"尊敬的"、"敬爱的"等敬语表示亲切。

例文:

欢 迎 词

尊敬的×××先生:

尊敬的×××集团公司的朋友们:

　　首先,请允许我代表公司全体成员对×××先生及×××集团公司的到来表示热烈的欢迎。

　　电子业是新兴的产业,蒸蒸日上,有着广阔的发展前景。×××集团公司拥有一支由网络专家组成的庞大队伍,技术力量相当雄厚,在网络工作站市场中一枝独秀。

　　各位首次来我公司访问,此次来访时间虽短,但意义很大。各位的到来,不仅是对我们工作的指导,更给我们提供了一次极好的学习机会。欢迎各位多提宝贵意见。祝大家在这段时间里开心、愉快!

××××公司董事长

××××年××月××日

第三节　公　关　新　闻

新闻是社会新闻机构(电视、广播、报纸、刊物、网站)对社会中所发生的重要事实的报道。公共关系新闻特指社会组织为了塑造组织形象,借助社会新闻机构或组织自控媒体,向公众传递的有关本组织的最新的公开信息,包括消息、通讯、特写、新闻发布稿等。

一、公关新闻概述

(一) 公关新闻的种类

新闻的种类很多,从不同的角度可以分出不同的类别。按写作特点分,大致可以分为以下几种:

1. 动态新闻

动态新闻是对组织已经发生、正在发生或将要发生的事件,做迅速、简明的报道。这种新闻要善于抓住事件的新动态,发现事物的新闻价值。这种新闻大致可以分为三种,一是对已经发生的独立的事件的报道;二是对连续性事件中一个阶段的报道,即许多这样的动态新闻连起来,就是一个事件发展的完整过程;三是对将要发生的事件的报道。动态新闻是新闻报道中最常见的、使用最多的形式。

2. 简明新闻

简明新闻又称简讯、短讯,也属于动态新闻,只是文字更加简短。它以最快的速度将事件的简要情况或事件的结果报道出来,这种报道形式一般没有导语、结尾等成分。

3. 综合消息

综合消息围绕一个主题,集中地报道一个组织的有关信息,覆盖面大,观点集中,材料充分,点面结合。

4. 典型报道

典型报道又称经验报道,主要报道组织的某个(些)分支部门、典型人物在工作中取得成功的经验、方法。这种新闻往往具有指导意义,因此写作时应有针对性、说服力。

5. 新闻特写

新闻特写是通过选取新闻事实中最富特征和表现力的片段和场面进行形象描写的一种新闻体裁。

6. 新闻公报

新闻公报是就国家和党政机关的某一重大活动、事件或问题所发布的带有新闻性的文件。新闻公报往往由新闻机关在新闻媒介上公之于众,它的阅知范围没有限制,要求具有新闻的及时性和真实性,所以,有人认为它是一种新闻性公文。

(二)公关新闻的特点

新闻报道的是社会中新近发生的事实,所以它有以下几个特点:

1. 真实性

新闻源于事实,它的基础是事实而不是理论,因此在写作时,必须以事实为基础,不可有任何虚构或模棱两可、含糊其词的地方。当然新闻报道的事实还要有价值,选择的事实越典型,新闻报道价值就越高。

2. 时效性

新闻讲究时效性,写作要及时迅速,这样才能有吸引力,起到有效传播信息的作用。新闻的时效是新闻报道价值的体现。

3. 简洁性

新闻区别于其他文章体裁的最明显的特点就是其语言的简洁,即用最简洁的文字,写出充实而精彩的内容。

4. 思想性

即新闻所报道的事实要有较深刻的思想意义。

(三)公关新闻写作的基本要求

第一是真实,既要讲究生活真实,又要讲究本质真实。

第二是精炼,新闻一般篇幅短小,惜墨如金。

第三是快速,要迅速及时地报道组织新近发生或发现的事实。

第四是鲜活,要做到事实新鲜、角度新颖、生动活泼、引人入胜。

对于公关新闻来说,除了符合以上四个标准外,还必须同时满足以下三项要求:媒体注意、组织满意、公众乐意。

所谓"媒体注意",即所报道的内容必须紧紧与新近发生的事实相关联,切不可以报道新闻事实为由头,占用大量的篇幅来报道和宣传组织,这样做无异于广告,很少会被媒体采纳。

"组织满意"就是要求所报道的内容与组织息息相关。将组织要宣传的内容巧妙地表现在文章当中,达到传播新闻和宣传组织同步的效果。

要想做到"公众乐意",必须使所报道的事实与公众利益紧密相连,这是引起公众注意的最重要的一点。无论是哪类新闻,首先应该想到的是组织这样做对公众有什么好处,然后把它写出来,只有这样才能吸引公众的关注。

二、公关新闻的结构和写作

(一)消息的写作

消息一般由标题、导语、主体、结尾和新闻背景材料组成。

1. 标题。标题是对新闻的主旨或内容的提要,用以吸引读者,帮助读者阅读。消息的标题与一般文章相比,显得更重要,形式更多样,有引题、主题、副题,可灵活运用。主题,是消息中心的概括或主要事实的说明;引题,往往用来交代形势,说明背景,烘托气氛,揭示意义,引出主题;副题,常用以补充交代事实,或说明事件的结果,有时也用来说明主题的来由或依据。

2. 导语。导语是消息的开头部分,可以用一句话,也可以用一个自然段。一般是简明扼要地叙述最新鲜、最主要的事实或综合介绍全文的基本内容,使读者先获得一个概貌。这种写法称叙述式,是报纸上最常见的导语的写法。此外,还有把主要的事实用提问方式写出来的提问式导语,对主要事实或某一有意义的侧面作简朴描述的描写式导语,把结论放在开头的结论式导语等。

3. 主体。主体是消息的主干,它要对报道的事实作具体的叙述和进一步的说明,要用充分的、有说服力的事实材料表现新闻的主旨。对材料的安排,可按时间顺序写出事件的发展,或按空间位置的转换组织材料,或依据事物的逻辑联系来安排层次。主体中的材料,要同导语部分密切联系,导语里采用的事实,主体部分要加以说明、补充,但要避免重复;导语里提出的问题,主体部分要运用材料回答、解决。

4. 结尾。结尾是消息的最后一句话或最后一段文字,一般是指出事物发展的趋势或对报道内容做概括式小结;有的则提出作者希望等。其形式要服从社会生活的需要,消息的结构较为灵活。

5. 新闻背景材料。背景材料是指消息发生的历史条件和环境的材料,一般来说,消息写作中往往用背景材料来烘托、深化主旨,帮助读者认识所报道的事实的性质和意义。背景材料包括对比性材料、说明性材料和注释性材料。对这些材料的运用要从实际报道的内容出发,要从是否有助于阐明主旨,说明事实的来龙去脉出发,决定用或不用,或穿插于导语、主体、结尾中。

(二) 通讯的写作

通讯是运用叙述、描写、抒情、议论等多种手法,具体、生动、形象地反映新闻事件或典型人物的一种新闻报道形式。它是记叙文的一种,是报纸、广播电台、通讯社常用的文体。

1. 通讯的特点

一般来说,通讯有四大特点:

(1) 严格的真实性。

(2) 报道的客观性。

(3) 较强的时间性。

(4) 描写的形象性。

2. 通讯的种类

(1) 按内容分,通讯一般分为人物通讯、事件通讯、概貌通讯、工作通讯。

(2) 按形式分,通讯分为一般记事通讯、访问记(专访、人物专访)、小故事、集纳、巡礼、纪实、见闻、特写、速写、侧记、散记、采访札记。

3. 通讯的写法

通讯写作的步骤一般分为如下几步:首先是立意,确立主题。立意就是确定思想,提炼主题,立意的过程也就是找角度的过程。其次是确定结构。可以运用按时间顺序来写的纵式结构,按逻辑顺序来写的横式结构,也可用纵横结合的结构。然后选取材料。要选择最能再现人物或者事件本质的材料,事例有代表性,这样的事例就是典型事例。接着是明确语言表达方式和表现手法。通讯的语言要具体,不要抽象,尽量少用形容词和数字,可以多用动词和群众语言。最后是着笔写作,要注重创新写法。多做细节描写,多做环境的描写,把人物放进环境中去。写作时可以先分好几个小层次,做好小题目,分块去写。

通讯的写法灵活多样。可描写,对人物事件进行细致入微的刻画;可抒情,抒发作者的爱憎之情;可议论,对人物事件发表看法、评价,增强作品的思辨色彩,议论时注意精辟,切忌冗长;可叙述,顺叙、倒叙、插叙、详叙、略叙(概叙)等等。

通讯由标题、开头、主体和结尾组成。

(1) 标题:消息标题往往"一语中的",且是结构完整的句子;通讯标题形式多样,可以简练到非完整的句子。消息常用多行标题;通讯一般是单行标题,如果用双行标题,采用附加破折号的形式。消息标题中不采用破折号,是两者的一大形式区别。

(2) 开头:通讯的开头,就叫开头,不叫导语。导语是消息专有的,但通讯的开头同样有着它的重要性、多样性。

(3) 主体:通讯的主体就是主要内容。

(4) 结尾:通讯结尾常用三种写法:

① 总结全篇,深化主题。

② 蕴涵哲理,发人深省。

③ 含蓄委婉,回味无穷。

事件通讯的写法:事件通讯一般要有一个中心事件,其他人物或事件都围绕这一中心事件展开。要抓住一个或几个关键性场面或情节来写,写好高潮。高潮是矛盾之焦点,是人的思想和行为的"闪光"之处,故应调动多种手法,不惜笔墨,写活写好。

人物通讯的写法:要有时代气息和时代特征,善于展示人物内心世界,显示人格力量,善于通过人物的行动、语言、心理和典型细节等来表现人物。

工作通讯的写法:要有现实针对性,切合当前工作需要,具体、透彻地阐述问题和经验,夹叙夹议,有理有据。

风貌通讯的写法:风貌通讯常见的有"见闻"、"巡礼"、"纪行"、"侧记"等。风貌通讯写作要注重抓住特点、突出"新"和"变",要注意能丰富知识,增添趣味。

小通讯(小故事)的写法:反映现实生活中的一个片断,通常表现一人一事,线索单一而有故事情节,短小精悍,生动活泼。不能写得人物繁多,场面太大,枝节横生,否则就失去"小"的特点。

4. 通讯写作注意事项

第一,主题要明确。有了明确的主题,取舍材料才有标准,起笔、过渡、高潮、结尾才有依据。

第二,材料要精当。按照主题思想的要求选取材料,把最能反映事物本质的、具有典型意义的和最有吸引力的材料写进去。

第三,写人离不开事,写事为了写人。写人物通讯固然要写人,就是写事件通讯、概貌通讯、工作通讯，也不能忘记写人。当然，写人离不开写事。离开事例、细节、情节去写人，势必写得空洞。

第四，角度要新颖。写作方法要灵活多样，除叙述外，可以描写、议论，也可以穿插人物对话、自叙和作者的体会、感受，既可以用第三人称的报道形式，也可以写成第一人称的访问记、印象记或书信体、日记体等。通讯所报道的新闻事实，可以从各个不同的角度去观察，去反映，诸如正面、反面、侧面、鸟瞰、平视、仰望、远眺、近看、俯首、细察……角度不同，印象各异。若能精心选取最佳角度去写，往往能使稿件陡然增添新意，写得别具一格，引人入胜。

（三）新闻发布稿的写作

1. 概说

新闻发布稿是指社会组织或个人在新闻发布会上向媒体宣读的、用于发布自身具有新闻价值的信息的稿件。

一般来讲，新闻发布稿的内容表述比较系统、全面，力求将所发布事项的来龙去脉、前因后果、自身态度等作完整的介绍，即一份好的新闻发布稿，能够涵盖大量有新闻价值的信息，也唯有如此，才能够真正吸引新闻媒体的关注并及时予以传播，进而实现发布新闻的目的。

2. 新闻发布稿的写法

（1）标题。共有四种写法。

① 发布会名称 + 文种名称，如"××发布会新闻发布稿"。

② 活动名称 + 文种名称，如"纪念沈阳建城 2300 年活动新闻发布稿"。

③ 发布内容 + 文种名称，如"淮南市荣获'2009 中国吸引华商投资之最具潜力城市'新闻发布稿"。

④ 正标题 + 副标题，正标题直接写"新闻发布稿"，副标题写发布会名称，如"新闻发布稿——在××新闻发布会上"。

（2）署名

从文本的角度讲，一般在标题的下方写发布人的姓名，姓名前可以写其身份。

（3）日期

即举行发布会的日期，可以写在署名的下方，也可以写在标题之下、署名之上，常用圆括号括入。

（4）称谓

由于新闻发布稿由发布人现场宣读，所以要有称谓，而且要涵盖在座的媒体记者和有关方面的代表，如"各位新闻界的朋友"、"女士们、先生们"等。

（5）正文

新闻发布稿的正文可以依据发布的具体内容和要求安排结构，一般可以由开场白、主体和结束语三部分内容构成。

① 开场白。一般先对与会记者表示欢迎，然后顺势介绍发布会的基本主题，或事件发生的背景，或相关问题的意义等。

② 主体。这是新闻发布稿的核心部分，具体介绍有关情况，如事件的经过和结果、活动的

准备情况、政策的要点、产品的功能与特点等。主体内容要注意选取有新闻价值的材料，要挖掘和抓住"闪光点"，使之主次分明，内涵丰富。同时要注意语言表述严谨客观，语言风格严肃庄重，有说服力。

③ 结束语。结束语可以照应开头、归纳观点、提出希望、表达期望等。最后另起一行以"谢谢大家！"的谢词结束全文。

（四）新闻通稿的写作

1. 概说

新闻通稿是指社会组织在对外发布信息时，为了统一宣传口径而撰写的、提供给新闻媒体供其全文刊发或重新编发的新闻稿件。新闻通稿原是新闻通讯社使用的一种稿类，通讯社在采访到一些重要新闻后，以一种统一的文本发给全国所有需要此稿件的媒体，即新闻通稿。公关新闻通稿的作用、特点等与新闻发布稿相同，但在写法上不采用新闻发布稿那样的讲话稿格式。有时，把新闻发布稿中一些带有组织自身主观色彩的开场白等内容删掉，就可以成为一份新闻通稿。公关新闻通稿也可以在新闻发布会上向媒体分发。

2. 新闻通稿的写法

（1）标题

一般采用新闻消息标题的写作形式，具体可以采用单行标题、双行标题、多行标题。

（2）正文

一般来讲，新闻通稿的正文要求内容全面、信息丰富，特别是细节的丰满和数据的完整，以便于媒体编发时进行删减。在结构安排上多采用总分式结构，即开头总起，概要介绍最基本的信息；主体分项，具体介绍相关的背景、目的、意义、主题、特色、过程、细节、结果等；结尾收束，酌情表明态度、提出希望等，有时会省略结尾。语言表达要避免广告式、口号式、公文式语言。

新闻通稿的另一种写法是与新闻消息完全相同，采用导语、主体、结尾的结构形式，即一般意义上的消息稿，因为用于向媒体统一发布信息，所以称作新闻通稿。

（3）附页

在正文的右下方注明供稿单位、联系方式和供稿日期。

第四节　公关广告与宣传资料

一、公关广告

（一）公关广告的概念

广告是为了某种特定的需要，通过一定媒介物，公开而广泛地向社会传递信息的一种传播手段。广告一词源于拉丁文 advertise，含有注意、诱导和广而告之的意思。现代广告通常分为营销广告和公共关系广告。

营销广告主要传递商品、市场、服务信息，它以盈利为目的，有促进商品流通或劳务销售的作用。

公关广告宣传的内容主要是社会组织自身的经营宗旨、追求目标、人员素质、管理水平、社会声誉等,其主要目的就是树立良好的组织形象,使公众对本组织产生认知、认可,从而与其他社会组织和个人建立起相互信任、相互理解、相互支持的良好关系,创造一个有利于组织发展的良好社会环境。

作为一种公关传播的方式,公关广告主要有组织概况广告、组织理念广告、公益广告、贺谢广告、赞助广告、公关活动广告等类型。

(二) 公并广告的结构和写法

公并广告一般由标题、正文、落款三部分构成。

1. 标题

标题是广告的题目,它的作用是提示广告内容,引起读者的注意。相比影视广告来说,平面广告的标题尤其重要。一个好的标题能够吸引读者、加深印象,起到画龙点睛的作用。常用的标题有直接、间接和综合三种形式。

直接标题一般开门见山,直接了当地把广告的内容、主题告诉读者,使读者一目了然。如:

选品质,选雀巢。(雀巢咖啡)

间接标题不直接点明广告主题,而采用耐人寻味的方法吸引读者的注意,为了启发读者的兴趣,标题大多采用各种修辞手法或哲理丰富、含义深刻的语言。如:

沟通从心开始。(中国移动)

综合标题综合了直接与间接标题两者的特点,既直接点明广告的主题,又配以形象、抒情、哲理的语句,虚实兼顾,表里兼顾,使标题别具一格,产生强烈的效果。如:

每一次相遇,我们都心存感激。未来,就从此刻延续。(日本亚细亚航空公司)

2. 正文

正文是广告的主要内容,是对广告主题的延伸和说明。公关广告正文的写作,要求重点突出,结构紧凑,材料充实,表达清晰。完整的公关广告正文分开头、主体、结尾三部分。开头紧接广告标题,运用概括性、衔接性较强的语句对广告标题提出的事实或问题加以扼要说明或解释,并引出正文的主体内容。如"三九胃泰"的广告,开头运用诗歌的形式简明概括了三九胃泰的成长过程、特点及作用。

风风雨雨十九年,组方全是中成药。
祖国医药新贡献,长期服用最安全。

主体是正文的最主要部分,用关键性的、有说服力的材料或数据对开头提出的事实问题加以论证和说明。它可以介绍组织的整体特征,也可以介绍某个方面的特点,还可以向公众诉求出某种情感。以上面提及的日本亚细亚航空公司的广告为例,它的正文开头和主体是这样的:

> 由于您的关爱,使我们拥有今日成果。对于您的知道,我们由衷感激。而今15年的相处,我们更加了解您的需求。当您走入亚航的新天地,您将感受到由内而外的焕然一新,更典雅的风貌,更体贴的关怀,让您拥有最舒适的航程。

这个主体很有感情地把企业15年庆典之际需要向公众表达的思想感情和企业新的追求有效地传达给广大公众。

结尾是对广告主体内容的延伸和补充,一般都很精练,好的结尾能深化主题思想,并给人以回味无穷的享受。还以日本亚细亚航空公司的广告为例:

> 新的亚航天地,更加精致温馨,诚恳期待您。

3. 落款

落款是在广告正文之后,对公众提供的进一步消息,一般包括广告组织的名称、通讯地址、联系方法等等。落款虽然不是广告的主要内容,但也是公众十分关心的内容,因此要准确、细致,不可出现任何差错。

(三) 公关广告的写作要求

1. 主题突出

公关广告所表现的中心思想,对广告内容起着指导作用,因此要确立主题必须要围绕一定的公关目的,以达到塑造组织良好形象的要求。此外还必须了解传播媒介的特点和公众的心理,以期达到一定的效果。

2. 内容真实

公关广告的内容应突出真实性,要本着对公众负责的态度向社会提供真实可靠的信息,而不能夸大事实,以假充真。广告的内容还应突出思想性,要有益身心健康,而不能追求低级趣味。此外还应注意政策性,不能违反《中华人民共和国广告法》。

3. 构思新颖

公关广告传递信息不能强迫读者去看,因此要使公众接触广告的频率提高,就必须在语言和形式上打破常规,力求新颖,以新奇活泼来吸引公众,达到最好的效果。如某广告主题歌:"世间自有公道,付出总有回报,说到不如做到,要做就做最好",其创意别致,境界高远,一方面适应性广,能在不同场合激励不同的人;另一方面也显示出该企业的理念和追求,使之从众多的同类企业中脱颖而出,让公众刮目相看,从而为自己赢得了市场。

4. 语言简洁

广告受经济和其他因素的制约,字数不宜过长,因此要用最简洁的语言概括广告含义,让

秘书公关原理与实务

读者在最短的时间内了解广告的内容。为了做到简洁明了,首先要注重主题的重点,不可面面俱到。此外要做到简洁明了,还要注意正文部分的层次安排,一些较复杂的信息更要注意条理清晰,段落分明。再者在文中要尽量运用短句和简单句,即使要表达较复杂的内容,也应避免运用冗长的句子,以免读者生厌。

5. 富有形象

公关广告并非一般性介绍性文字,为了吸引读者的注意力,引起兴趣,广告的语言还必须具有形象性,富有艺术魅力。形象化的语言,能营造出耐人寻味的意境,使人产生美好的联想和强烈的心理共鸣,起到良好的作用。因此,在广告中经常使用各种修辞方法,如:

车到山前必有路,有路必有丰田车。(顶真)

臭名远扬,飘香万里。(对比)

公共关系广告是服务于组织长期战略的传播形式。公关广告不同于一般的商业性广告,有其鲜明的主题和特性,它比一般广告更具有思想和内涵。

二、宣传资料

(一) 组织简介

1. 概说

组织简介是组织向外界简要宣传、介绍自身和产品情况的具有传播作用的公关文书。它通过介绍组织的历史沿革、业务范围、经营方针、生产状况、发展远景、未来展望等情况,宣传组织的风貌、观念,促进组织与公众间的传播沟通,让更多的公众了解组织的情况,树立组织形象,提高组织的知名度。

2. 组织简介的写法

(1)标题

标题有四种写法:

① 只写文种名称,即直接以"企业简介"、"公司简介"等作为标题。

② 只写组织名称,如"中国石油天港油田公司"。

③ 组织名称 + 文种名称,如"××公司简介"。

④ 正标题 + 副标题,正标题一般写组织名称,副标题一般使用带有凸显企业特色等的宣传性的概括语句,如"宝鸡石油机械有限责任公司——以至诚之心为人,用唯美标准做事"。

(2)正文

一般由前言、主体和结尾三部分内容构成。

① 前言。对本组织作概括性的介绍,一般简要介绍组织的性质、特点等,引出有关的具体情况的说明。

② 主体。重点对组织的经营方针、策略、范围、场地、产品、业绩等作全面的介绍,通常对组织的经营和主要产品要作重点介绍,目的在于促使公众了解和认同该组织的经营项目和产

品,并根据简介的联络方法建立联系或购买产品。写作中要注重展示亮点。组织简介的写作目的是向社会公众推介自身形象,所以要展示组织最能够吸引公众、唤起公众的需要和兴趣的信息内容,要有闪光点,如组织骄人的业绩等。

③ 结尾。一般以祈盼、呼唤性的语句,表达广交朋友、为顾客真诚服务的愿望,以唤起潜在顾客、合作者的信心和希望。

组织简介的内容必须是客观准确、真实可信的,切忌为了吸引公众而弄虚作假,浮夸吹嘘,唯有做到客观真实,才能使公众按照简介指示的内容与组织交往和合作。组织简介在语言表达上要做到简洁、生动、流畅、上口,同时还可以附上组织景观、主要产品、获奖证书等相关照片,配合文字说明,更具说服力。

(二) 对外宣传册文案

1. 概说

对外宣传册是社会组织对外全面推介自己、弘扬自身形象的传播载体,是组织对外宣传和展示不可缺少的资料,是组织与目标受众沟通的重要桥梁。组织可在领导和嘉宾来考察或参观时奉上一本宣传册,也可以在公共关系活动中分发给参与的公众和记者,具有不可忽视的"名片"效应。对外宣传册的篇幅可以根据社会组织的不同情况、不同需要而定,但一般来讲应当全面介绍组织的有关情况,让读者对这一社会组织有一个全貌式的了解,形成比较完整的印象。

2. 对外宣传册的编写

(1) 构成要素

对外宣传册的构成要素一般包括色彩、文案、图片、表述、视觉符号等,册页可分为封面、目录、正文、封底等。

(2) 基本内容

一本较为规范的宣传册的内页,在文案内容的编排上一般包括:

① 组织理念识别系统(MIS)。这是组织的灵魂,也是整个组织形象识别系统(CIS)的核心和依据。一般将这部分内容置于宣传册内页的卷首,如扉页或最前面的一至二页。这部分内容通常用简明确切、易懂易记的语句来表达。

② 领导人致辞。在组织理念识别系统之后用 1—2 页篇幅安排组织最高领导人如董事长、总经理的致辞。一般是配置一幅能够体现领导人精神风貌的半身照或工作照,并在图片下方或侧旁配上简短精辟的致辞文字,体现领导人的战略眼光和管理睿智,表达对组织发展的战略期待。致辞文字下面,应当有领导人的亲笔签名。

③ 组织的基本情况。一般包括组织的成立时间和历史沿革、员工人数和层次结构、资产规模和主营业务等,要简明扼要,不必展开叙述,一般只用一页篇幅即可。

④ 组织的机构设置。一般是配置一幅让人一目了然的组织结构设置图,介绍组织现有机构框架如决策层、管理层、职能部门、业务部门等,并且清楚揭示其彼此关系。这部分内容往往能引起外部公众的兴趣,因为一个组织结构的设置往往能展示其运作模式和办事风格。

⑤ 组织的业务领域。一般包括主营业务、兼营业务、产品或服务的行业特征和销售对象、

客户的分布范围、经营的主要业绩和增长趋势等。表述时要做到主次分明,多而不乱,显示组织的运作实力和对社会的贡献。

⑥ 组织的技术开发。这项内容不是每一个社会组织都涉及,但对于高新技术企业则至关重要,要突出技术研发的迁延性、实用性等,借此体现其核心竞争力。这部分在表述上要尽量通俗易懂,避免深奥晦涩,因为目标公众不是技术专家。

⑦ 组织的经营管理。一般包括组织的管理理念、用人制度、员工培训、奖惩机制等。组织在经营管理上的特色也是组织对外形象的重要内容,不可忽视。

⑧ 组织的文化建设。一般包括组织在文化建设方面的投入和所采取的措施、员工日常文化活动的开展等。这部分内容的表述要突出自身的特色,不可用一些放之四海而皆准的活动内容来凑数。

⑨ 组织的既得荣誉。主要展示组织历年来获得的表彰和荣誉,可用文字形式列表,也可用照片、图表等来反映。还可包括上级领导视察、参观的照片及领导人和知名人士的题词等。需要注意的是要有所选择地列举既得荣誉。

⑩ 组织的远景规划。在宣传手册的最后部分,可略加介绍组织的中长期发展规划,显示组织的长远追求,让人有所期待。

(3) 文字处理

① 说明为主。对外宣传册的文字表达应当以说明为主,记叙为辅,慎用抒情文字。切忌让华而不实的辞藻淹没真正要传播的信息。

② 力求简洁。对外宣传册的文字表达以把情况交代清楚为尺度,不作铺陈,避免冗长,力求简洁。一些图片如果需要配文字说明也要点到即可。

(三) 公关推介书

1. 概说

公关推介书是指在报刊、网络等媒体上刊登发表的宣传、推荐、介绍推介对象自身、产品、项目等,实现树立良好的组织形象和品牌形象、招商引资等目标的公关文书。推介书是市场竞争的产物,如何在社会公众中树立自身良好的形象,如何开拓市场,是一个组织、尤其是经营性企业不得不思考和实践的问题。推介书就是要通过宣传推介,把组织最有特点的东西、最能满足公众需求的东西展示出来,让公众了解组织、认可组织、接受组织,并产生利益上的互动行为,从而满足各自的需求。

2. 公关推介书的写法

(1) 标题

推介书的标题写法没有十分固定的格式,但一般来讲,标题中都应当写出推介对象,即企业、产品、项目等名称,并提示推介对象的特质,如"胜利油田——全国企业文化示范基地"、"重庆良奇——让柴草变燃气"。也有的标题使用广告宣传式的写法以达到引人注目的目的,如"桃花源里的城市——常德"。还有的采用推介对象+文种名称,如"××风景区旅游项目推介"等。

(2) 正文

推介书因推介对象的不同,正文的写法也呈现多样性。一般来讲,导语部分先对推介对象做总体性的介绍,使读者有一个轮廓性的认识和基本评价,多采用概括的表现手法。主体部分多选取独特的视角,从不同的侧面进行分项介绍,对导语部分进行具体说明,结构上一般采用横向式写法,按照事物的组成要素分条列项去写。

3. **注意事项**

推介书要注意找准切入点,把最具特色、诱惑力和竞争力的地方体现出来,做到重点突出,不必面面俱到。同时,在表现手法、语言风格上要与推介对象的风格相和谐,如推介产品要写得简洁、明确,突出其实用性和实效性。总的来讲,要注意激发受众的阅读兴趣,使宣传推介能够得到受众的积极响应。

(四) 公关解说词

1. **概说**

解说词是配合具体人、事、物的实体或图片、画面等进行解释说明的演说类文书。解说词的适用范围非常广泛,如产品展销解说词、文物陈列解说词、书画展览解说词、参观旅游解说词、体育活动解说词、影视专题解说词等。解说词具有补充视觉和听觉的作用,通过对解说对象的准确描述、恰当渲染来感染受众,加深对解说对象的认知和感受,达到宣传的效果。我们把用于公关目的的解说词和具有明显公关色彩的解说词称为公关解说词,像产品展销解说词、参观旅游解说词等在这方面体现得尤为突出。

2. **公关解说词的写法**

(1) 把握基本的内容要素

从总体上讲,解说词的内容要素主要是与解说对象有关的时间、空间、组成、过程、特征、作用、联系等方面,并根据实际需要强化某些要素。如有的解说词应当根据解说对象的自身特点让受众确切地把握解说对象的时间脉络或空间位置。再如对解说对象的特征解说得越透彻,就越能强化人们对事物的印象等。这里特别要注意,每份解说词的解说对象都有明确的主题指向和说明重点,必须明确应该解说些什么。解说不能面面俱到,而要突出其精粹和关键,提纲挈领,要言不烦。

(2) 选择相应的结构形式

解说词的结构形式随解说对象的不同而变化,如展销会的解说词多采用"总分式"结构,分类介绍展出物品与总体说明会场情况相结合;展览馆的解说词多采用"板块型"结构,以历史沿革为经,以主要成就为纬,划分成若干个"板块";参观旅游的解说词多采用"流动性"结构,移步换景,时移景迁等。解说词必须讲究条理,层次清晰,不能东拉西扯,语无伦次。内容上处理好时间、空间、逻辑等顺序,形式上要节段分明,注意起承转合。

(3) 运用不同的解说方法

解说词的解说方法也视解说对象的差异而变化,如具体的表达方式就呈现多样化。虽然解说词的说明性很强,但是灵活运用叙述、描写、抒情、议论来增强表达效果又非常必要,并且因解说对象的自身特点而有所侧重。在解说词中适当地运用文学的表现手法能够增添生动活泼的情趣。一方面要尽量通俗明白,让人一听就懂;另一方面要努力做到生动形象,让人喜欢。另外,口语与书面语的合理使用都是要考虑的。无论采用哪种解说方法,表述真诚是写好解说词的关键。作者对解说对象爱憎分明、感情真挚、身与物化,写出来的解说词才能够有情有力,感染受众。

思 考 题

1. 概括公共关系常用文书的共有特点。

2. 在报纸上选一篇新闻稿,分析其如何运用新闻稿的基本特征和满足新闻稿特定的写作要求。

3. 试为某组织编写一份公关广告文案。

4. 怎样才能编写出一份有效的组织公关宣传资料?

5. 请你用所学的公关理论、方法,为你所在学校设计一份自我推荐材料。

第八章　专项公关活动的筹办

专项公关活动是指那些程序较复杂、工作难度较大、影响面较广、组织一般需要经常开展的重要公关活动,如新闻发布会、公益与赞助活动、开放参观活动、签约与庆典活动等。专项公共关系活动对提高组织的知名度、美誉度、联络与公众的感情、处理好公众关系很有作用。秘书要负责或参与这些公共关系活动的筹办,理应了解、掌握它们的操作方法。

第一节　新闻发布会

新闻发布会,又称记者招待会,是社会组织向新闻界发布或介绍情况的一种方式。通常由举办新闻发布会的组织邀请有关新闻机构的记者参加,分发书面材料,口头介绍有关情况,回答记者提出的有关问题。

由于新闻发布会上人物、事件都比较集中,时效性又很强,且参加发布会免去了预约采访对象、采访时间的一些困扰,因此容易引起媒体对某信息的关注,使其加以报道。例如某电影首映式,某新产品的发布,澄清传言、解答疑问。非典时期,卫生部多次召开新闻发布会,对于非典疫情做了及时、全面的通报,使公众通过各类媒体的集中报道,了解了最新、最权威的信息,对于控制疫情、疏导公众心理起了关键作用。

一、秘书在新闻发布会前的准备工作

当某一社会组织召开新闻发布会时,秘书应做好会前准备、会中服务和会后总结工作。其中,会前准备工作特别重要,新闻发布会能否顺利、有效地进行很大程度上取决于秘书能否细致、周到、合理地进行筹备。秘书要认真研究组织召开新闻发布会的意图、目标,制定工作方案,经过领导批示后,再进行有关材料、物品等的准备。

(一) 标题的确定

新闻发布会一般针对对组织意义重大、媒体感兴趣的事件举办。每个新闻发布会都会有一个标题,这个标题会出现在关于新闻发布会的一切表现形式上,包括请柬、会议资料、会场布置、纪念品等。在选择新闻发布会的标题时,一般需要注意以下几点。

1. 控制新闻发布会标题的字数。我国对新闻发布会是有严格申报、审批程序的,对组织而言没必要如此烦琐,可把发布会的标题定为"××信息发布会"或"××媒体沟通会"。

2. 最好在发布会的标题中说明其主旨内容。如:"×××公司2013新品发布会"。

3. 通常情况下,需要列出会议举办的时间、地点和主办单位。这个可以在发布会主标题

下以稍小字体的方式出现。

4. 有时，可以为发布会选择一个具有象征意义的标题。这时一般可以采取主题加副题的方式。副题说明发布会的内容，主题表现企业想要表达的主要含义。如"海阔天空——五星电器收购青岛雅泰信息发布会"。

（二）时间的选择

新闻发布的时间通常根据组织传播信息的需要和多数媒体新闻播出或刊出的时间而定，避开周末休息日。一般来说，发布会尽量不选择在上午较早时间或晚上。

有一些以晚宴酒会形式举行的重大事件发布，也会邀请记者出席。但应把新闻发布的内容安排在最初的阶段，至少保证记者的采访工作可以比较早地结束，确保媒体及时发稿。

在时间选择上还要避开重要的政治事件和社会事件，媒体对这些事件的大篇幅报道任务，会冲淡企业新闻发布会的传播效果。

（三）地点的安排

场地一般选择在室内，也可以选择户外（事件发生的现场，便于记者拍照摄像）。根据发布会规模的大小，室内发布会可以直接安排在企业的办公场所或者选择酒店。

酒店有不同的风格、定位，选择酒店的风格要注意与组织的规模形象相匹配、与发布会的内容相统一。还要考虑地点的交通便利与便于寻找，包括离主要媒体、重要人物的远近，交通是否便利，泊车是否方便等。

发布方在寻找新闻发布会的场所时，还必须考虑以下的问题：

1. 会议厅容纳人数、主席台的大小、投影设备、电源、布景、胸部麦克风、远程麦克风、相关服务、住宿、酒品、食物、饮料的提供，价格，是否有空间的浪费等。

2. 背景布置。主题背景板，内容含主题、会议日期，有的会写上召开城市，颜色、字体注意美观大方，颜色可以企业 VI 为基准。

3. 酒店外围布置，如酒店外横幅、竖幅、飘空气球、拱形门等酒店是否允许布置，当地市容主管部门是否有规定限制等。

（四）席位的摆放

发布会一般的摆放方式即主席台与台下的课桌式摆放。主席台人员确定后需摆放席卡，以方便记者记录发言人姓名。摆放原则是"职位高者靠前靠中，自己人靠边靠后"。

现在很多发布会采用主席台只有主持人位和发言席，贵宾坐于台下第一排的方式。一些非正式、讨论性质的发布会是圆桌摆放式。

摆放回字形会议桌的发布会现在也出现得较多，发言人坐在中间，两侧及对面摆放新闻记者坐席，这样便于沟通。同时也有利于摄影记者拍照。

须注意席位的预留，一般在后面准备一些无桌子的坐席。

（五）其他道具和提供媒体物品的准备

最主要的道具是麦克风和音响设备。一些需要做电脑展示的内容还包括投影仪、笔记本电脑、联线、上网连接设备、投影幕布等，相关设备在发布会前要反复调试，保证不出故障。

新闻发布会现场的背景布置和外围布置需要提前安排。通常可在大堂、电梯口、转弯处设立导引指示欢迎牌,酒店一般有这项服务。

提供给媒体的资料一般以广告手提袋或文件袋的形式,整理妥当,按顺序摆放,在新闻发布会前发放给新闻媒体,具体包括:①会议议程;②新闻通稿;③演讲发言稿;④发言人的背景资料介绍,包括头衔、主要经历、取得成就等;⑤组织宣传册和产品说明资料;⑥有关图片或影视材料;⑦组织新闻负责人的名片,主要用于新闻发布后记者进一步采访、新闻发表后寄达联络;⑧空白信笺、笔;⑨纪念品或纪念品领用券。

(六) 发言人的确定

新闻发布会也是组织相关人员同媒体打交道的一次很好的机会,值得珍惜。代表公司形象的新闻发言人对公众认知产生重大影响,如其表现不佳,组织形象无疑也会令人不悦。

新闻发言人一般应有以下几方面的条件:

1. 在组织身居要职,有权代表公司讲话。一般是最高管理者、相关事件的负责人、股份制公司的董事会秘书、政府办公室秘书长、专职新闻发言人、公关人员。

2. 良好的表达能力和仪表。发言人的知识面要丰富,要有清晰明确的语言表达能力、倾听的能力及反应力。外表包括着装整洁、大方得体。

3. 执行原定计划并加以灵活调整的能力。

4. 有现场调控能力,可以充分控制和调动发布会现场的气氛。

(七) 回答记者提问的准备

在新闻发布会上,通常在发言人进行发言以后,有一个回答记者提问的环节,可以通过双方的沟通,增强记者对整个新闻事件的理解以及对背景资料的掌握。有准备、亲和力强的领导人接受媒体专访,可使发布会所发布的新闻素材得到进一步的升华。秘书应协助领导做好这方面的准备。

在答记者问时,一般由一位主答人负责回答,必要时,如涉及到专业性强的问题,可由他人辅助回答。

发布会前秘书要准备答记者问备忘提纲,并在事先取得一致意见,尤其是主答和辅助答问者要取得共识。

在发布会的过程中,对于记者的提问应该认真作答,对于无关或过长的提问则可以委婉礼貌地制止;对于涉及到组织秘密的问题,有的可以直接、礼貌地告知是组织机密,一般来说,记者也可以理解,有的则可以委婉作答,不宜采取“无可奉告”的方式;对于复杂而需要大量的解释的问题,可以先简单答出要点,邀请其在会后探讨。

有些秘书喜欢事先安排好媒体提问的问题,以防止媒体问到尖锐、敏感的问题,这种做法一般不宜采取,以免给媒体记者造成不良形象。

(八) 邀请媒体

邀请媒体的技巧很重要,既要吸引记者参加,又不能过多透露将要发布的新闻。在邀请媒体的密度上,既不能过多,也不能过少。一般组织应该邀请与自己联系比较紧密的领域记者参加,必要时应关照摄影记者一起前往。

邀请的时间一般以提前 3 到 5 天为宜,发布会前一天可做适当的提醒。联系比较多的媒体记者可以采取直接电话邀请的方式,相对不熟的媒体或发布内容比较严肃、庄重时可以采取书面邀请函的方式。

此外,在邀请媒体的过程中必须注意,无论秘书与某些媒体的记者多么熟悉,在新闻发布会之前,重大的新闻内容都不可以透漏出去。

一定需要邀请新闻记者,而不能邀请媒体的广告业务部门人员。有时,媒体广告人员希望借助发布会的时机进行业务联系,并作出也可帮助发稿的承诺,此时必须回绝。

二、新闻发布会的误区

(一)没有新闻的新闻发布会

很多时候,组织并没有重大的新闻,但为了保持一定的影响力,证明自己的存在,也要时不时地开个发布会。造成的后果是,组织虽然花了不小的精力,但几乎没有收成。新闻性的缺乏使得组织者往往在发布会的形式上挖空心思、绞尽脑汁,效果却未见得理想。如果过于喧宾夺主,参会者记住了热闹的形式,却忘记了组织者想要表达的内容。有些记者则可能发现没有值得报道的新闻,就提前离开,组织在记者心目中的信誉也会受到影响。

(二)新闻发布的主题不清

有的组织从自身立场出发,主办者恨不得把它的几代光荣史一股脑地端上去,告诉媒体什么时候得了金奖,什么时候得到了认证,什么时候得了第一,什么时候捐资助学……但是偏离了主题的东西在媒体眼中形同废纸。

又有的组织在传播过程中,生怕暴露机密,凡涉及到具体数据时总是含含糊糊,一谈到敏感话题就"环顾左右而言他",不是"无可奉告"就是"正在调查"。这样一来,媒体想知道的,组织没办法提供;媒体不想关心的,组织又不厌其烦。

三、新闻发言的技巧

(一)了解和总结希望传递的核心信息

发言人往往因为头脑中积聚太多企业信息而不能清晰、有效地将信息传递。所以在新闻发言或接受采访前,秘书必须帮助发言人整理思路,结合记者的需求和组织的传播目标来考虑信息的制定,使信息更有针对性和吸引力。

(二)杜绝谎言,只讲真话

公关的真实性必须体现在新闻发布活动中,从而建立和维护组织的信誉。对于记者来说,真实也是极其重要的。如果发言人的虚假发言成为造成记者报道失实的原因,将很难重建双方的信任。

(三)强调重点,表述清晰

一个优秀的发言人总会有一个讲话的重点,一个完整的故事,他非常清楚要讲些什么。这样,记者和公众也会很容易回忆起发言人所提及的信息。要将组织的信息传递给受众,如果不能清晰且有所侧重地进行表述,记者也很难"吃透重点"。

(四)真诚地表达

落实在记者笔下的文字不仅仅是发言人的讲话内容,还包括眼神、手势、语气等。如果发言人说组织很关心一个问题,然而他本人的发言听起来或看起来却是一副事不关己的态度,记者必然会察觉出来,并且很可能反映在发布会的报道里,这样,公众就不会相信组织。所以,发言人和他所传达的信息应该合二为一。

(五) 控制主动权

发言人不应总是等到被提问才开始讲想说的内容。如果有一个重要的信息需要传达出去,就要立即付诸实施。发言人应善于将记者的提问引到自己想说的问题上,比如,当记者提出一个问题的时候,他可能会这样回答:"这是个有趣的问题,但更有趣的问题是……"随后他会提出自己要说的问题,并做出回答,这样才能掌控会场,不被记者牵着走。

附:某市中秋国庆记者招待会方案(某市人民政府办公厅制订)

为答谢中央、境外、外省驻×媒体以及省市媒体对我市各项工作的关心和帮助,特别是在环境综合整治"五大工程"和打违工作中提供的舆论支持,×市人民政府定于2010年9月19日下午举行中秋国庆记者招待会。

一、时间

2010年9月19日(星期日)下午16:00—17:30

二、地点

××酒店(五洲厅)

三、主持

市委常委、市政府副市长××

四、邀请媒体(76人)

(一)驻×媒体(29人)

1. 人民日报××分社:××社长××记者

2. ……

(二)省属媒体(30人)

略

(三)网络媒体(7人)

略

(四)市属媒体(10人)

略

五、出席领导(42人)

略

六、会议议程

(一)主持人介绍媒体、领导和嘉宾;

(二)播放"五大工程"和打违工作专题片(15分钟);

(三)副市长××通报"五大工程"和打违开展的情况(10分钟);

(四)××日报总编××发言(10分钟);

（五）人民日报××分社社长××发言（10分钟）；

（六）新华社××分社社长××发言（10分钟）；

（七）省委宣传部副部长××讲话（10分钟）；

（八）市长××讲话（15分钟）。

七、晚宴（五洲厅）

市委常委、宣传部部长××致祝酒词

八、会务安排

（一）记者招待会会务由市政府办公厅、市委外宣办（政府新闻办）、市"五大工程"办共同负责；

（二）"五大工程"办负责撰写××副市长通报稿；负责制作多媒体专题片；

（三）市委外宣办（政府新闻办）负责邀请媒体领导、记者；负责邀请省委宣传部领导并撰写讲话稿；负责撰写××常委祝酒词；

（四）市政府研究室负责撰写××市长讲话稿；

（五）政府办公厅新闻信息处负责撰写主持词；联系特邀嘉宾；

（六）政府办公厅一处负责联系通知市领导、市政府办公厅领导、部门领导；

（七）市接待办、政府办公厅一处、新闻信息处、"五大工程"办共同落实会议场地布置，安排宴会。

联系人：政府办公厅新闻信息处长××，电话：略

市委宣传部新闻出版处××，电话：略

二〇一〇年九月二日

第二节　公益活动与赞助活动

公益活动和赞助活动是相互关联的两种公关专项活动，是目前社会组织特别是一些经济效益比较好的企业用来扩大影响、提高美誉度的重要手段。

一、公益活动与赞助活动的联系

公益活动是组织不计眼前利益，主动发起、实施有关社会公众的福祉和利益的专项活动，或者赞助、支持社会公益事业的公共关系实务活动。

赞助活动是社会组织为其他社会组织或活动无偿地提供资金或物质支持等，以获得一定形象传播效益的公共关系专题活动。

公益活动与赞助活动有一定的联系和区别。按照一般的理解，"公益"指社会的公共利益、对公众有益的事，多指卫生、救济等公众福利事业，这就限定了组织开展公益活动的范围。公共关系的赞助活动以公益事业居多，这类赞助是以资金、物资（场地、设备、产品等）来支持公益事业的活动，此外还有对其他公众或事业的赞助活动。

组织开展的公益活动除了通过赞助的形式开展以外，还包括由作为公关主体的社会组织

发起和组织实施的公益活动,这类活动组织在其中唱主角,不仅要投入资金,而且需进行全面的计划及提供服务等。

因此,公益活动与赞助活动都是对社会和组织有利的好事,两者在活动内容上彼此交叉,在操作方法上有很大的相似性,通常不需做十分明确的划分。

二、公益活动与赞助活动的基本作用

(一)赢得良好声誉

组织开展公益活动和赞助活动,可以协助政府及其他有关公众解决某些问题,为各类组织的不断发展创造和谐的社会环境,在保持社会繁荣和稳定发展等方面起着积极的作用。有人把这种从社会赚取的钱用于社会的现象,称之为"利润还源",它体现了组织助人为乐的高尚品质和关心公益事业、勇于承担社会责任、为社会无私奉献的精神风貌,能够给公众留下可以信任的良好印象,从而赢得公众的赞美和良好的声誉。因此,越来越多的营利性组织纷纷将部分收益回馈社会。

(二)融洽社会关系

组织开展公益活动和赞助活动,多数是对社会公益事业、福利和慈善事业的赞助,借助于这些活动,有利于公众对组织机构的了解,能够加深与公众之间的感情,密切与社会公众的联系,融洽社会关系。美国宝洁公司最初就是通过赞助"肥皂剧",在家庭主妇中培养了良好的感情而声誉大增。

如在 20 世纪 70 年代,日本轿车在印度尼西亚不受欢迎。对此,日本汽车企业在印度尼西亚开展了一系列公益活动,如赞助慈善事业,从而改变了在印度尼西亚的贸易环境,到 20 世纪 80 年代初,印度尼西亚的轿车大多数都是日本货。

(三)扩大社会影响

组织开展公益活动和赞助活动,可以配合其他公关活动和广告攻势,扩大组织的知名度和影响力,新闻媒体也愿意为这类活动做宣传,从而提高组织正面形象的曝光率,扩大社会影响。公众还会从对组织的良好印象,联想到组织产品或其他方面的良好形象。一些以提供组织产品或服务为手段的公益活动和赞助活动,更是为产品的营销推广产生直接的影响。

如广东"健力宝"集团,其前身是一个小酒厂,1983 年产值仅为 130 万元。1984 年 7 月生产健力宝饮料,当年为时隔多年重新参加奥运会的中国体育代表团提供专用饮料。在这届奥运会上,中国体育健儿取得了 15 块金牌的好成绩。"健力宝"通过赞助活动在海外名声大噪,在中国人心中更具有功不可没的地位,为企业树立起一个令人交口称赞的形象,经济效益大大提高,成为国内知名的大企业。

三、常见的公益活动和赞助活动项目

(一)体育活动项目

体育活动拥有广泛的观众,往往也是新闻媒体报道的对象,对公众的吸引力比较大。因此,体育活动往往是社会组织公益或赞助活动的重要选择。常见的有开展或赞助某一项体育运动、某一次体育比赛和赞助体育设施的购置等多种方式。例如,服装公司为体育代表赞助服装,饮料厂为体育代表团赞助比赛期间的饮料。

（二）文化生活项目

文化生活是社会生活的重要内容之一。组织进行文化生活方面的公益和赞助活动,不仅能够促进文化事业的发展,而且可以丰富公众的生活内容,培养和加深公众感情,还能借文化活动项目提高组织的文化形象。具体项目包括:大型联欢晚会、文艺演出、影视节目等文化活动的组织实施或赞助实施;文化节日的创办或参与;对科学与艺术研究、图书的出版和文化艺术团体等文化事业的赞助等。

（三）教育事业项目

教育是立国之本,发展教育事业是国家的基本战略。社会组织对教育事业的支持,不仅有利于教育事业的发展,而且有利于融洽与教育单位的关系,有利于组织的人才招聘与培训,有利于树立社会组织关心社会教育的良好形象。常见的公益活动方式有:

1. 赞助学校的基本建设,如图书馆、实验楼等的建设,或者为贫困地区建校办学、修缮校舍或场地。

2. 设立学校专项经费,如专项科研基金和奖学金等。

3. 赞助教学用品,如设备、器材和图书资料等。

4. 组织开展或赞助实施学术理论研究活动。组织可以自己设立机构,也可以长期支持某些学术研究机构的研究活动。社会组织赞助学术理论活动,既可以利用学术理论活动在公众中的影响,提高社会组织的知名度,又有利于得到专家的咨询和建议,从而改进社会组织的工作。

（四）社会福利和慈善项目

组织可以有计划地针对社会弱势群体设立专项公关活动,比如,开展义务服务活动、创办残障人士学校、农民工就业辅导、开展"留守儿童"的联谊活动等。也可以进行社会福利和慈善事业的赞助,比如,出资参加社区市政建设,赞助养老院、福利院、公园、少年宫,在一些地区或单位遭受灾难时提供资助等。

此外,还可以赞助设立专项奖励基金,如医护人员奖、发明家奖、见义勇为奖等。例如,上海雅虎制药股份有限公司在非典期间,经卫生部、民政部批准,协同中国医师协会和中华护理学会,共同发起并成立了抗击非典殉职医务人员子女助学基金管理委员会,为因抗非典殉职医务人员的子女提供受教育的费用,帮助他们顺利完成小学到高中的学业,以此表达全社会对为抢救非典病人不幸以身殉职医务人员的敬意和关爱。

（五）自然环保项目

随着自然和环境问题的日益严重、公众环保意识的逐步提高,自然环保项目成为越来越多的社会组织开展公关活动的重要方向。常见的形式有:开展群众性环境教育,倡导绿色文明、低碳生活,传播具有中国特色的绿色文化;赞助环保事业;开展独具创意的自然环保公益活动等。

总之,公益活动和赞助活动形式很多,作用越来越大,秘书人员应根据社会需要和组织能力,认真搞好组织的公益活动。

四、公益项目或赞助对象的确定

社会需要赞助的事项和可以做的公益活动有千千万,而一个组织的能力是有限的,样样都想参与,这不但是组织所承受不了的,而且力量分散,效果很差。组织需要根据自身情况,集中力量,以获得目标公众的注意和赞赏。

(一) 检验赞助对象的自身形象

目前,社会拉赞助者众多,鱼龙混杂,组织应加以仔细鉴别。秘书人员要充分调查了解拟选赞助对象的情况,包括被赞助组织的业务内容、社会信誉、公众关系状态、面临的问题等,进而进行选择。赞助对象首先要合法,其次,该组织或社会活动应具有良好的社会声誉和积极广泛的社会影响,以保证赞助活动取得良好的社会效益。否则,不仅不利于实现赞助活动的目的,反而会损害组织形象。

(二) 选择与组织形象相关联的公益与赞助项目

对公益和赞助项目的选择应依据组织的性质和形象塑造的需要来决定,这样才能使公益活动和赞助活动与组织公关形象相得益彰,达到事半功倍的效果。

如万宝路的组织形象是男子汉的英勇无畏和粗犷豪放,它所赞助的刺激惊险的 F1 方程赛正好迎合了这一点。"化工巨人"杜邦公司协助中国国家环保局和中华全国新闻工作者学会,举办"杜邦杯中国环境新闻奖"评选活动,与其倡导环境保护的一贯主张相吻合,有效地避免了公众对其形成"化工破坏环境"的片面印象。

再如,中国平安保险公司曾组织"中国少年儿童平安行动"大型公益活动,活动内容的许多方面都与平安保险公司的形象一致。比如活动口号为"我自护、我平安",活动歌曲为《少儿平安歌谣》《平安歌》等;活动形式包括:少年儿童系列安全知识讲座、安全隐患曝光、少年儿童自我保护知识竞赛、"平安娃娃"自护夏令营、安全知识电视决赛等等。这样,平安保险在向社会传递爱心与善意的同时,又将组织的价值观、形象宣传了出去。

(三) 抢占先机或独创项目

组织赞助之前要对各种活动信息加以分析筛选,善于从中去发现适合的赞助项目,然后迅速出击,抢占先机,即使不是独家赞助,也能使公众形成先入为主的印象。从媒体的报道规律来讲,媒体通常也更愿意报道第一个赞助单位。

选择那些别人没有关注而又很有意义的项目进行赞助或开发独特的公益活动,也容易给受众留下深刻的印象,如四通集团赞助"中学生国际奥林匹克科技竞赛"、阿迪达斯赞助"青少年街头篮球挑战赛",都具有独辟蹊径的效果。

守株待兔不是上策,主动出击创立这样的项目,更能制造机会。从这个角度讲,由组织主办公益活动比赞助活动更高明。如海尔公司投资近千万元,为 139 个县的农民送映电影一万场,并广泛赠送实用性、指导性强的《农村手册》,既增强了对农民的凝聚力,又在广大的农村市场创造了无穷的销售契机。

2004 年奥运会上,中国品牌李宁赞助了西班牙篮球队的队服。在中国队对西班牙队的篮球赛中,中国队身着耐克运动服,而西班牙队身着李宁的服装出场,成为人们谈论的话题,也向公众展示了李宁公司立志成为世界性品牌的雄心。但是在2008年奥运会中,很多中国企业由于没有经验,循规蹈矩,开展的活动太普通,没有让公众留下深刻的印象,公益性十足而双赢不够,十分可惜。

(四)要坚持长期性和节奏性

2002年,"金六福酒"赞助的中国足球队首次打入世界杯决赛圈,金六福就成了庆功酒的代名词。在2004年奥运会中金六福进一步强化这一概念。此后很多重大的喜庆活动中都有金六福的身影,使庆功酒成为品牌形象的定位。

由于赞助活动和公益活动是以心理效应为主,各种效果只有经过长期不懈的努力才能实现,很难一蹴而就。因此赞助活动和公益活动贵在坚持,无论是活动项目还是赞助对象都要保持相对稳定,使之形成传统和规模,切忌朝三暮四。

五、筹办公益活动与赞助活动的注意事项

社会组织的公益活动与赞助活动作为一种投资行为和宣传方式,具有较强的政策性与技巧性,秘书在实际操作中必须注意以下具体事项:

(一)做好专项调研和政策、规划的制定

秘书人员首先要协助组织管理层,制定本组织开展公益活动和赞助活动的总体政策,即通过调查了解组织的公众关系现状、目标和经济能力,决定年度公益活动和赞助活动的金额,制订切实可行的专项活动政策。在此基础上经过进一步调研,确定一定时期内这类专项活动的目标、项目选择方向等。

(二)着眼于社会效益,真诚地做公益

任何公关活动都需要进行成本效益的分析,来选择和决策活动项目。对于公益活动与赞助活动,秘书要对组织的赞助成本(组织付出的全部财力、人力、物力)与综合效益(活动可能获得的经济效益与社会效益)进行分析比较,并在社会效益和组织的长远利益上给予更大的权重。在选择赞助的活动项目上,一般地说,要优先赞助社会公益事业,以获得公众的普遍好感。

活动执行过程也要注意其社会影响,公益活动和赞助活动尤其要注意减少功利色彩,切忌只顾眼前得失,斤斤计较,甚至借公益来促销,这样反而会损害组织形象。比如,在组织赞助或发起的公益演出活动上,作为出资者的组织领导可能会上台讲话,这时就要注意讲话的语气和内容,决不能夸夸其谈组织的"高尚",或假惺惺地同情赞助对象,有意带上组织和产品广告,令人反感。

(三)在赞助活动中争取一切有利的宣传机会

赞助活动的一般做法是:由赞助单位支付一定的款项或物资给赞助活动的主办单位或直接受赞助的单位,而赞助单位则可以借助赞助活动进行一系列的公关宣传活动。其中关键是要把握支付赞助费前审查赞助活动合约的有利时机,尽量争取活动中的一切宣传机会。这是参与赞助活动前最重要的具体工作,也是赞助者掌握主动权的最有利时机。秘书人员应弄清所赞助活动的一切具体细节,掌握活动中所有宣传活动的安排情况,根据这些情况有目标、有计划、具体地为组织提出自己的方案,与主办单位或受赞助单位进行商谈,力争把本组织的宣

传安排得科学合理。

这些问题都需要在签约前讨论清楚,并取得对宣传计划安排的一致认可。如果盲目签约,事后再提出要求就不容易得到满足。即使通过争取得到满足,也常会增加与主办单位(或受赞助单位)的误解或矛盾。

第三节　开放参观与展览活动

一、开放参观活动

开放参观活动是指邀请外部公众或内部公众参观本组织的工作现场、设施等,这是近年来颇为流行的一种公关活动。开放参观活动除了平时可进行外,还可以结合一些特殊时机、配合其他公关活动进行,如组织在开幕式、周年庆典之后组织来宾参观。

(一) 开展开放参观活动的目的

1. 增加组织的透明度

通过开放参观活动,能够让公众了解组织的宗旨、功能、优点、特色,显示组织的存在有利于社会、有利于公众。当组织因为行业性质等原因不被公众所了解时,当组织的某些成就、危机后的处理等需要向公众传播,或组织被公众误解时,常常可以组织开展开放参观活动,邀请相关公众参加,以促进公众对组织的了解。比如,请社区公众参观本组织完善的设施、优良的工作环境、可靠的安全系统,表明组织对社区公众不产生危害,可以取得社区公众的理解、支持。

2. 促进业务

通过组织公众参观组织的厂区、生产流程、产品,让公众产生信任感,便于推销产品、谋求投资,或相互协作、拓展业务,表明组织设备精良、技术先进、管理严格、产品质量优良。如建筑单位为了承接业务,可邀请招标单位参观本组织的设备和已建成的建筑物。

3. 增强员工或家属的自豪感

规模大、地位重要的组织可组织某一所属部门的员工或家属参观组织的全局性设施、先进的设备,使他们感到组织规模的庞大、地位的重要,从而产生自豪感,激发工作热情,或使家属全力支持员工的工作。

(二) 组织参观的操作方法

1. 准备宣传小册子

这类小册子以简明扼要、深入浅出的语言介绍参观内容的概况,要注意配有一定的图表或数据,要考虑到一般公众的文化水平、接受能力,少涉及深奥的专业术语。这种小册子宜在参观一开始时就分发给公众,使公众快速阅读后对参观内容有大致的了解,参观时还可边看实物边对照,能集中注意在观看上,免去了记录的麻烦,并可供公众日后查考。

2. 放映视听材料

有些组织的结构复杂、技术尖端,为了帮助公众理解,在观摩实物前可放映有关录像片、幻灯片或电视片,做简单介绍。

3. 引导观看模型

有的组织规模庞大,设施分布很广,公众不可能每处都去、每物必看,或有些设施不便于公众进入,可以事先制作模型让公众观看。如有不少大学制作有校园全貌模型,公众观看后只需选择几处认为重要的地方实施观看即可。

4. 引导观看实物

由专人引导公众沿着一定路线参观,逐一观摩实物,在重要的实物前,引导者要作演讲,或配备专门的讲解员讲解,讲解时要抓住公众关心的或不易理解的重点,避免长篇大论、滔滔不绝,给人以吹嘘之感让人产生逆反心理。参观主要是以物来传递信息,让公众目击为主,讲解为辅,不能本末倒置。

5. 安排娱乐活动

要注意安排特别吸引人的节目,如表演、展览、比赛、游园娱乐活动等项目。节目的安排,一方面要考虑照顾大多数参加者的兴趣,以及参与度等问题;另一方面要考虑其在活跃气氛方面的作用,做合理安排。有时可考虑安排如乐队演奏之类的节目,穿插在各活动之间,以维持整个开放日的气氛。

6. 中途休息

参观的时间不宜太长,以能在一天中完成为好,在参观路线的中途最好备有休息室,备有茶水,供参观者中途小憩。

7. 分发纪念品

参观过程中可向公众分发一些小型纪念品,最好是本组织制造的、或刻印有本组织名称的纪念物,让公众一见到它就想起组织,引起美好的回忆。

8. 征求意见

观摩实物结束,宜在出口处设置公众留言簿或意见簿,有条件的话,最好请参观者座谈观感、提出意见,便于组织改进工作。

二、展览活动

展览活动是社会组织将某一主题的文字材料、图片或实物等集中展示给公众的一种公关活动,其形式多种多样。如在组织内部长期设置展板、展台或展厅,宣传组织的历史、文化等;配合新产品发布会、看样订货会、开放参观活动等进行的展示;举办产品展销会等。展览内容可以是本组织的信息,也可以是科普宣传等内容。例如,2010 年 6 月,哈尔滨工业大学在哈尔滨中央大街举行了校庆 90 周年系列活动之海外大学宣传日活动,来自海外的 79 所著名大学参展,内容涉及教育理念、办学特色及其所在国家和地区的文化等,既传播了自身形象,又为社区公众提供了一次走近海外著名大学的机会,对于提高广大市民对海外著名大学的认识,提升哈尔滨高等教育的国际化视野起到积极的推动作用。

担负公共关系任务的秘书在举办展览会中应在三方面参与工作、发挥作用。

(一) 准备阶段的工作

1. 协助组织确定展览会主题和基调

主题和基调是一次展览会的主线,它可以将所有展品、文字、图表有机地组合起来,以达到展览的目的,所以,主题必须鲜明。

2. 策划活动内容和方式

展览会是经常被运用的一种公关活动形式,秘书在积累经验的基础上,可以协助领导进行创造性的策划设计,包括展览会开幕式和整个展览过程的设计,力求具有新意,既有利于开拓业务,又有利于树立组织的良好形象,且能使观看者感到是一种享受。如美国通用汽车公司曾举办过一次流动的汽车展览会,主题为"历代汽车进步大游行",该公司将自己最原始的、手摇发动的汽车开始的一代代更新的汽车,依次排列,最后是该公司生产的最新颖的汽车,在大街上组成蔚为壮观的车阵,缓缓行进,使公众直观地了解该公司历史之长、技术之精良,为人类汽车业所作出的杰出贡献并领导世界汽车业新潮流的地位,效果显著。

3. 搜集实物和有关资料

选择精炼、具有代表性的展品,并据此撰写解说词、文字资料,完成脚本,然后物色设计师、美工师和解说员。

4. 开展预展活动

筹备就绪后,举办预展征询各方面意见,并迅速进行修改、补充,使之成熟。

(二)展览会举办期间的工作

1. 接待、陪同重要来宾观看展览会,介绍情况。

2. 收集各方面反馈信息,如参观人数、留言题词、各种意见、报界反应,便于测定展览会效果,并为撰写展览会结束后的总结报告作好准备。

(三)与记者保持联系

预展时应邀请记者采访,使他们有所了解、准备;开幕式时也应邀请记者,并提供一份新闻稿,供他们参考,并为他们提供采访必需的资料、设备、交通工具等方便;展览过程中,秘书要随时提供具有新闻价值的信息,如有需要,应及时举行记者招待会,统一发布信息;对规模大或影响大的展览会,秘书还应当代表组织事先与报社、电视台等新闻单位联系,预定广告版面,争取在展览会开幕前几天刊出或播出。

总之,展览会全过程中,秘书负有和媒体保持密切联系、提供方便的任务,争取事先登出广告、展览过程中发表若干篇新闻稿,结束时刊登出一篇总结性的新闻稿,使展览会的影响尽可能的扩大,有助于组织知名度的提高。

第四节　签约与庆典活动

一、签约活动

签约活动又称签字仪式,是政府、部门、企业之间通过谈判,就某一领域缔结关系协议、条约时举行的仪式。签约活动虽不算是一种纯礼仪活动方式,但由于签约活动往往是访谈、谈判成功的一个标志,是双方正式合作开始的象征,甚至是历史转折的一个里程碑,因此大多遵循比较严格的程序及礼节规范。这不仅显示出签约活动的正式、庄重、严肃,同时也表明双方对缔结条约的重视及对对方的尊重。所以,秘书人员一定要认真筹办签约活动。

（一）准备工作

1. 确定参加签约活动的人员

（1）签约人

签约人是代表一个国家、政府或组织进行签约的人员，所以，签约人的选择十分关键。签约人应视文件性质由缔约各方确定。有由国家领导人签约的，也有由政府有关部门签约的，如不是国家级的项目，是地区之间、部门之间的协议，则由地区、部门负责人签约（一般是法人代表）。但不管是哪一级，双方签约人的身份应大体相当。

（2）助签人

助签人的职能是洽谈有关签约活动的细节并在签约活动上帮助翻阅与传递文本、指明签字处。助签人由缔约双方共同商定。

（3）出席签约活动的人员

出席签约活动的人员应基本上是参加会谈或谈判的全体人员。如一方要求让某些未参加会谈或谈判的人员出席签约活动，应事先取得对方的同意，另一方应予以认可，但应注意双方人数最好大体相等。不少国家与企业为了表示对签约活动的重视，往往由更高级别或更多的领导人出席。

2. 准备签字文本和物品

安排签约活动，首先应是签约活动的准备。负责为签约活动提供待签的合同文本的主方，应会同有关各方一起指定专人，共同负责合同的定稿、校对、印刷、装订、盖火漆印等工作。按常规，应为在合同上正式签约的有关各方，均提供一份待签的合同文本。必要时，还可再向各方提供一份副本。

签署涉外商务合同时，比照国际惯例，待签的合同文本，应同时使用有关各方法定的官方文字，或是使用国际上通行的英义、法文。此外，亦可同时并用有关各方法定的官方文字与英文或法文。

待签的合同文本，应以精美的白纸印制而成，按大八开的规格装订成册，并以高档质料，如真皮、金属、软木等作为其封面。

签约的物品主要是签约用的文具（签字笔、吸墨器等）、国旗、酒及酒具等。

3. 安排签约场地的布置和人员位置

举行签约活动的场地一般根据参加签约活动的人员规格、人数多少及协议中的内容重要程度来确定，一般选择在客人所住的宾馆或东道主组织的会客厅、洽谈室。无论选择在何处举行，都应该征得对方的同意。

签约场地的布置，通常是在签约厅内设置长方桌作为签约桌。桌面上覆盖深绿色的台呢。台呢色彩的选择，还要考虑对方的习惯与忌讳。桌后放两把椅子，座前桌上摆放各方保存的文本，文本前方分别放置签约用的用具。签约各方为不同国家的，中间摆放一个旗架，悬挂签约双方的旗帜，主方国与客方国旗帜悬挂的方位是面对正门主左客右，即各方的国旗须插放在该方签约人座椅的正前方。如签署多边协议时，各方国旗则应依一定的礼宾顺序插在各方签约者的身后。

面对正门主左客右作为双方签约人的座位。双方的助签人员分别站立于各方签约人的外侧。双方其他参加签约活动的人员分主方、客方按身份顺序站立于后排,客方人员按身份由高到低从中向右边排列,主方人员按身份高低由中向左边排列。当一行站不完时,可以按照以上顺序并遵照"前高后低"的惯例,排成两行、三行或四行。

(二) 签约活动的程序

签约活动有一套严格的程序,大体由以下步骤构成。

1. 入场

参加签约活动的双方代表、特约嘉宾及助签人员按时步入签约活动现场,站立或坐在各自的位置。

2. 签约人正式签署合同文本

签约活动开始后,助签人员翻开文本,指明具体的签字处,由签字人签上自己的姓名,并由助签人员将己方签了字的文本递交给对方助签人员,交换对方的文本再签字。

通常的作法是先签署己方保存的合同文本,再接着签署他方保存的合同文本。每个签约人在由己方保留的合同文本上签字时,按惯例应当名列首位。因此,每个签约人均应首先签署己方保存的合同文本,然后再由助签人交换,交由他方签约人签字,其含义是在位次排列上,轮流使有关各方有机会居于首位一次,以显示机会均等,各方平等。

3. 交换文本

签约人正式交换已经有关各方正式签署的合同文本。此时,各方签约人应热烈握手,互致祝贺,并可相互交换各自方才使用过的签字笔,以示纪念。全场人员应鼓掌,表示祝贺。

4. 饮酒庆贺

协议文本交换后,服务人员用托盘端上香槟酒,双方签约人员举杯同庆,以增添合作愉快的气氛。

5. 结束活动

在一般情况下,商务合同在正式签署后,应提交有关方面进行公证,才正式生效。签约活动结束后,双方可共同接受媒体采访。退场时,可安排客方人员先走,主方送客后自己再离开。

二、庆典

庆典是社会组织举行的各种庆祝仪式的统称。

(一) 庆典的分类

就内容而论,庆典仪式大致可以分为四类:

1. 本组织成立周年庆典。通常,它都是逢五、逢十进行的。即在本单位成立五周年、十周年以及它们的倍数时进行。

2. 本组织荣获某项荣誉的庆典。当单位本身荣获了某项荣誉称号、单位的"拳头产品"在国内外重大展评中获奖之后,基本上均会举行这类庆典。

3. 本组织取得重大业绩的庆典。例如千日无生产事故、生产某种产品的数量突破 10 万台、经销某种商品的销售额达到 1 亿元等等,这些来之不易的成绩往往都是要庆祝的。

4. 本组织取得显著发展的庆典。当本单位建立集团、确定新的合作伙伴、兼并其他单位、分公司或连锁店不断发展时，自然都值得庆祝。

就形式而论，庆典主要包括开幕式和节日庆典两种。

开幕式用于组织开业、开工、竣工，新设施落成、奠基，各种展览会、展销会、文艺汇演、电视节、运动会等拉开序幕之际。它是第一次与公众见面、具有纪念意义的事件，是隆重而又热烈的公关活动。

节日庆典是在法定节日，如国庆节、元旦、春节和组织本身的周年纪念日，如校庆而举行的庆祝活动，也包括重要的地区、民族、宗教节日，如泼水节、开斋节等的庆祝活动，它着重于制造喜庆气氛，常运用联欢会、团拜、宴请、文艺演出、舞会等形式。

组织筹备一次庆典，先要对它作出一个总体的计划。秘书如果受命完成这一任务，需要记住两大要点：其一，要体现出庆典的特色；其二，要安排好庆典的具体内容。

（二）庆典的筹办

1. 准备工作

拟出邀请宾客的名单，应包括政府公众（如本市、本区、本局党政领导人）、新闻媒体公众（如报社、电视台记者）、社区公众（如社区负责人、周围各单位的负责人）、消费者公众（如客户、业务往来单位的代表）、内部公众（如员工代表）等。名单呈领导审定后，印制成精美的请柬，并提前三天左右寄送给宾客。

拟定开幕式的程序表，如有必要，印制出来。程序表中应选定致贺词宾客的人选，并提前通知他们作好准备，说明贺词的要求。

为组织领导拟好开幕词、答谢词。

布置好场地，对要坐上主席台或站在第一排的主、客方人员要放好姓名牌或作出醒目的指示。如开幕式是站立举行的，最好在主要来宾站立之处铺设红色地毯，以示尊敬和庄重。准备好音响、照明设备，排列好花篮，使场地显得隆重、热烈。

2. 开幕活动

宾客来临后，要有专人请他们签到，签到簿以红色封面、装帧美观的宣纸簿为宜，请宾客用毛笔签名，既示庄重，又便于作为档案或纪念物收藏。如印制有程序表，即可分发给来宾。

宾客签名毕，由接待人员引导至备有茶水、饮料的接待室，让他们稍事休息，相互结识。

由专人接待记者，为他们提供方便。如系大规模活动的开幕式，则最好设立新闻中心。

开幕式开始前约5分钟，秘书应引导主、宾进入场地，按事先确定的位置入座或站立。

开幕式开始，由主方最高领导和来宾中地位最高者一起剪彩，这时，宜配以热烈的音乐。

由主方、客方先后致辞，无论开幕词、贺辞、答辞均应言简意赅，热情庄重，忌长篇大论。

对开幕式场面摄影、录像、录音，并由主方领导回答记者、来宾提出的问题。

3. 余兴节目

典礼完毕，宜敲锣打鼓、舞狮子、载歌载舞，并播放热烈喜庆的音乐，允许的话可燃放礼花、礼炮，营造喜庆气氛。余兴节目最好由组织的内部员工来进行，有助于增强他们主人翁意识和自豪感。

引导来宾参观,如展览、展销、新商场、厂房、办公楼等,以便让来宾首先了解新推出的事物,也可以设宴招待来宾。

最后,可利用留言簿、召开小型座谈会等形式,征求来宾对新推出事物的意见,加以整理,有利于改进工作、鼓舞内部员工的士气。

从整个过程来看,开幕式并不复杂,时间也不长,然而,它却是组织或新事物的第一次亮相,是否成功,决定着公众对组织的第一印象如何,决定日后公众和组织保持往来还是疏远。所以秘书应精心设计、组织,力求办得热烈隆重、丰富多彩,给人留下深刻而美好的印象。

庆典是庆祝活动的一种形式,应当以庆祝为中心,把每一项具体活动都尽可能得组织热烈、欢快而隆重。不论是举行庆典的具体场合、庆典进行过程中的某个场面,还是全体出席者的情绪、表现,都要体现出红火、热闹、欢愉、喜悦的气氛。唯有如此,庆典的宗旨——塑造组织的形象、显示组织的实力、扩大组织的影响,才能够真正地得以贯彻落实。

思 考 题

1. 什么是公益活动?什么是赞助活动?

2. 秘书在组织开展新闻发布会前应做好哪些准备工作?

3. 策划赞助活动应注意哪些问题?

4. 签约活动的一般程序是什么?

5. 请你为所在学校准备一份校庆典礼活动的策划方案。

第九章 公关危机管理

当前,在各种社会环境等因素的影响下,公关危机事件的发生日益频繁,对组织形象造成巨大的破坏。秘书人员要想维护和建设好组织形象,必须将危机的防范和处理作为其公关工作的重点内容。公共关系的危机管理是一项十分复杂和棘手的专项活动,要求既讲究公关原则,又要有很大的灵活性和随机应变能力,这是对秘书人员公关能力的重要考验。

第一节 公 关 危 机

一、公关危机的涵义与秘书的危机判断

危机指"危险的根由"、"严重困难的关头"。

在公共关系领域里,危机是指突然发生的、可能严重地影响或危及组织机构生存和发展的事件,它在公共关系方面的影响主要是严重破坏组织形象,导致社会组织和公众之间关系的恶化。

公关危机事件可能会对组织生产、经营等多个方面造成影响,同时也必然会带来组织形象和公众关系恶化的危险或潜在危险。若处理得当,则问题会迎刃而解;若处理不当,则有可能使组织遭受巨大的损失,使组织陷入公共关系的危机之中。当组织发生某种危机事件时,秘书人员首先要有敏锐的公关意识,能够从中认识到它在公共关系方面的危机性质,从而运用公关的手段来解决这方面的问题。

例如,尼克松的水门事件,它首先是政治事件和违法案件,但是仅仅用政治和法律的手段是不能解决问题的,因为公众舆论和自身形象的危机还不能解决,而后者恰恰是影响事件发展的决定因素。因此,秘书人员要做好危机公关,首先就要能够从事件中判断出它对组织公共关系的破坏程度是否已经或将要达到危机的程度,果断地识别出哪些是公关危机。

二、公关危机的特征

(一) 突发性

潜在的危机从严格意义上讲,不属于危机事件。公关危机是一种冲击性很强的事件,只有那些来势迅猛、突然爆发的,在极短的时间里被公众广泛关注的组织不良事件,才构成危机。危机何时发生、怎样发生等常常带有极大的偶然性,即使可以估计发生时间的可能性,但却无法确定其发生的具体时间、地点、规模和影响程度。

(二) 破坏性

从组织的角度看,由于突发危机的不确定性和危机造成的连锁反应可能是一个加速发展

的过程,它来势猛、发展快,会从初始的经济损失,发展到苦心经营的品牌形象和组织信誉毁于一旦。而且其破坏力的冲击还具有余波性,即使组织经过一定的努力控制了危机局面,也很难从根本上扭转被动局面,危机给组织留下的"污点"可能在很多年甚至永远都无法洗去。

从社会角度看,它也会给社会公众带来较大的精神恐慌或利益损失。

三鹿牌婴幼儿奶粉事件

三鹿作为中国奶粉生产的领军企业,年销售 100 多亿元。

2008 年 6 月、8 月在一些网站上关于肾病患儿和奶粉相关的信息已有流传。

9 月 9 日,一则标题为"14 名婴儿同患'肾结石'"的报道出现在《兰州晨报》上,随后,湖南、湖北、山东、安徽、江西、江苏等地相继有媒体传出消息称,出现疑似案例。

但三鹿没有在第一时间积极面对媒体和公众。直至 9 月 11 日,《东方早报》率先将矛头指向三鹿奶粉,石家庄三鹿集团公司才发出声明,"经自检发现部分批次三鹿婴幼儿奶粉受三聚氰胺污染,公司决定将 2008 年 8 月 6 日以前生产的三鹿婴幼儿奶粉全部召回"。

但随着三鹿奶粉事件在中国的影响不断扩大,美国食品和药品管理局(FDA)11 日发出警告说,某些来自中国的奶粉将被禁止在美国市场销售。时至今日三鹿奶粉企业高管多人入狱,当地市政府主管领导被免职,三鹿奶粉企业和品牌一夜之间灰飞烟灭。

(三) 舆论的关注性

危机事件可能是由某一个公众引起的,最初是对个别公众造成的影响,但是这类事件往往反映了组织"不可饶恕"的大问题,一经媒体报道,瞬间就会在大街小巷广泛传播,公众出于对正义的捍卫、对受害公众的同情等,会积极参与到舆论中。在公众信息时代,社会大众传媒十分发达,危机产生的危害会快速引起媒体和公众的关注,而媒体对危机事件报道的内容及所持的态度、立场直接影响着公众对危机的态度、立场,公众和媒体相互作用,共同制造高分贝的舆论,给组织解决危机带来更大的压力。

三、公共关系危机的主要类型

(一) 组织的产品与服务缺陷所造成的危机

随着人们生活水平的提高,对卫生、环保、绿色的要求越来越强烈,一旦营利性组织提供给大众的产品存在产品与服务缺陷,对人体的健康、人类的生存发展带来危害,就会成为公共关系危机事件。

例如南京老字号"冠生园"的月饼事件就是典型的此类公共关系危机。"冠生园"将往年没有售销出去的月饼回收后,用陈陷重新制作新的月饼,这一行为被中央电视台记者曝光后,在社会上引起了轩然大波,南京"冠生园"在各方面的压力下被迫停产整顿。

处理此类危机公共关系的首要任务是尽快赔礼道歉以防止敌意的产生和蔓延,宣传已采取的(或将采取的)回收和其他补救措施,以消除消费者的不信任感,尽快挽回商誉,减少业务上的损失。美国的可口可乐公司曾由于消费者在可乐瓶中发现玻璃碎片而遭投诉,可口可乐公共关系部门面对这一事实,及时采取措施回收该批饮料,并刊登广告及时向公众公开承认了错误,同时也宣布了今后的预防措施。由于处理及时得体,成功地控制了事态的发展,避免了一场危机。

(二) 公害问题引起的危机

这类危机指因人为因素引起的环境污染等灾害,如农田和河流的污染、原油泄漏等,经常导致重大的生命财产损失。

1984年美国联合碳化合物公司发生在印度博帕尔的毒气渗漏事件,同年的苏联切尔诺贝利核反应堆泄漏事件,及近年我国一些地方化工厂、造纸厂违规排污,造成周边区域水污染等事件。此类危机事件的发生同样会使企业形象受到很大的影响。作为企业应该尽量在事前利用现代科学所提供的一切可能的手段,以减少和避免对环境的损害,事后要着重考虑如何设法补偿社会的损失,挽回组织的声誉,维护与社会公众的良好关系。

(三) 意外灾难性事件引起的危机

这类危机多指自然灾害,如地震、海啸、泥石流、暴风雪等。一般讲,这类危机属于天灾,组织主体的直接责任不大,关键在于处理是否及时、得当。如1976年我国唐山大地震、1990年厦航在广州白云机场发生的撞机事故、杭州著名购物中心天工艺苑火灾事故等。

意外灾难性事件引起的危机的处理,一是采取公共关系补救手段,尽可能做好善后处理工作,使受损害的公众及社会有关方面感到满意,让人们对组织留下高度认真、负责的印象。灾难事件处理得好会使组织在公众心中留下美好的形象,可以大大提升组织的美誉度;二是做好舆论宣传工作,制止各种谣言流传,确保危机处理有一个较公正、有利的舆论环境。

墨西哥大地震

有一年,墨西哥一旅游胜地附近的火山爆发,引发地震。新闻报道之后,当晚该旅游地的饭店就接到很多游客的电话,要求取消旅游计划,推掉已经订好的房间,当地旅游业面临重大损失。当地人马上请美国著名公共关系公司为其策划应对危机。公共关系专家们来此考察,在飞机上就发现该地区与爆发的火山实际距离较远,旅游区并未受到影响。专家们马上拍了一部电视片:一边是完好无损的旅游区,一边是正喷流熔岩的火山。他们还组织了探险旅游团专程来观看火山爆发。电视片播出后,打消了游客的恐惧心理,不光保留了已有游客,而且吸引了更多前来观看火山喷发的游客。(资料来源:李兴国,《公共关系实用教程》,高等教育出版社)

(四) 舆论的负面报道引起的危机

这种负面报道有两种情况:一种是对组织损害社会利益行为的真实报道,如违章排污、生产的产品有质量问题或不符合卫生标准、内部员工有伤害消费者的言行等;另一种则是对组织情况的一种失真报道,比如由于公众向媒体投诉引起了危机,而实际上被投诉的产品是其他企业生产的假冒伪劣产品,但是媒体没有核实,报道后必然殃及组织声誉。

媒体的舆论导向作用是非常显著的,在某种程度上讲,媒体宣传还起到树立某种社会评价标准的作用,往往直接影响着民众对某种社会现象的评价态度与关注程度。在美国,人们将舆论视为司法、立法、行政三权之外的"第四权力",因此对任何一种舆论负面报道,都必须引起足够的重视。

对前一种负面报道,组织的行为首先要以负责的态度向公众表明对此类事件的改正决心,并主动采取行动,解决引起负面报道的有关问题,并对因此类事件而受到伤害的目标公众给予某种补偿;再进一步告诉公众,组织本身将以此为鉴。对后一种负面报道,一般来说不要与媒体直接对抗,应该用最有说服力的证据,如专家鉴定、权威部门评议、各类证明等,通过舆论告诉公众,进行公开驳斥,并利用包括新闻发布会、公开声明等手段进行正当的商誉防卫,抑制谣言误导,还组织及相关产品以清白。

(五)竞争对手或个别敌对公众的故意破坏引起的危机

由于社会的复杂和人们的道德水平差异,一些社会组织可能会遭遇由于人为的恶意破坏所造成的公共关系危机事件。比如,在竞争对手的产品中投放有害物质、散布竞争对手不良财务信息、散播不利于竞争对手的社会谣言等,都可能对某些社会组织造成重大伤害,形成公共关系危机事件。作为当事的组织,第一反应不能为自己如何辩护,而应迅速采取措施,抢救受害公众,最大限度地降低人身危害程度,同时完善、强化组织内部管理和相关产品的安全保护措施,争取以真诚的态度求得公众的谅解与支持,同时承担应当承担的责任和义务。

(六)由于自身公关或广告等不当的传播行为引起的危机

比如,国外品牌在做广告宣传时不慎伤害到本国用户的民族尊严,就会造成十分严重的后果,不管是有意还是无意的,组织都应该正确认真对待,不能掉以轻心。

丰田的"问题广告"事件

广告事件起源于丰田所做的两则广告,其一是霸道广告:一辆霸道汽车停在两只石狮子之前,一只石狮子抬起右爪做敬礼状,另一只石狮子向下俯首,背景为高楼大厦,配图广告语为"霸道,你不得不尊敬";其二为"丰田陆地巡洋舰"广告:该汽车在雪山高原上以钢索拖拉一辆绿色国产大卡车,拍摄地址在可可西里。网友在新浪汽车频道、tom以及xcar等网站发表言论,指出狮子是中国的图腾,有代表中国之意,而绿色卡车则代表中国的军车,因此认为丰田公司的两则广告侮辱中国人的感情,伤害了国人的自尊,并产生不少过激言论。一个民族的公众不是小范围的公众,伤害了民族尊严和情感也绝非小事,这类危机必须引起组织的高度重视。

丰田在随后的危机处理过程中,刊登"丰田霸道"广告的《汽车之友》杂志率先在网上公开刊登了一封致读者的致歉信。广告主丰田公司也承认了错误。危机爆发后,日本丰田汽车公司和一汽丰田汽车销售公司联合约见了十余家媒体,称"这两则广告均属纯粹的商品广告,毫无他意",并正式通过新闻界向中国消费者表示道歉。丰田表示,将停止该则广告刊发并通过媒体向公众道歉,并已就此事向工商部门递交了书面解释。

(七)由公众的误解或传言引起的危机

俗话说:"好事不出门,坏事传千里。"公众往往更愿意相信和传播那些负面的消息,传播者可能无意伤害组织,但是客观效果上却对组织造成了极大的伤害。

四、危机的内部成因

组织公共关系危机的形成,概括起来是由自然环境因素、社会环境因素、组织自身因素引起的,前两个因素一般来说很难防范,而组织自身因素不仅是危机产生的主要原因,而且较容易控制,是危机公关的重点。

(一)组织缺乏危机管理意识

组织必须要有危机公共关系的意识,目前很多组织缺乏"忧患意识",缺乏应对危机的一整套管理体系和方法。在组织平安无事时,我们的组织一般不会有"未雨绸缪"的防范意识和战略考虑,不会注重与媒体的公共关系;即便出现了影响组织发展的突发负面事件,也往往是"病急乱投医",进行无序的媒体危机公关,远远谈不上"有序管理危机和果断采取行动",或者是想方设法要"置身事外",使问题演变成一场危机。

服务滞后难获谅解,广州白云机场滞留旅客打砸设备

一场罕见的强雷雨导致广州白云机场数百航班被延误、数千名旅客滞留机场。原本因天气原因导致航班延误最易得到旅客理解,然而此次却演变成了部分旅客打砸设备的过激行为。机场设施损毁严重,十多名机场工作人员受伤,3名旅客最终因过激行为被警方拘留。

因机场大面积延误,有等候了20多小时的旅客坐到了值机柜台上,托运行李输送带也站了旅客,值机岛行李称重显示器玻璃被砸烂,退票和改签乘客将柜台团团围住。

因天气等不可抗力造成的航班延误或取消,旅客开始都表示理解,也耐心等候,可是随后所受到的待遇就让人多数旅客坐不住了。

让旅客愤怒的首先是航班信息"躲猫猫"。

"从晚上19时以后再也没有听到机场方面关于延误航班的任何信息,航班显示的信息也永远停滞在延误到19时,我们只有漫无边际的等待,航班信息不及时、不透明,让心急如焚的旅客越来越抓狂。"

航班延误后,滞留旅客最应及时得到解决的是餐食、交通、住宿等问题,各航空公司都有明文的服务条例。但据称,在旅客强烈要求下,工作人员才配送了一些快餐和矿泉水。由于配送快餐数量不足,只有靠抢才能吃上饭。

海南航空公司由广州飞往天津的航班,正点起飞时间为6日17时25分,因天气原因将晚点至19时。

该趟航班上有40多名旅客因为不满拒登飞机,有的则没有收到登机信息,其行李被海航清出机舱,这些未上机旅客在风雨交加的夜晚夜宿机场。

航班延误使滞留旅客不满情绪步步升级,最终发生了冲突。

因天气原因导致航班延误是世界航空界司空见惯的现象,但在延误之后,要使旅客保持心平气和,尚需机场、航空公司和旅客等多方面的共同努力,机场和航空公司要尽量做到航班延误服务不延误并做好相关服务工作,而旅客则应文明乘机、理性维权。

(二) 组织自身决策违背了"与公众共同发展"的公共关系理念

很多营利性组织的决策与行为更多的是考虑自身的利益而忽略了社会的利益。违背了"与公众共同发展"的公共关系理念,就有可能使组织利益目标与社会利益目标相对立,从而引发公众对组织的抵触、排斥和对抗,使组织陷入危机之中。

罗氏制药"达菲"风波

2003年2月8日,一条令人惊惧的消息在广东以各种形式迅速蔓延——广州出现流行疾病,几家医院有数位患者死亡,而且受感染者多是医生。"死亡"让不明真相的人们大为恐慌,顿时谣言四起。同月9日,罗氏制药公司召开媒体见面会,声称广东发生的流行疾病可能是禽流感,并告之其产品"达菲"治疗该病疗效明显。罗氏公司的医药代表也以达菲能治疗该病而敦促各大医院和分销商进货。媒体见面会的直接后果是为谣言推波助澜,广东、福建、海南等周边省份的食醋、板蓝根及其他抗毒药品脱销,价格上涨几倍及至十几倍,投机商大发"财","达菲"在广东省内的销量伴随谣言的传播也扶摇直上。15日,《南方都市报》发表《质疑"达菲":"禽流感"恐慌与销量剧增有何关系?》的署名文章,指责罗氏制药蓄意制造谣言以促进其药品的销售,并向广东省公安厅举报。罗氏公司的商业诚信和社会良知受到公众质疑,其形象一落千丈,直接的后果是"达菲"销量的直线下跌。《南方都市报》的消息发出后第二天,广州某医院"达菲"的销量就下降到不到10粒(以前每天要售出100多粒),更有消费者提出退货和索赔要求。(资料来源:叶秉喜、庞亚辉,《2003年企业危机公共关系案例》,《公关世界》,2004年第3期)

非典事件是对国家、社会、组织和个人的一次严峻考验,组织在获利的同时必须承担起所应该承担的社会责任和义务。当非典危机来临的时候,企业扮演了两种角色,一种是借机公关型,承担公司在中国的社会责任,扮演富有诚信、爱心、有责任感的企业,在非典期间这类高姿态的企业比比皆是,通过捐赠提高自己的美誉度,这类企业短时少量的付出会得到长远巨大的社会回报;另一种则是利益熏心、无奸不商型,销售伪劣口罩的药店、商店时有曝光,这些组织将会被公众唾弃,罗氏扮演的就是后者。"达菲"事件对罗氏公司是一次沉重的打击。试想,在全国人民都在关注非典时期,如果罗氏能宣称"在病因尚未查明的情况下,请广大市民不用惊慌,达菲对抗病毒有很好的效果,罗氏将免费向广大市民赠药"的话,它的美名早已家喻户晓了。

(三) 全员公共关系意识淡薄,组织或个人言行不当

组织人员包括管理人员和员工两类,员工是对外宣传的窗口,尤其是某些服务型组织的一线员工,他们直接与公众对话,他们的素质会反映企业组织的形象,他们对公众的不良态度会引发公共关系危机。

（四）没有建立正常有序的传播沟通渠道

信息的有效传播对于组织的生存发展非常重要，在危机出现时更是如此，信息的有效传播甚至如同血液在人体中流动一样重要。律师会告诉当事人让他保持沉默，但对待公共关系危机时若保持沉默，后果将不堪设想。许多企业在危机发生后会无限制扩大组织机密范围，追求事事保密、层层设卡，惟恐公众知晓组织的决策内容；更有一些组织，甚至不让员工知晓内部有关信息；有些组织虽也对外发布信息，但只知道单向发布，不知道信息的及时反馈，使得危机不能得以有效控制。

第二节　公关危机的预防

对于公关危机，最好的解决手段就是危机公关。危机公关，又称危机管理，是指社会组织通过科学的预测与决策，修订合理的危机应急计划，并在危机发生过程中充分运用科学手段，减少危机给组织与公众带来的影响，进而寻求公众对组织的谅解，以重新树立和维持组织形象的一种管理职能。简单地说，危机公关就是组织针对其公关危机问题开展的公关工作。

危机的特点和危机公关的职能决定了危机公关的重要意义。通过危机公关，可以预见和预防组织危机，减少危机损失和影响，甚至"化危为机"，给组织以新的发展机会和生机。

从危机的操作过程来看，危机公关包括三类工作：危机预防、危机处理和危机处理后的组织形象修复。

一、危机预防的意义

所谓危机预防，是指在此阶段时，组织成员针对危机警讯或征兆采取行动，以阻止危机的发生。

传统意义上人们一般把危机事件大体上可分为"可预见的"和"不可预见的"两种类型。在现代公关管理看来，危机事件的发生虽有其客观的、人力无法完全控制的一面，但是就多数的危机来说，都是具有潜伏性的，可以被预见的，在一定的程度上是可以预防或避免的。因此，危机预防是对付危机最明智的策略。

对于危机公关，主要是对危机事件发生之后的处理方法和过程，而当危机事件发生之后再来解决，无论解决得如何，都不能完全消除危机事件给组织带来的危害和损失。因此，危机公关需要防患于未然，及早发现或者预测能够带来公共关系危机的各种端倪和征兆，在危机公关中把握主动权。

二、危机预防的措施

（一）完善基础管理和员工教育工作

1. 树立全员防范危机的意识

秘书要经常对员工开展有关生产、安全、组织、经济、竞争等方面的教育，使全体员工产生一种危机感,积极地从自身做起避免危机的发生。

2. 完善规章制度和责任制度

制订组织行为准则和员工守则。如:肯德基为预防产品质量问题和与顾客发生矛盾纠纷,制定了严格、细致的操作执行纪律,比如,制作炸鸡严格按"七、十、七操作法"进行,即将一袋鸡块放到鸡蛋液中浸七下,再放到干面粉里滚十下,最后再按七下,等等。

组织还应建立严格规范的漏洞审查制度,审查组织内部各个方面的危机隐患,与各层面的负责人讨论,找出可能出现危机的环节,以及处理方法;提出相应问题,了解各部门对危机管理程序的熟悉程度;将可能出现的问题列入一本详细的手册里,并加强管理,使之认真执行,适时更新,全面审查。

(二) 做好信息搜集工作

危机预防主要是搜集信息。

1. 了解和关注国家有关的政策,政治经济体制改革的动向、趋势,使组织能和社会大气候相协调。

2. 加强与公众的沟通工作,稳定组织与公众的关系,及时了解和掌握公众的要求和变化情况。

3. 分析竞争对手和市场需求,做到知己知彼。

4. 定期、不定期对组织进行自我诊断,对组织生产经营情况、公共关系情况、组织形象进行客观的分析和评价。

5. 开展多种形式的调研活动,研究和预测可能引发的危机和突发事件,将危机消灭在萌芽状态。

(三) 制定危机应变计划

一个完整的处理计划应该做到以下四点要求:

第一,应变方案、沟通程序和责任划分务必清楚,应避免模棱两可、语意含糊;第二,给负责处理危机的人员明确指示;第三,危机期间,提供发言人面对媒体和大众时应掌握的指导原则;第四,找出组织中可派上用场的其他紧急资源和人力。

1. 组建危机管理小组

危机过程中管理小组有四项任务:决策、团队合作、实施处理计划和聆听。

小组成员需要具备审慎的决策能力、合作特质(配合团队)、对模糊状况的耐心和抗压性、聆听的技巧等条件或特质。

以企业为例,危机管理小组的成员及其主要任务一般有:

(1) 总经理:最终决策者和新闻发言人。

(2) 相关部门经理:参与制订策略。

(3) 企业法律顾问:确保危机处理手段合法;作为解决危机的最后手段提供法律上的解决方案。

(4) 企业财务总监:做出危机管理和决策对财务影响的报告。

(5) 人力资源经理:引导内部沟通和员工情绪。

（6）市场营销经理：考虑对品牌和销售的影响。

（7）公共关系经理：主导沟通策划活动。

2. 制订针对各种危机的处理预案

为每项潜在的危机制定策略，解决"如果发生某种情况，我们该怎么办？"的问题。处理预案的内容一般应包括：（1）危机管理机构及其 24 小时联络方法；（2）危机管理机构中各职能小组的职责；（3）每一种情况的应变方法及每一个成员的责任；（4）沟通信息策略；（5）目标受众的界定；（6）各类公众的沟通计划；（7）物理环境：办公、传播设备；（8）文字材料：新闻稿、公告、声明、背景材料、事实陈述等。

制作一本危机应变计划手册。每个部门、每个办公室，甚至每个员工人手一册。

3. 做好危机发生时所需物品、资料的准备预案

（1）充足的电话线路，当事人亲人及家属、媒体的电话。

（2）通讯设备，随时随地和主要员工、领导联系。

（3）危险情况下各种装置的显示图、安全通道、消防设备、安全设施。

（4）能说明以下问题的图示：危机影响波及范围及危险区域、应急车辆和人员调度、特别问题区域如撤离区域、其他有关信息。

（5）记录信息的相关工具。

（6）员工名册，尤其是重要领导人及技术人员的地址、电话。

危机应变的手册、设备可以为危机的处理提供指南，一定要细致到足以应付危机为止。一旦关键人物联系不上，应立即予以替换。

（四）建立和维护良好的危机处理支持网络

当危机发生时，组织要调动一切积极的公众力量，协助组织渡过难关。为此，要从危机处理的需要出发，建立一个完善的支持者、影响者和核心公众群体的公众队伍，积极做好这类公众关系的维护。一般来说，这类公众包括：消费公众、政府机构、金融机构、立法机构、医疗机构、福利机构、急救机构、安全机构。

（五）开展预防培训演练

做好应变手册、设备的准备，对于每一个组织来说，并非难事。关键是让全体员工熟悉其内容，做到这一点的最好方法就是定期培训或演习。

有危机处理预案还不够，因为：1. 预案无法详列所有情况，危机处理小组要能够针对预案外的突发状况调整计划；2. 组织在变、环境也在变，危机处理预案至少应该每两年检查一次，作必要的更新；3. 如果没有实际的操演，预案其实没有什么价值，仿真演练可以发现漏洞或缺点，而在危机发生前补足或强化。因此，要不定期举行不同范围的危机意识培训和危机爆发模拟训练。

危机处理培训演练的目的，一是使组织成员对既有的应对策略有所了解；二是通过此种训练的过程使其成员能够培养出分析问题的能力与信息获取的能力，并从中学习及培养独立判断的能力，以便其在危机的情境下能作出创造性的决策，并以灵活的行动来解决危机。

第三节 危机的公关协调与形象重建

解决危机的实质，是组织运用各种传播手段，与内外公众进行沟通的过程。因此，危机解决的艺术，一定程度上说就是选择沟通对象、运用传播媒介、传递沟通信息的艺术。

一、危机的公关处理原则

(一) 及时主动原则

第一时间做出迅速恰当的反应是防止危机事件继续恶变的"第一法宝"。加拿大企业危机管理专家唐纳德·斯蒂芬森曾说过："危机发生的第一个 24 小时至关重要。如果你未能很快地行动起来并已准备好把事态告知公众，你就可能被认为有罪，直到你能证明自己是清白的为止。"

在危机管理理论中，著名的"危机曲线"包括突发期、扩散期、爆发期、衰退期四个时期。如果在危机开始的突发期和扩散期积极反应，遏制危机，往往成本较低，效果也较理想，一旦到了爆发期，处理和平息危机的成本将呈几何倍数地增长，情形就难以收拾了。

(二) 公开透明原则

公共关系危机一旦爆发，立即会引起政府部门、社会公众和相关媒体的关注与报道，此时作为事件的当事人，要坦诚公开真相，采取信息透明政策。在现代高度信息化的社会空间中，一个组织很难隐瞒信息，特别是对自己不利的信息。及时透明公布信息，可以避免流言蜚语、小道消息所造成的负面影响。

人无完人，孰能无过，组织同样如此。把事实真相告知公众、新闻媒体，告知主管政府部门，以诚恳的态度，配合新闻媒体和上级主管部门调查，及时向社会与组织的对象公众通报相关信息，把信息传播主动权掌握在自己的手里。勇敢承认错误，及时补救及时改正，就可以最终得到大众的谅解与支持。相反一味的隐瞒和掩盖只会引起更多的误解和不良猜测，更容易激怒公众，同时也有可能被竞争对手恶意炒作。

1985 年，美国纽约市的自来水水库被人放入了几克放射性物质，自来水被污染了。城市自来水公司发现后，马上采取清除措施，使城市用水又可以正常使用。但市政府还是担心这消息将造成该城市民的恐慌，市民们会在恐慌中撤离城市，其后果可能是非常严重的。美国联邦紧急状态管理局决定在播放这条消息时，不给媒体留下借题发挥的余地。于是，在当晚电视的黄金时段，电视上出现了这样的画面：市长从自来水龙头上接了一杯水喝下去，然后他才告诉观众发生的事情。接着他又喝了一杯，并抱怨水虽然像往常一样可以饮用，但味道不是很好。第二天早上市民又像往常一样忙碌地上班去了。（资料来源：南湖，《"管理人群"的智慧》，《世界发明》2002 年第 2 期）

（三）公众利益至上原则

组织必须要有强烈的社会责任感，要勇于承担责任，以公众的利益为重，赢得公众的理解与支持。涉及商业领域的危机发生后，公众一般会关心两个问题：一个是物质层面的问题，即物质利益永远是公众关注的焦点。因此，组织应首先主动承担损失和责任，及时向受害者及所有消费者道歉，并切实采取措施补偿损失，待真相澄清后可能更会得到消费者的喜爱。所以，组织应首先表达解决问题的诚意，创造妥善处理危机的良好氛围，以真诚和负责的态度面对公众。这样既表现了对消费者负责的一面，又最大限度地减少了组织的不必要损失。否则组织和公众会各执己见，加深矛盾，引起公众的反感，更不利于问题的解决。另一个是精神层面的问题，即组织是否在意公众的心理情感。组织应该站在受害者及所有消费者的立场上表示同情和安慰，必要时还应该通过媒体向社会公众发表谢罪公告以解决深层次的心理情感问题，从而赢得公众的谅解和信任。如果可能的话，做出超出有关各方所期望的努力，显示企业对消费者的真诚，以赢得受害者和所有消费者以及社会公众和舆论的广泛理解和同情，而万万不可只关心自身形象的损害，拘泥于眼前的名利得失。

若组织在危机面前百般推诿、强词夺理进行"狡辩"，则会产生非常不好的影响。

2003 年 7 月，广州两消费者到麦当劳用餐，发现所点的红茶有极浓的消毒水味道。现场副经理解释，原因可能是由于店员前一天对店里烧开水的大壶进行消毒清洗后，未把残余的消毒水排清所致。两消费者与麦当劳相关人员就赔偿等问题理论和争执长达两个多小时之后，店长和督导才到达现场。甚至在工商局工作人员赶到现场调停近一个小时后仍以破裂收场，消费者愤然报警。一周后，麦当劳发表简短《声明》，用主要文字描述事件过程并一再强调两位消费者是媒体记者，同时声明麦当劳一向严格遵守政府有关部门对食品安全的所有规定和要求，并保证麦当劳提供的每一项产品都是高质量的、安全的、有益健康的。整个声明没有提及自己的任何过失、该如何加强管理或向消费者表示歉意，更没有具体的解决事情的办法。经媒体多方报道，历经半月麦当劳和消费者达成和解，但双方对和解内容保密。此前的 5 月麦当劳某北京分店已发生过把消毒水当饮料提供给消费者的事情。当时受害者反映："没想到他们的态度特别不好，连最起码的医药费他们都不愿意出。店长还跟我说什么，现在是特殊时期，他们的压力特别大，希望我能体谅她。"麦当劳的此次事件使它的公众形象大大受损，那么麦当劳应该如何处理呢？真诚的公众公共关系——取得谅解，诚恳的公众公共关系——赢得信誉，开诚布公的媒体公共关系——赢得口碑。（资料来源：叶秉喜、庞亚辉，《2003 年企业危机公共关系案例》，《公关世界》，2004 年第 3 期）

（四）统一原则

在公共关系危机来临的时候，组织的反危机行动必须遵守统一原则。统一原则包括信息发布口径的统一（避免多种不同声音的出现，造成外界更大的猜疑和混乱）、行动的统一、目标的统一和整个组织反应协调活动的统一。社会组织的人力、物力、财力和组织各机构部门都应该统一在最高危机处理小组的领导下,以组织的全部力量尽快平息公共关系危机所带来的不良影响。

(五) 配合媒体原则

现今世界上,新闻媒体的力量不可忽视,"成也媒体,败也媒体"似乎已经成为广泛接受的公理。媒体既是组织公众之一,又是组织与社会公众沟通交流的窗口和桥梁,两种性质决定组织与媒体合作的必然性。对于组织来说,媒体是一把双刃剑,运用得好,可以披荆斩棘,为组织开辟出一片新天地;运用得不好,不但会伤及自身,而且可能面临灭顶之祸。标王秦池的倒下、巨人大厦的倾覆,其中若不是新闻媒体的曝光和持续不断的报道,或许今天,我们看到的就不会是一蹶不振的秦池和以"脑白金"东山再起的史玉柱。他们的失败,有其相似的原因,就是在媒体曝光后,没有采取积极主动的态度去补救,将损失控制在最小范围内,使形象免受更大的损失。组织可以通过开诚布公,与公众坦诚相见,维护良好形象,并借助媒体在公众中公正的形象,说服公众,便于以后开展工作。

(六) 巧妙接招原则

危机、问题出现了,企业公共关系部门就不要回避,应大胆地接招。在取得与消费者、公众及媒体良好的沟通交流后,巧妙制定危机公共关系策略,分步骤地实施危机处理。对所有的危机处理办法都应该采取尽快的解决方案,这是处理危机的最高宗旨。可以说,危机不管发展到什么程度,公共关系的根本方法仍然是从寻找源头开始,如寻找消费者及曝光媒体,只有寻找到危机源头才能将危机处理在萌芽状态。其次找到了源头的处理方法也很多,但是目的只有一个,就是控制这个源头或者堵住这个源头,因为这是公共关系决策致胜的重要因素。如在接到事主投诉时,要及时安抚事主,并与事主进行一系列的专业沟通,使其明白企业对待危机的出发点,充分表达自身是一个充满爱心与责任感的企业,从而从根源上对危机进行化解。如果一些媒体已经刊登播出,由于这些媒体在全国的影响很大,给企业的销售造成了不良的影响,面对此危机,公共关系部门一定要说服这些媒体进行跟踪报道,比如以广告形式或者新闻形式进行追踪链接。于是这个报道无形中就会被瓦解,对于已经发表的文章造成的影响,也因为这个广告或相关新闻的投放使消费者了解真相,感受到企业的诚意,最终会使这个危机化解。

二、危机处理的具体措施

(一) 时刻准备在危机发生时,将公众利益置于首位。

(二) 掌握对外报道的主动权,以组织担任第一消息发布源。

(三) 确定信息传播所需要的媒介。

(四) 确定信息传播所需针对的其他重要的外部公众。

(五) 准备好组织的背景材料,并不断根据最新情况予以充实。

(六) 建立新闻办公室,作为新闻发布会和媒体索取最新材料的场所。

(七) 在危机期间为新闻记者准备好所需通讯设备。

(八) 确保危机期间组织的电话总机人员能知道谁可能会打来电话,应接通至何部门。

（九）确保组织有足够的训练有素的人员来接听媒体及其他外部公众打来的电话。

（十）准备一份应急新闻稿,留出空白位置,以便危机发生时可直接充实并发出等。

三、危机处理中对重点公众的沟通策略

（一）员工

及时通报情况,让所有员工了解危机真相,稳定军心,避免谣言从内向外传播;设身处地为员工着想;如员工有伤亡损失,应全力做好救治和抚恤工作;明确员工对外发表相关言论的统一口径;采用多种方式加强与员工沟通,为员工提供表达个人意见的渠道;感谢员工的理解,激发员工对企业的支持。

（二）股东

尽快向股东详细报告危机发生的原因、处理过程、处理结果;向股东说明危机所带来的负面影响是暂时的、可以克服的,树立股东对企业长远发展的信心,确保股东对企业的长期投资;对主要股东,在危机发生后,可以邀请他们亲临企业视察,让他们看到企业处理危机的决心和员工的士气,使他们能够给予企业危机处理必要的支持。

（三）媒体

主动向媒体提供危机信息,积极配合记者采访,正确引导记者;在向媒体公布危机信息之前,应在企业内部统一认识,以免引起不必要的麻烦;指定专门的发言人负责对媒体发布信息,接受媒体的采访;为了避免媒体的报道有误,重要事项一定要以书面材料的形式发给记者。

埃克森泄油事件

埃克森公司是一家规模庞大的公司,美国《幸福》杂志所列出的全美500家最大公司中,它曾名列第三位,仅次于通用汽车和福特汽车公司。它的业务范围曾遍布全世界。然而,一次突发事件却使该公司在企业形象和经济上遭受了巨大的损失,对"埃克森"人来说,其教训是惨痛的。事情的全过程是这样的:某日,埃克森公司的一艘名为"瓦尔代兹号"的巨型油轮在阿拉斯加州威廉太子湾附近触礁,800多万加仑原油泄出,形成一条宽1千米,长8千米的漂油带。这里是美国和加拿大的交界处,曾是个风景如画的地方,原油的泄漏使附近海域的水产业受到很大损失,生态环境遭到了严重的破坏。

事故发生后,加拿大和美国当地的政府官员敦促埃克森公司尽快采取有效措施,但埃克森公司方面却无动于衷,它既不调查事故的原因,也不采取及时有效的清理泄漏原油的措施,更不向加拿大和美国当地政府致歉。

加拿大和美国地方政府、环保组织及新闻界对埃克森公司这种不负责任、企图蒙混过关的恶劣态度极为不满,发起了一场"反埃克森运动"。经调查,这起恶性事故的原因是船长饮酒过量,擅离职守,让缺乏经验的三副代为指挥造成的。消息一经传出,舆论为之哗然。

埃克森公司一下子陷入极其被动的境地,公司业务大受损失,仅清理泄油一项就花费了几百万美元,加上其他索赔、罚款,损失达几亿美元。另外,由于公司形象受到破坏,西欧和美国的一些老客户都纷纷抵制该公司的产品。

埃克森公司曾为社会公益事业作过许多贡献,但此刻都被公众抛在脑后,人们对"埃克森"的新印象是"破坏环境,傲慢无理"。

危机专家蒂姆·华勒斯认为,埃克森公司应该采取果断措施处理当时的危机:

(1)公司的立场应该明确、直接。危机中,公司不能在公众面前闪烁其词,要保持一定的灵活性来应付事态的发展,但公司的基本立场必须严格遵守。在这一点上,埃克森公司表现得很犹豫。

(2)高级管理层的参与。管理层不仅必须参与危机的应对,而且还要让人们看到他们的参与。在埃克森公司的事件中,所有的报道显示,该公司总裁劳伦斯·罗尔的确参与了解决整个事件的每一个环节。但是公众看到的并非如此,人们从一开始就感觉身为总裁的罗尔先生似乎对此次危机"保持距离"。为此,埃克森公司深受其害。

(3)调动第三方的支持。这种支持可以来自华尔街的分析师、独立的工程师、技术专家或法律权威等。任何具有高度公众可信度的客观组织,都能为此时的公司提供必要的支持。

(4)确立亲临现场的印象。联合碳化物公司的工厂在 1984 年发生爆炸并造成上千人死亡时,该公司的总裁立即飞往位于印度博帕尔地区的出事地点。他的行动最起码表达了公司的诚意和关切。所以,当埃克森公司的总裁罗尔先生公然推托说:"我有比飞去伐耳迪兹港更为重要的事情要做"时,很显然,埃克森公司已经在这场公共关系大战中失败了。

(5)集中协调地沟通。危机一旦发生,组织应立即任命一位专门负责沟通的官员,并组建一支沟通团队。这位负责人的工作就是对外阐述组织的立场。

(6)与媒体合作。在危机中,记者们是十分令人"讨厌"、甚至是"可憎"的。他们会想尽办法地搞到想要的信息。但是千万记住:这种"厌恶"绝对是对事不对人的。总的来说,组织应该把媒体当成友善的对手,尽力向他们解释公司在危机中的处境,如果将媒体当成敌人,只会令气氛更加紧张。

(7)不要忽略公司的员工。让员工随时获知消息,有利于确保本组织的正常运转。员工是组织的最佳盟友,不要将他们蒙在鼓里。

(8)在危机中要充满希望。很多公司的管理层在危机发生之初时反应过于低调;在危机已经形成之后,又反应过度。

(9)调整组织的立场,准备结束危机。组织在应对危机时所进行的危机沟通,每一步都需要缜密的规划。如果组织确实有错,就要勇于承认错误,然后迅速将注意力转移到接下来要开展的工作上,不要没完没了地强调和重复做错了的事情。

(10)持续观察和评估整个危机应对过程。调查、调查、再调查。通过随时掌握员工、顾客、供货商、分销商、投资人以及公众的反应,判定组织希望传达的信息是否传达到位了。定期对危机应对方案的各项目标进行监控，了解哪些已见成效，哪些尚未达成，并实施做出相应的调整。（资料来源：弗雷泽·P·西泰尔著，梁姣洁等译，《公共关系实务》）

四、组织形象的重建

公关危机的出现，总会使组织的形象受到不同程度的损害。危机的妥善处理并不意味着组织形象得到了恢复和重建。因此，组织要针对在危机中受损的形象展开组织形象的重塑工作，并善于利用危机从中获利。只有当组织形象重新得到建立，才是真正的转危为安。

（一）危机的总结评估

从危机中重新站立起来的组织首先要进行危机的总结和评估，这是组织形象重建的前提，组织应从事几项重要工作：

1. 加速复原工作的进行，让组织从危机损害中恢复起来。

2. 成立评估系统进行评估与调查工作，确认危机的真正原因和处理过程的缺失或疏忽。

3. 通过事后的检讨及评估的过程，来学习相关的知识与经验；再推动管理计划，并将所学运用到下一个危机的准备上。

（二）对内的善后重建工作

1. 要以诚实坦率的态度安排各种交流活动，增强企业管理的透明度和员工对组织的信任感。

2. 要以积极和主动的态度动员员工参与决策，制定出组织在新的环境中的生存和发展计划。

3. 要进一步完善企业管理的各项制度和措施，有效地规范组织行为，总结经验教训，制定一个更切实可行的危机管理计划。

（三）对外的善后重建工作

1. 要与平时和组织息息相关的公众保持联络，及时告诉他们危机后的新局面和新进展。

2. 要针对组织公关形象受损的内容和程度，重点开展某些有益于弥补形象缺失、恢复公关状态的公共关系活动，与广大公众全面沟通，如回馈社会大赠送、关注社会弱势群体的社会公益活动，让公众真正受益。

3. 要设法提高组织的美誉度，争取拿出更好的服务项目或产品在社会亮相，从本质上改变公众对组织的不良印象。

一个良好的风险控制体系的建立是在市场中拼搏的成熟社会组织的标志，任何组织都应给予危机公关与管理以更大的重视，使自己在竞争激烈的市场中立于不败之地。

思 考 题

1. 什么是危机？什么是危机管理？

2. 危机的内部成因有哪些？

3. 危机应急计划的主要内容有哪些?

4. 组织形象的危机后重建应包括哪些工作?

5. 请搜集现实生活中某个组织处理危机事件的案例,并进行分析。

第十章　网络公共关系

网络公关作为当前数字媒介革命时代背景下的产物，其价值和功能得到越来越多社会组织的关注，在公关中占居举足轻重的位置，也为秘书公关工作迎来了新的机遇和挑战。一个崭新、巨大的公关战场已经呈现在秘书工作者面前，像网络游戏一般，有各种新式的战马、战车和兵器层出不穷；也有各种难以预知的埋伏隐藏在天上地下各个角落，不断跳窜出来。秘书必须努力成为网络公关的高手，让组织形象在网络的世界里熠熠生辉，并利用网络公关进一步提升秘书公关工作的地位和价值，开创秘书工作的新局面。

第一节　网络环境下的新公关

网络公关一般是指社会组织运用互联网传播手段针对网络公众进行的公关活动。从广义上理解，网络公关指所有以现代网络技术为手段的公关活动，除计算机国际互联网外，还包括电信网络、广播电视网络等。由于其他网络公关与互联网公关方法类似又相对较少使用，为便于表述，本书采用狭义概念。

图 10 - 1 - 1　蒂姆·伯纳斯·李

一、网络时代的新公关概览

（一）互联网的产生与发展

在 2012 年伦敦奥运会开幕式上，一位伟大的科学家坐在电脑前接受世人对他的致敬，这就是被尊称为"互联网之父"的蒂姆·伯纳斯·李爵士（图 10 - 1 - 1）。他于 1989 年提出互联网的设想并将其命名为 World Wide Web，简称 WWW；1990 年底，他开发出第一个浏览器；1991 年 8 月，由他创立的第一个互联网网站 http://info. cern. ch 首次在网上露面，立即引起轰动，很快被广泛推广应用。

1994 年 4 月 20 日，中国国家计算机与网络设施工程（NCFC）通过美国 Sprint 公司连入互联网的 64K 国际专线开通，中国由此正式跨入了互联网时代，并以其特有的惊人速度发展起来，真正实现了与世界的"接轨"。据中国互联网络信息中心发布的《第 30 次中国互联网络发展状况统计报告》显示，截至 2012 年 6 月底，中国网民数量达到 5. 38 亿，互联网普及率为39.9%。

正如伦敦奥运会现场打出的"This is for Everyone"字幕一样，互联网献给每一个人，它改变了并继续改变着人类的生活。如今,互联网及其派生出的移动互联网、社交网络等已发展成为全球商业、信息等诸多领域的支柱,人们也越来越离不开互联网。

（二）网络时代:一个公共关系的时代

公共关系作为一种依赖媒介技术的信息传播活动,它受互联网的影响远远超过了以往任何媒介的影响。如果说以广播电视为代表的大众传播时代是一个广告的时代,那么,网络时代则是一个公共关系的时代,互联网为公共关系开辟了史无前例的最为合适的发展空间。今天,互联网已从一个单纯的数字信息传输平台,演变成了一个以社交圈子、主题社区为基本单位的关系传播平台;其传播方式也从以技术为导向的、独白式传统传播,转向了以关系为导向的、对话式全息传播,因而特别适合于组织与公众间的公关传播。

事实上,在今天的网络里,每一分钟都会有无数的社会组织进行着各种各样的网络公关传播,新闻发布、微博沟通、话题营销、网上公益等等,形式各异,公关成了网络大舞台上的一个"重头戏"。

世界营销大师科特勒说:"过去,企业提高竞争力靠的是高科技、高质量,而现在则要强调高服务和高关系。"这是高度信息化社会里产品同质化的结果,更是网络化社会条件下企业竞争的必然趋势。不仅是企业,各种非营利组织甚至个人也都加入到网络公关的大军中,共同编织着互联网时代的公共关系网络。

（三）我国网络公关的发展现状和趋势

总的来看,我国目前的网络公关状况可谓喜忧参半。可喜的是,在经历了探索阶段、发展阶段和井喷阶段后,从 2010 年开始中国网络公关正向着整合、稳定、健康和继续强势的方向发展。不少组织已经有了自己的门户网站或其他传播平台,面向网络公众,包括其他网络媒体,积极开拓着网络公关的传播;有的组织还配备了专职人员专门负责处理和协调网络媒体传播事项,秘书则成为了各类组织网络公关的主力军。

网络公关的影响力在继续增大。政府、NGO(慈善机构等非政府组织)及个人的网络公关日渐活跃,对舆论的引导作用已十分强大。例如,在近年来发生的一些重大危机事件里,主流传统媒体的报道内容常常来自网上的爆料,危机发生过程中,媒体和网民会更加关注组织的网站、微博等,组织也特别重视网络媒体上的传播。网民戏称,报纸成了微博的纸介版,新浪成了新华社。

但是在另一面,迅速发展起来的网络公关目前还不成熟,在行业标准、操作模式、应用手段等方面还有待进一步完善。很多组织的网络公关缺乏系统的操作体系,往往顾此失彼,难以组织有效的立体式网络公关战役,从而使公关效果大打折扣。此外,中国网络公关行业目前还存在着很多不规范甚至所谓"潜规则"的现象,如随意删帖、雇佣"水军"等。很多组织由于缺乏基本的公关观念,也无所顾忌地开展这类伪公关的活动。这些情况的出现,很大程度上降低了网络公关的公信力,导致一些公众每当在网上看到消息、新闻时,第一反应便是怀疑,如此严重影响了公关传播的效果。

未来的网络公关将会更加尊重公众,重视公众的话语权,体现在对论坛、博客、微博等自媒体的进一步运用和不断开发;娱乐性、公益性、体验性网络公关活动将备受欢迎。相信随着网络公关相关法规的不断出台、监管力度的进一步加强、网络公关的"优胜劣汰",以及网络传播手段的不断推陈出新,网络公关一定会更快、更好地向前发展。

二、网络环境下公共关系的新变化

网络时代的到来并没有改变公共关系最基本的内涵,但网络的出现使公关特征与网络特征相结合,使原有的某些公关"理想"变得更容易实现,也"嫁接"出许多新的"改良品种",使公共关系的特征更加鲜明。

研究网络公关变化的意义在于:促进秘书在开展工作中有意识地突出网络公关的优势,克服其缺陷,避免容易出现的负面效应。

(一)网络公关主体的新特点

1. 组织形态细分化

网络公关的主体不仅以组织整体的形态出现,还常常以分支机构和组织个体成员的身份出现。大公司的集团总部和各地区的分公司有各自的网站,政府的各个部门独立处理公关问题,组织首脑、某些部门的负责人及普通员工都可能在网络上或主动或被动、或有意或无意地"说话",成为组织声音的源头。

2. 客体主体化

作为高度社会化的传播载体,网络从某种程度上说更是大众的媒体,而不是"媒体机构"的媒体。在这里,受众与信息传播者有着同样的地位,组织与公众的公关交流也更加平等,公众对组织传播的参与度更高,影响力更大。因此很多时候,组织的网络公关是由公众首先发起的,如回复公众的网上咨询、网友"爆料"后的危机应对等。从公关活动的过程来看,公众俨然成了传播的主体。实际上,公共关系是一种有组织、有计划、长期开展的工作,从这个角度来说,社会组织仍然是网络公关的主体,只是组织与公众在网络公关传播中的主客体地位正在此消彼长,由于公众的主动性、能动性大大提高,公关主客体间已不再泾渭分明。

传统意义上的公众,如消费者、普通民众、员工等,常常为解决某些问题在网络上开展公关式的传播。比如,一些偏僻乡村的农民会在网上推销自己的农副产品,或者利用网络舆论的力量表达自己的诉求。2009年12月,广东同庆镇一些村民因征地补偿问题无法与有关部门达成一致,便在水泥地上种红薯藤,以这种黑色幽默的方式宣泄内心的不满,通过互联网的传播引发了社会的广泛关注。尽管严格意义上讲,他们不属于公关的主体,但是从总体上看,这种"反客为主"的现象在日益增多,必须引起各类组织的重视。

3. 更具能动性

传统的大众传播中,编辑、记者等新闻工作者充当"把关人"的角色,他们决定某个组织的新闻消息能否见诸媒体,还决定这则消息的表现风格甚至隐含内容。在这种情况下,组织的很多信息不能传播出去。网络的出现使组织拥有更多可以自主支配的"自媒体",也可以任意使用各种公共网站,它们没有时空的限制,能够做到按照公共关系活动计划自由、及时地传播信息,因而组织就更具能动性。

(二)网络公关客体的新特点

除上述"客体主体化"特征外,网络公关的公众还具有如下特点:

1. 覆盖面广

在传统的公关传播中,即使是借助大众传媒,组织也只能对媒介覆盖面以内的有限公众进行传播。互联网实现了马歇尔·麦克卢汉 1964 年的预言——随着媒介的发展,世界将变成一个"地球村"。今天,一次小小的公关活动能传遍全球,除非是组织有意将信息只传播给特定公众而进行加密化处理,否则,全世界连接到互联网的用户都可能通过访问网站得到组织的信息。

2. 小众化、个人化

进入互联网 2.0 阶段后,博客、微博、百科、社区网站等传播方式更加活跃,互动性和个人化特征逐渐凸显出来。用户既是网站内容的浏览者,也是网站内容的制造者,由此使公关的分众传播和"一对一"传播成为可能,公众有更充裕的时间、更集中的注意力来享受网上开展的公关活动,不受外在的干扰。

3. 变化性

公共关系公众的概念本身就具有动态性、临时性,在网络环境里公众的变化性更加突出。主要表现为容易出现个体公众向群体公众的转化、由非公众向公众的转化、由潜在公众向知晓公众或行动公众转化,以及持不同态度、观点的公众之间的转化。

由于在网络空间中信息传播的互动性非常强,网民的参与意识和参与热情大大提高。无论是传统意义上的意见领袖,还是普通的"草根",只要在网上发出的信息能够引发网友的强烈共鸣,就能带动一大批公众群体参与进来,其中往往包含一批原本与组织没有任何利害关系的群体,即公共关系学中的非公众,公众的态度则随着有关事件信息的不断披露以及意见领袖的引导而发生摇摆或转移。例如 2008 年抵制家乐福的事件中,随着事件的升级,一些"打酱油"的网友也逐渐参与到网上议论中,甚至采取抵制行动,而当家乐福方面给出积极的解释并撤销促销计划后,一些逆意公众又开始转向中立或顺意公众。

"变化是绝对的,不变是相对的。"尽管公众在不断、自主地变化,网络公关仍要努力掌握公众状况,引导公众正态变化,使组织的良好形象在公众心目中更加稳固,进而形成逐步稳定、壮大的"粉丝"群体。

(三) 网络公关传播的新特点

1. 直复性

直复性是指组织与公众的网络交流可以不通过第三方媒介而直接到达受众。过去,组织信息经过媒体过滤,常常出现传播时滞问题和表达失真现象;公众意见也大多需要通过媒体反馈出来,无论媒体所反映的公众意见是否具有普遍性,都会直接影响舆论导向。网络公关则可以不受时间、地点、媒体的局限,迅速、直接地传达和反馈信息,实现了组织与众多公众的即时互动与真实传播,在很大程度上达成了格鲁尼克和亨特等人描绘的理想化的双向对称式公关,"相互理解和对彼此观点的相互尊重,主张对信息的客观公布,其目标是理解而不是劝说"。

网络公关的直复效果在网上新闻发布会等公关活动中表现十分明显。例如,2011 年 3 月 24 日,中国平安通过"中国平安"、"低碳 100"、"中国平安车险"三个官方微博举行了一场"低碳 100"网络互动发布会。短短一小时,发布会页面访问量达 22 万次,"将低碳进行到底"的微博话题转发超过 3 万次,网友留言近 5000 条。很多媒体记者和明星也受邀参加发布会,他们不需要舟车劳顿赶赴现场,只需一台电脑便可以在世界任何地方参与到整个新闻发布会的进程中,及时与网友互动,记者们在会后迅速进行了新闻报道和评论。与这样广泛的公众进行如此及时、深入的交流,传统的线下发布会是不可能实现的。

2. 整合性

网络公关集个人传播(如网络聊天、电子邮件)、组织传播(如论坛、博客)和大众传播于一体,将文字、图像、音频、视频等多媒体表达方式结合起来,具有强大的整合性,能够对公众产生更深刻的影响。

除了组织有意识地整合传播外,网络公关事件中各类传统媒体的主动跟进、网络社交媒体与新闻媒体的相互杂糅,也促成了整合效应,推进了舆论的自然形成和发展。据统计,2012年企业重大负面信息的 70% 来自于微博等新媒体阵地,之后被传统媒体放大。[①]

2012 年 8 月 29 日,南方航空公司一位空姐在微博中自爆遭到男乘客殴打,随后广州某报纸记者曝出打人者身份,相关单位通过网络和电视等媒体作出回应。事件所反映的传播过程和媒介运用方式在当前网络公关传播中十分典型,首先是自媒体发布信息,传统媒体记者跟进,官方作出舆情应对,再由中央媒体作出调查,地方政府舆情处置跟进,最终由中央媒体进行宣告。网络与其他媒体的相互促动和整合推动了网络公关事件的传播。

3. 信息容量无极限

信息容量无限是互联网的重要特征之一,进而成为网络公关的特点。公共关系追求渗透性、隐蔽性的"软性"传播效果,需要通过持续化的公关传播制造累积效果,这些都需要以较大的信息量作保障。在传统的公关中,由于信息容量有限,许多不是特别重要的信息只好删去,持续开展的主题公关活动也只能在每一次传播中点到为止地提及从前的成就。在网络中则没有容量限制,某些传播内容可以制成专题网页,导入各种相关链接,公众可以就某一个问题与组织进行深入沟通,这样极大地满足了组织的传播需要和公众的信息需求。

4. 长尾效应

网络上传播的组织信息不会像报纸、电视那样报道后就被丢弃或遗忘,相反,会不断地被网民搜索、回帖,重新获得关注。这种互联网所特有的折返式传播模式及网络口碑传播的存留性,被称作"长尾效应"。长尾效应会直接促成组织的某种信息(或好或坏)被不断传播,留给公众的某种印象不断增强。

5. 低成本

总的来说,网络公关的成本是很低的。如果运用传统方式实现网络公关的短时间、大容量、大范围、高关注度的信息传播,所需的媒介费、场地费、人工费、交通费、设备费等是难以估量的,但在互联网上却可能以几乎零成本的条件轻松实现。互联网上有无数免费的或廉价的数字传播渠道可供选择使用,当然这也需要以良好的策划和执行作保障。

网络公关的效果评估也是低成本的。网络公关通常不需要做复杂的调研,一个简单的记

[①] 沈建:《优化媒体管理》,《国际公关》,2012 年第 3 期,第 37 页。

数器就可以即时统计网页的浏览量,查阅论坛上的回帖就可以了解到网上公众的态度。

第二节　网络公关的主要渠道

网络公关伴随着互联网的成长而成熟,与互联网技术的发展相一致。在互联网1.0时代,网络公关主要是基于网络新闻发布和邮件沟通;到了互联网2.0时代,出现了互动性更强的论坛、博客;随着互联网2.0形态的不断深入和用户间交互程度的不断提高,又有了社交网站、即时通讯工具、视频直播间等形式。根据网络公关渠道的作用和特征的相对倾向性差异,可以将其分为新闻发布渠道和交互沟通渠道两大类。掌握各种网络传播渠道的特征和公关功用,是秘书做好网络公关工作的前提。

一、新闻发布渠道

(一) 组织自设网站

组织自设网站不仅是现代化办公和业务联系的手段,而且是现代组织开展公关工作的最基本渠道。组织的官方网站是组织在网络上的"总部",是树立组织整体形象的最佳工具。组织有了自己的网站便拥有了一个高度自主性的传播媒体,可以实时向公众发布公关新闻。

为满足内外公众关系的不同需要,组织一般应在自设网站的基础上建立内部网和外部网。内部网是一种闭合的局域网络,通常只对内部员工开放。秘书应根据内部公关的基本要求,将员工应了解的组织信息,如内部工作计划、领导及各部门的工作动向、各种业务数据等,及时发送到内部网上,并提醒员工关注网站信息。

外部网建立在组织的网站或互联网中,为指定的外部公众提供信息共享和交流等服务。例如,一些企业在自己的网站上开设媒体入口,提供专供媒体使用的企业相关资料或记者访问空间,成为一种很好的媒体公关方式。

(二) 公共新闻网站

网络新闻是网民的基础应用之一。据中国互联网络信息中心统计,截至2012年6月底,网络新闻的用户规模达到3.92亿,较2011年底增长了2545万人,增长率为6.9%;网民对网络新闻的使用率为73.0%。

一些有影响力的公共新闻网站在网络公关中的作用相当于传统公关的大众传媒,具有较大的访问量、较高的权威性和公众信任度。这类网站主要包括三种类型:

1. 新闻传媒网站,如人民网、凤凰网、中央电视台网站等,其权威性尤为突出,是其他媒体转载信息的主要来源。

2. 综合性门户网站,如新浪、搜狐、网易等,具有十分广泛的受众群体,特别适合于目标公众比较广泛的组织或进行重大危机公关处理时使用。

3. 垂直门户网站,指各种行业领域网站或专题性的门户网站,在同行业中或专题性研究群体中具有较大的影响力,比较适合专业性要求比较高的组织及专题公关活动。

随着社交网络媒体的盛行和智能手机的普及,网民可以通过更多的渠道接触到新闻资讯,并在新闻的分享、转发过程中提升新闻的覆盖量。在这种情况下,秘书人员更应重视对公共新闻网站的公共关系,注意做好以下工作:

1. 加强与网站工作人员的友好往来;

2. 针对不同网站的风格定位、受众特征及不同阶段的关注主题,为其量身定做组织新闻或公关"软文";

3. 邀请相关网络媒体或与之合作,举办网上新闻发布活动;

4. 必要时,利用专门的新闻稿发布服务网站或公关公司的服务,确保组织新闻能够及时被更多的网络新闻媒体或指定意向网站报道。

二、交互沟通渠道

(一) 论坛和社交网站

论坛又名"电子公告板"(BBS),是一种交互性强、内容丰富的网络电子信息服务系统。每一个论坛由众多不同主题的讨论组构成,用户在论坛站点上可以获取信息、发布信息、进行讨论等等。

网络论坛公共关系主要有三种方式:一是在本组织网站上建立论坛,引导公众对本组织、产品、活动等展开讨论;二是在其他论坛网站上发起话题或参与讨论;三是争取本组织的帖子被置顶、加精、首页出现等处理,吸引公众转载。

秘书人员要了解论坛主题的分布特点,选择最适合组织的版块作为平台,避免盲目发布信息。一般来说应密切关注三类论坛:人气高、流量大的论坛;与组织有关的专业、专题论坛;重要媒体网站的论坛。

秘书一方面可以选择一个或几个合适的论坛,积极争取做重要论坛的系统管理员;另一方面,要随时查寻各类重要论坛上的信息,一旦发现有参与价值的话题,应积极发帖或引导组织相关部门和员工参与讨论。特别是在重大事件的专题讨论中,应争取机会让组织领导人以专家、主持人或意见领袖的身份参与进去,发挥更大的影响作用。

由论坛发展起来的社交网站(SNS)是一种旨在帮助人们缔结社会性网络的网站。美国的 Facebook 和 Myspace 在全球均有超过 2 亿的注册用户,并成为植入营销、体验营销、口碑营销等公关活动的前沿阵地。在我国,使用比较多的社交网站是人人网、开心网、QQ 空间等,其公关方式主要是虚拟礼物、游戏插件、官方群组等,总的来说应用范围比较有限,还需要随着社交网站的发展而不断创新。

(二) 博客

博客即网络日志,是一种不定期张贴新文章的网站,广义上还包括 QQ 空间等个人空间网站。博客的内容多种多样,如对其他网站的超级链接和评论,有关公司、个人的日记、照片、诗歌、散文等,并且能够让读者以互动的方式留下意见。

1. 博客的公关价值

博客是互联网 2.0 时代最为显著的标志,代表着一种全新的人性化的对话式沟通模式,其适合公关传播的优势在于:

（1）博客是值得信任的。博客的本质是"日志"，一般是个人的生活随想和对时事的评价，即使是企业博客也应是个性化的真实思想的流露和表达。博客的真实、率性容易取得公众的信任和好感。

（2）博客的写作没有文字量的限制和时间上的催促，可以写得精致、完整，有利于组织形象的刻画，也容易吸引公众浏览、好评和转发，从而赢得广泛公众。

（3）在博客不同位置增加本组织相关网址的链接，可以在不增加网站推广费用的情况下，提升网站的访问量。

2. 博客公关的形式

博客在公关方面的应用已经有了很多形式，如组织高管博客、组织博客、产品博客、意见领袖博客等等，虽然不能从内容上完全区分这些博客的性质，但是这种分类可以大体描述出目前博客公关应用的情况。

（1）组织高管博客。即组织高级管理人员的个人博客。这类博客使公众感觉有了与组织高层平等交流的平台，极大地拉近了组织与公众的距离，组织形象更加人性化、更生动具体。

（2）组织博客。以组织的身份而非高管个人的名义进行写作的博客。很多企业和非营利性组织都建立了自己的博客，有些组织还建立了专为媒体提供的公关博客。通过博客的方式，可以将组织文化、产品信息等巧妙地传达给公众，达到润物细无声的效果。

（3）产品博客。即专门为了对某个品牌的产品进行公关传播，或者以服务客户为目的所推出的博客。例如，日产汽车的 Cube 博客是一个比较典型的产品博客。Cube 车型一出世便一反以往的日产风格，以淘气、休闲、紧凑、灵活为设计理念，其博客也完美地契合了这一设计风格，有效地促进了产品营销，产品一经面世便受到车友追捧。

（三）微博

微博，即微博客的简称，是一种由不断更新的短小博文或多媒体资料组成的博客。自2009 年 8 月新浪推出首个微博网站以来，仅仅几年时间，我国微博已走过了早期数量扩张阶段，进入平稳发展时期。截至 2012 年 6 月底，我国微博用户达 2.74 亿，较 2011 年底增长9.5％，网民使用率为 50.9％，其中手机微博用户数量相比 2011 年底增加 24.2％，发展势头十分强劲。

虽然微博发展至今时间不长，但已经显示出其划时代的意义，它的出现标志着个人互联网时代的真正到来。微博不只是博客的微型化，它兼容了社交网络的功能和特征，具有更广的应用性。如今，在微博的带动下，微小说、微电影等"微产品"已经问世，其短小精悍、清新时尚、多彩多姿的风格塑造了鲜明的"微时代"特征。

与普通博客相比，微博的公关功能主要表现在以下三个方面：

1. 发布及时，实现了与公众的即时分享

微博的内容一般只是 140 字以内的文字，有的微博可以附载图片、音频、视频等多媒体文件，操作起来均非常容易。同时，微博网站的即时通讯功能非常强大，可以通过移动设备、即时通讯软件等方式直接书写和发表，不必依赖互联网络。这些特点使微博信息的上传、更新速度及与公众的互动交流非常快，一些突发事件常常通过微博最先报道出来，其实时性、现场感及快捷性是博客及其他媒体难以比拟的。

2. 门槛低,容易吸引受众阅读和转发

从传播过程来看,看博客必须去对方的网页,博客内容主要针对好友公开,加入圈子才能推送传播。而微博用户在自己的首页上就能看到关注对象的微博,不加好友也可以浏览大量信息,因此容易得到更多的受众、更频繁的关注,被公认为口碑营销的最佳平台。

3. 博主及内容更真实,更令人信服

博客和微博的创建者(博主)都具有广泛性和草根性,虽有实名展示的名人,但更多的是众多不知名的草根网友。在这种博主身份总体一致的特征之下,两者之间还是有比较明显的不同的。以新浪微博为例,微博上的名人基本上都经过某种方式的认证,并在博主的名字后加"V",以示其身份的真实性;而在新浪博客上并没有这种功能,虽然很多名人的博客也被证实是其本人的,但是还是会有代写的情况。微博的认证方式在某种程度上增强了名人微博的真实性和权威性,名人或组织通过微博来发表言论或者澄清事实一般都能得到网友的信服。

(四)即时通讯软件和电子邮件

即时通讯软件是一种基于互联网或手机短信的、用来即时交流消息和多媒体文件传输的通讯平台。目前国内知名的网络即时通讯软件有:腾讯 QQ、MSN、百度 Hi、雅虎通、新浪 UC、网易泡泡等。

据中国互联网络信息中心 2012 年 7 月的统计报告显示,即时通信软件是中国网民的第一大网络应用产品,在中国网民中的使用率已经超过八成,并继续呈稳步增长的发展态势。

即时通讯软件具有快捷灵活、双向沟通实时顺畅、使用面广的特点,适合于组织对单一公众对象或某类公众群的传播。专用的商务即时通讯和企业即时通讯软件还具有更好的业务整合性和沟通对象的适应性等性能特征。

电子邮件也是一种通过网络实现相互传送和接收信息的现代化通信方式,是最早被开发的互联网服务项目,收发电子邮件至今仍是人们在互联网上进行最多的活动之一。但是电子邮件容易出现接收不及时的问题,一些用户使用即时通讯软件来取代它的功能。

对于公关工作来说,电子邮件与即时通讯软件各具优势。即时通讯软件更适合于与公众的频繁联系,就具体事件相互问答或寻求解决方案,也可作为一种日常维系情感的手段。电子邮件相对更正式,更易于保存信息。在获得公众允许的前提下,或借用邮件列表服务,可以定期或不定期地给公众发送特定主题的信息资料。例如,龙之媒广告文化书店在会员注册的时候,征求会员的意见,取得同意后,免费向其提供新书预告、广告行业新闻等用户定制的电子邮件,并利用邮件开展生日祝福等公关传播。

(五)问答平台

随着互联网 2.0 阶段的逐渐成熟,能让网民进行互动交流的沟通平台越来越受到人们的欢迎。网络问答平台主要有百度知道、百度百科、雅虎知识堂、新浪爱问、天涯问答、腾讯问问等。它们以网友间提问、回答的友好互助形式,满足了人们对于各种知识、信息直接获取的需求,具有使用上的实用性、便捷性及信息内容的广泛性、综述性和更新性特征。利用问答平台可以发布组织及其品牌、产品、专题活动、危机事件等信息,达到搜索营销和口碑传播的目的,具有较强的时效性。比如,在"百度百科"中的"公益"词条下,"联想公益创投计划"和"搜狐微博随手公益平台"与公益的概念、起源等基本知识并列在一起,成为六项释义目录中的两项内容,十分醒目,这显然是这两个组织的公关安排。

(六) 搜索引擎

搜索引擎是人们在互联网上搜索信息最常用的工具,目前是仅次于即时通信软件的第二大网络应用,超过80%的网民经常使用百度、谷歌两大搜索引擎。

在"微时代"的传播语境和信息碎片化的网络环境里,搜索引擎对于"激活"组织的网络形象、突出组织的正面形象具有十分重要的作用。秘书应利用搜索引擎进行公关调研,掌握网络舆论趋势;积极向搜索引擎网站提交组织的重要新闻稿、博客等,增加公众访问量,引导公众关注组织网站和其他传播平台;通过网页置顶等方式影响舆论导向,增强组织在搜索引擎中的正面声量,提升品牌价值。

第三节 网络公关的工作方法

从表面上看,面向普通大众的各种网络平台很容易被组织采用,开展公关工作。但事实上,很多组织由于缺乏正确的认识、充分的准备和科学的管理,虽然建立了网络公关渠道,却没有高效率地发挥作用。秘书必须不断学习和锻炼,尽快从"入门"走向"专业"。

一、网络公关规划和日常管理

言多易失,在网络公关活动中组织要充分利用各种传播平台和无限的网络空间,经常、全面地进行传播,所有组织成员都有在网上发言的可能,这种情况下,如果组织不加以整合、规划和控制,就很容易出现因声音过于分散而无法集中到受众的问题,也容易出现不和谐的"岔音",人为地造成一些难以收拾的舆论影响。相反,"少言寡语"也是问题。有些组织几个月才发布一篇博文,网站上全是"旧闻",这种情况下公众就会失去持续关注的热情,甚至有损组织形象。因此,秘书必须协助有关部门做好这方面的统筹管理和监察守望工作。

(一) 网络公关规划工作

1. 明确网络公关及其各种传播渠道的公关目标和目标公众,力求在总目标下实现各种传播渠道的特定价值。

2. 根据既定目标,确立各种传播渠道中的组织形象定位和网站设计风格。比如,西门子官方微博定位为:公益的践行者,科技就在你身边。精准的定位是做好网络公关的重要前提,可以保障组织的各种网络媒体和信息风格调性统一,从而吸引和稳定公众群体。

3. 确定各种网络渠道的传播内容策略。

(1) 明确重点发布内容,比如组织官方网站的信息内容应全面和权威,管理者的个人微博可突出个性化的个人信息。

(2) 确立各类型信息的分布原则,包括原创、转发、互动信息的比例等。

(3) 结合信息发布和更新的时间规划传播内容。发布时间取决于业务需要和网络舆情的变化,但也要制定年度、季度、月度、一周的大体内容。要在定期更新信息的基础上,随时根据网络环境变化发布最新信息。

4. 完善其他规划内容,包括人力、财力、物力等资源规划,危机防御措施,传播效果监测计划等。

(二) 网络公关平台的推广

为了使网络公关信息能够有效地到达公众,除了运用信息传播技巧促进公众的关注、转发外,还应在网络公关平台建立和运营的不同阶段进行更有力度的营销推广。以组织官网为例,可以采取以下措施:

1. 在有影响力的新闻和广告媒体上宣布网站的建立;

2. 在组织的 CI 系统中标注网址;

3. 在搜索引擎上介绍网站,并增加网站在搜索引擎上的能见度;

4. 鼓励其他站点引用本组织网站的内容或创建指向组织站点的链接。

(三) 网络舆情的判断和疏导

网络上公众对组织整体或某个方面的评价即网络舆情,它决定了组织的网络形象。严格意义上讲,网上的发帖信息和网络媒体的报道仅仅是公众表达出来的"显性舆情",尽管微博等社会化媒体让很多人从旁观者队伍中走了出来,但是"沉默的螺旋"仍然存在,余者恰恰是"沉默的大多数"。作为一种"隐性舆情",他们的态度也需考虑进去、分析出来,这样才能对组织形象做出比较准确的判断。

同时应该看到,在网络环境里,那些"大声疾呼的少数人"所产生的舆论影响是巨大的,他们的观点容易影响公众,客观上代表了"主流意见"。因此,为了避免他们的意见有失偏颇而误导公众,组织应适时地鼓励那些"沉默的大多数"表达自己的观点,可以在官方网站、微博等设置在线调查表的链接,也可以把"沉默公众"的观点用话题的形式发起讨论。

二、网络公关的传播方式

信息借助合适的传播形式进行表达,才能如虎添翼、彰显价值,从而吸引公众。网络公关的传播方式十分丰富,选择几种介绍如下。

(一) 与公众分享知识

"分享知识"如果能满足公众的切实需要,往往很受欢迎。除了在网络问答平台上植入组织信息外,还可以利用组织的网站、微博等进行发布。这种传播通常是作为一种日常信息的补充来使用。当信息量不足,难以保证既定的传播频次时,就可以有计划地发布小知识类的帖文;如果能结合时令和社会时事,及时推出一些这样的材料,往往效果更好。比如,汽车企业的官方微博可在入冬后发布"爱车冬日养护 10 招"之类的帖文。

再如,2010 年 11 月 12 日柬埔寨发生重大踩踏事故,河北省公安厅连夜发微博,用图文并茂的方式向公众讲解"发生踩踏事故怎么办",使公安微博走进了时尚一族的视野,得到网友的热烈追捧。

(二) 与公众分享或共同创作网络文学

网络文学是指以互联网为展示平台和传播媒介,借助超文本链接和多媒体演绎等手段来表现的文学作品及类文学文本,一般特指网络原创作品。通过网络文学可以促成组织公关信息的传播,也可达成与公众的联谊互动。

2009年青少年护肤品牌可伶可俐策划了"向青春告白"活动网站,并在腾讯旗下滔滔微博网站打造了首部网络微博小说,由人气作家安意如领创,与公众一起进行了28天的创作大接力,最终汇集成10000字最原创的"向青春告白"电子书,同时将品牌精神通过有趣的互动形式传给了众多青少年。

作为公关手段的网络文学必须具有吸引公众参与创作的特征和有利于组织形象传播的效果,"凡客体"就是其中一个成功典范。据不完全统计,截至2010年8月5日已经有2000多张"凡客体"图片被网友创作出来,在各类网站上频繁转载。网友们在"凡客诚品"的世界里一起戏谑主流文化或传诵温馨感人的故事,尽情享受创作与欣赏的饕餮盛宴,创造了"广告也疯狂"的网络效应。虽然在狂欢的气氛里难免有恶俗的作品,但是网友是快乐的、包容的,这些丝毫没有影响凡客诚品作为一家网络公司的良好个性形象。

(三) 借助网络视频推广品牌

网络视频指投放在网络上的各类影视节目、广告宣传片、动画、游戏视频等文件。网络视频具有较强的艺术性和娱乐性,容易被公众接受,成为网络公关新的增长点。

近年来,微电影形式的网络公关发展很快。微电影与传统的公关宣传片、网络游戏等不同,它不是单纯地植入产品广告或曝光组织标识,而是借助视听语言,讲述一个完整的故事,激发公众的心灵体验和情感宣泄,同时将品牌理念或产品功能巧妙地渗透进去,达到"理念植入、情感征服"的境界。

以《老男孩》为代表的《11度青春》10部系列网络电影,是雪佛兰科鲁兹联手影视公司和网络影视媒体推出的公关作品,在社会上产生了很大的反响。其成功主要在于精准地把握了年轻人喜欢的沟通方式,即通过网络电影,为目标公众建立了分享酸甜苦辣的青春故事平台,激发了奋斗中的年轻人强烈的认同感,从而促成了企业与公众的真诚沟通,使雪佛兰科鲁兹所倡导的奋斗精神与新生代"坚持本我、不懈努力、追逐梦想、乐于表现"的生活信念达成了高度契合和共鸣。

(四) 制造新闻事件

策划和实施富有新奇色彩的新闻事件,无论是传统公关还是网络公关,都是一种重要的手段,网络为公共关系新闻制造开辟了更加广阔的创意空间。

2008年8月20日,《华盛顿邮报》称:"一位名叫马可的英国用户上周打开他的新苹果手机时,发现有几张照片已经在他的手机里了。这些也许是为了测试摄像头的照片,但忘记删除了。马可把这些相片放到了苹果的新闻网站上面,其中展示了一名员工在组装代工厂商的工厂里,露出一个大大的微笑,并做出'V'的手势。"仅仅6天之后,这位iPhone女孩竟以奇迹般的速度红遍全球。这期间,国内外大量网站和传统报刊参与报道,在不同的阶段,博客、论坛、门户、平面媒体等轮番上阵,一个个传奇故事持续不断"自然而然"地发生。而这一切实际上都是代工厂商为扭转"血汗工厂"的负面形象而精心策划的网络公关,让一个可爱阳光的员工的照片像网络漂流瓶一样,在英国消费者和全球围观公众的手中传递。从这位员工的身上人们感受到他们活得很快乐,苹果公司iPhone产业链的合作伙伴和消费者也因此感到心平气和。

(五) 专项活动与整合公关传播

很多传统的公关专项活动都可以在网络上进行,如新闻发布会、公益活动、联谊会等。活动中可以设置抽奖、游戏等娱乐环节,刺激公众参与,并不断公布获奖信息,以树立公信力。

为了提高网络公关活动的影响力、传播更加丰富的组织信息,网络公关通常需要采取整合传播的方式,统筹传播内容,优化媒体组合。必要时可设立特定主题的专题页面,通过整合的文字、图片、视频、论坛和相关链接等来帮助公众全面、深入地了解某一公关活动或组织形象。

2011年夏初之际,海尔公司开展了以"健康新鲜零距离,幸福生活四重奏"为主题的海尔冰箱系列营销公关活动。从产品特点和定向人群出发,将8个网络活动连接起来:1. 玩转健康之论坛营销:"夏日炎炎来得早,冰箱误区知多少";2. 玩转健康之微博活动:"父爱如山,老爸我想对你说";3. 玩转空间之"食物也怕蜗居"微小说大赛;4. 玩转空间之"超级空间随心百变之大家来找茬";5. 玩转低碳之"吹响绿号角,亲手植绿树";6. 玩转低碳之"少开一扇门,节约一度电";7. 玩转甜蜜之"吹响甜蜜号角,微博大秀甜蜜";8. 玩转甜蜜之爱心抱抱团:"关爱自闭症儿童,给孤独一个爱的拥抱"。每一个活动都配了软文、论坛和抽奖环节。整个活动广泛运用了多家环保类的传统媒体和网络媒体,进行了扩散式传播,获得了良好的效果。

线上线下的活动配合也是网络公关整合性传播的常见方式。例如,电影《非诚勿扰》上映后,人们对"西溪湿地"之旅那场戏记忆犹新,不少影迷到杭州寻访。地处杭州的一个房地产经纪公司看到了商机,通过其博客图文并茂地展示了"西溪湿地"的美景,并且策划了与《非诚勿扰》剧情相仿的相亲活动、赛龙舟比赛等。在公众的高度关注和积极参与中,促进了房地产销售业务。

(六) 组织高管的微博传播

理论上,组织开设微博的同时,其高管也应尽量开微博,由这些微博做源头转发,可以增加组织微博信息的关注度。但是这类微博代表着个人和企业的双重身份,事关品牌声誉,因此要特别慎重。

一般来说,经常关注组织的经销商、消费者等公众也会特别关注组织高层领导的微博,有的是出于感情,有的则是希望通过这种非正式渠道了解最新的组织权威信息。所以,组织高管应借助特定的机会,如举办展会、新品发布等,利用微博透露某些组织信息,或进行在线访谈,与公众进行互动交流。

尽管如此,个人微博毕竟是一种非常私人的、比较感性的倾诉渠道,绝不能把它变成组织的"第二个官方网站",更不能把博文内容和语言风格写成新闻稿的形式。个人微博要结合组织形象定位,传达自己的个性化声音,塑造被社会公众所认同的个人修养。创新工场董事长李开复的微博就是个人与公司双重"人格"结合的典范。他的微博主要包括 IT 业界动态及深度思考、本企业动态、生活趣闻、哲理名言等,这些内容与他的个人身份和公司定位均十分吻合,成功打造了一个睿智、创新、精通 IT 行业又不失风趣的企业家形象,并人性化地演绎了其公司的风格。

组织高管与公众的生活化交流也是其个人微博中必不可少的一部分。如潘石屹为解答儿子的习题在微博上发帖求助、李厚霖与粉丝一起猜谜语。这种与公众朋友般交流的公关效果,是个人微博的优势所在。

三、网络公关传播策略和技巧

(一) 话题策略

社会化媒体的最大魅力在于互动,网络公关的操作重点也应放在吸引公众参与传播上,为此首先要在话题上下功夫。很多时候只需给公众一个话题方向,把大部分创意和传播交给网友主动去完成,公众就会在参与中帮助组织传播。

要在"嘈杂"的互联网上引爆话题,第一步应找到网民或目标公众的兴奋点。通过对网络热点话题的扫描分析可以看到,具有以下属性的话题更容易触发网民的兴奋点:

1. 有关道德的话题,包括家庭、企业、社会等方面的道德伦理,如感人的亲情故事、人间大爱、血汗工厂、弱势群体等。

2. 对旧观念、旧秩序的反思,如新生代的个性与叛逆、潜规则的揭秘和批判、返璞归真的审美取向等。

3. 爱国情绪、民族情结,如抗震救灾、支持国货等。

4. 公众维权、特定群体利益的保护,如打假、食品安全等。

5. 新闻话题,如最新的社会事件、舆论焦点人物等。

6. 人为制造的无厘头话题,如"杜甫很忙"、"贾君鹏,你妈妈喊你回家吃饭"等,实际上反映了公众的某种集体性情绪。

7. 特定网络媒体的小众话题,很多网络社交媒体更适合相对固定话题的小众传播,如某明星的粉丝贴吧上有关该明星的话题等。

一般来说,各种原创新鲜、视角独特、内容生动、有时代特征的话题,都可能引发公众的围观和议论。但是,对于社会组织的公关工作来说,如果一味地迎合网络公众的兴奋点,就可能脱离组织的整体公关计划,影响自身信息的传播;然而通常情况下,在网络社区平台过多地直接传递组织信息又会令公众反感。要协调这一矛盾,就要尽可能地将公众关注的话题与组织的传播价值统一起来。具体做法,一是以组织为主题的信息在表达角度上尽量兼顾公众的兴奋点;二是用公众的兴趣话题作包装,将组织信息"装"进传播内容中,注意信息切入得自然、巧妙,不可喧宾夺主。

2009年,一篇名为《炫穷?实拍月薪800元的民工子弟女教师》的帖子被全国多家论坛转载或首页推荐,并且传播到北京最具影响力的报纸和电视栏目上,随后几篇系列帖子也得到了网友的广泛关注和回复。帖子的主题是大城市农民工子女的教育问题、80后女孩的价值观、对社会炫富现象的反思等,都是公众所关注的热点话题。而实际上这些帖子都是某文教产品公司的公关之作,在帖子图片和故事性文字中有几处公司产品的内容,但是这些内容并没有引起公众的反感,正如一位网友回帖所说:"我看出是某公司广告了,但是很人文、很感人,我喜欢!"企业在进行自身公关传播的同时,帮助人们发现和展示了人们愿意看到的社会角落里的真善美,讴歌了社会正气,公众对于这种企业行为是持赞美态度的。

(二)人性化的表达技巧

虚拟的网络和冰冷的电脑设备容易给人带来一定的心理距离。网络公关必须在它所营造的"熟悉的陌生人社区"里加强人性化、生活化、情感性的沟通,正如"凡客诚品"对自身微博所做的要求那样,要"讲人话"。

在基于事实的前提下,适当运用或制造网络公众所喜爱的网络语言,采取简单、轻松、夸张、幽默或传奇式的口吻,容易感染受众,制造病毒式扩散的传播效果。试想,如果百度"魔兽世界吧"里传出的不是简单的一句给"贾君鹏"捎口信,而是在一段冗长的文字里塞入魔兽世界广告,传播效果必将大打折扣;在2008年举国为汶川赈灾捐款的时候,如果不是有人在网上喊出了"封杀王老吉",王老吉品牌也不会在一夜之间深入人心,造成超市里疯狂抢购的局面。

无论组织的官方形象多么严谨、低调,都应避免在网上使用套话、空话,自媒体传播尤其如此,这是网络语境决定的,与组织类型关联不大。例如,我国外交部的官方微博"外交小灵通"就以"俏皮"的语言风格为主,在很大程度上消除了与公众间的隔膜和拘束感,吸引了大批公众。

2011年6月16日,四川会理县政府网站上一幅新闻照片出现了明显的合成痕迹,三位县领导"悬浮"在了新建成的公路上。随着"悬浮照"的迅速传播,网上"造假"、"作秀"的质疑和嘲讽声响成一片,并且很快演变为网友大秀PS(图片合成)技巧的狂欢,网上铺天盖地地是三位领导悬浮在南方水灾、美国白宫等全球各种场景的合成图。27日,会理县政府开设微博,由县政府和事件当事人、县政府办公室秘书孙正东发布道歉声明,承认照片确实PS过,但领导视察是事实。随后,该微博贴出领导视察的原照和PS照的对比图。当晚,秘书孙正东开通微博,并大方自嘲:"听说PS还在继续,会理领导表示鸭梨很大。他们不仅要长时间保持同一姿势处于飘浮状态,还要全球各地地跑……很忙很累的有木有?!"此言一出,网络舆论竟然迅速逆转。29日,会理县政府官方微博再发风景照推介当地旅游,并称"未PS哦",受到一致好评。由此,一场危机不仅得到了化解,而且转变为一次成功的城市营销公关。公众不仅原谅了会理县政府及其办公室秘书的错误,而且愉快地接纳了秘书的"调皮"和推销,因为公众喜欢与他们真诚交流的、有"共同语言"的社会组织。

微博类媒体的网络公关表达必须赋予组织"人"的特质,甚至于浪漫也不失为一种公关手法。2012年情人节前夕,一向以浪漫著称的法国品牌雷诺汽车发起的浪漫公关可谓高潮迭起、异彩纷呈。它先是在官方微博上给大众中国发送"情书",希望能在F1赛场上"激情对决,不见不散",之后又在微博上向凯迪拉克、雪佛兰等品牌发出信息。此后众多品牌和博友参与其中,剧情不断,跌宕起伏:西雅特"横刀夺爱"、大众中国"醋意大发"、凯迪拉克"甜蜜放电"……在情人节的语境下,一边是风情万种的"汽车们",一边是看热闹的网友们跟着调侃、"煽情",还有传统媒体参与评论,人气鼎沸,好不热闹,让公众的情绪和情感充分释放出来。这正是人性化的网络公关所要达到的传播效果。

(三) 倾听礼仪与回应技巧

倾听公众在社交媒体上的声音是创造互动的第一步,也是最容易被忽视的一步。不论是否是组织自己的网站,都不要急于发送自己的信息,要尊重和维护网上谈话氛围,表现出热情友好的礼貌素质,要以感谢、鼓励、进一步讨论等方式,积极、认真地回复留言;要用心体会公众的思想,并据此及时调整、更新信息内容和表达方式,用这种自然而然的参与交流潜移默化地影响公众,逐步培养公众的情感认同,建立持久的情感联系。即使是企业进行产品推广的营销公关,也应采用讨论、介绍等软性工具,注意有礼有节、轻松自如,不能生硬地推销。

网络公关追求的是自然真实的传播,因此,很多时候顺势而为的回应比绞尽脑汁的策划更有效果。2009年12月31日,即将进行裸婚的某网友在微博中许愿:"北漂族买不起房,买不起车,只奢望能有一个钻戒,不要是全裸结婚就好。有人能满足我一下这个新年愿望吗……"这样一段简单的文字、一个不切实际的愿望,却真的变成了现实——恒信钻石机构董事长李厚霖大方地送给了这位素不相识的网友一枚钻戒和一个钻石吊坠,成就了一个新年微博童话,李厚霖的名字及其"I Do基金"也随着这个美丽的童话,在媒体和网络公众中广泛传播,可谓皆大欢喜。

(四) 对网络意见领袖的公关技巧

博雅公司调研发现,约有10%左右的网民通过多种网络传播手段在有意无意地影响着其他90%网民的观点和态度。他们将这些意见领袖群体形象地称之为"E-fluentials"(E见领袖)。在口碑营销中,他们是tipping point(引爆点),可以引爆流行。在企业传播中,他们的力量甚至左右着企业在虚拟与现实社会中的公司声誉。

英国著名艺术家史蒂文·弗莱由于言语犀利又不失幽默,其微博每天都有大批网民甚至媒体关注。2008年初,弗莱直言不讳地批评微软:"微软所有产品给人的感觉是,所有的特征和功能都是设计出来的,因此都迎合微软的心理,而不是消费者的需求。"他的言论被大量转发,甚至一度引起了市场销量的波动。

与其任由意见领袖影响公众,不如主动开展针对意见领袖的公关工作,争取借助他们的传播渠道和影响力,进行品牌的正面渗透和再传播。

早在2003年,诺基亚在发布3650手机的时候就已经尝试通过意见领袖博客进行公关传播。诺基亚首先根据话题、关注人群等指标研究了一些关键的博客,然后选择了10个有影响力和代表性的博客,分别与博主联系,看他们是否对试用即将上市的新款手机感兴趣。诺基亚要求他们将体验发表到诺基亚为3650单独开辟的"迷你"网站。结果很多试用者都在自己的博客上推荐了3650的"迷你"网站，取得了非常不错的宣传效果。

开展网络意见领袖的公关工作，首先要广泛尊重这类群体，努力在他们中间发展顺意公众；在此基础上寻找符合自身品牌形象、能够影响目标受众的重要网络意见领袖，然后可以通过与之"互粉"、交换友情链接、利用网络或面对面交流等方式，取得他们对组织的了解、信任和支持；在建立了合作关系后，应给予他们分享组织新近消息的特权，邀请他们参加网上网下的聚会等活动，本着真诚、热情的态度开展友好往来。

第四节　网络危机公关

一、社交媒体时代的危机挑战

网络是一把双刃剑，在帮助组织开展正面公关传播的同时，也让危机有机可乘，给组织声誉带来极大的威胁。

（一）危机四伏难以防范

在传统媒体时代，组织一般只须堵住自身管理环节的漏洞、做好上级主管部门和媒体的公关沟通，就可以防范大部分危机。而如今，传统的线下危机依然存在，而且很容易扩散到网络上，并迅速发生"变异"，难以掌控。同时，网络上更是危机四伏、防不胜防。各类社交媒体上的众多网民都是潜在的组织信息的发布者和评论人，组织的负面事件很容易被某一个人传播到网上，继而被转发、评论，待到组织发现时或许已经找不到信息的源头了，更搞不清楚该与谁沟通。

网络危机的来源既包括一般危机的多种情况，也有很多新的类型，下面三类人群应格外引以注意，他们是很多网上危机的"始作俑者"：

1. 组织内部的领导或其他员工。他们可能因为随性、言行不当、泄露商业秘密等而造成危机。如2012年归真堂董事对记者的一句反驳"你又不是熊，怎么知道熊痛？"被传到网上激起民愤，让饱经"取胆"风波的归真堂陷入更深的危机之"痛"。

2. 有关事件的知情人或受害者。网上很多爆炸性新闻都是由他们"爆料"出来的。由于把关人的缺位，很多时候他们会把片面的认识情绪化地传播出去，再通过网络社区感染其他网民。

3. 组织的不良竞争对手、黑客等。他们可能借助网络的隐蔽性，对组织形象恶意丑化，散布流言。

（二）网络揭丑难以保全

在我国，互联网上差不多每天都爆出轰动性的新丑闻。中国社会有很多和谐甚至美好的方面，但中国舆论现在跟自己较上了真，揭社会的丑上了瘾。公众理想化的道德追求开始在互联网上出现，并且占据了它的高地。互联网已在扮演中国社会的"道德鞭子"。如今越来越多的人知道互联网的奇特作用，它的揭丑功能会像滚雪团一样越滚越大。① 类似于美国揭丑运

---

① 摘自环球时报：互联网已是中国社会的道德鞭子，http://news. sina. com. cn/pl/2012-09-01/073925080593. shtml，2012年9月1日。

动时期的社会背景已经在我国网络上出现。在这种情况下，那些"有坏习惯"的组织很难再保全自己，它们隐藏多年，甚至习以为常的问题都可能被揭露出来，以往倚仗权势、金钱、舆论镇压等可能行得通的办法在今天都变得无济于事，并可能成为公众揭丑的新把柄。每一个组织都需要重新认真地思考：自身还有哪些潜在危机？怎样解决危机才能让公众接受？

(三) 快速散播难以应对

在传统媒体条件下，组织一旦出现危机，秘书等公关人员有比较充裕的时间去澄清事实，进行公关应对。而在互联网时代，由于复制成本极低、网络平台和在线公众数量太多，组织的负面报道很容易在分秒之间迅速扩散到网上各个角落，从而使组织的应对时间被大大压缩。决策时间短、信息处理困难，往往会导致决策失误，致使危机升级、局面失控。

(四) 不良影响难以消除

某一个危机事件处理结束后，组织的负面信息仍然在网络上长时间存在，公众通过搜索引擎很容易找到它们。而且一旦该组织出现其他负面消息，或者其他组织出现类似问题，公众都可能重新揭开组织的"伤疤"，更有"好事者"会把这些信息聚集在某个专题网页里，不仅将组织历年来的危机"数罪并提"，而且约请专家学者进行点评和开放评论，从而帮助公众回忆和加深记忆组织的这些不良形象，让重拾信任变得很难。

总之，在网络化时代，组织任何一个微小的疏忽或公众有意无意的负面传播，都可能被扩大成一场危机，往往让组织始料未及又无力控制。一旦处理不当，组织的不良影响会无限期地蔓延，形成聚集，量变转化为质变，进而形成恶性循环。但是，危机也不是不能解决的，网络既是滋生危机的场所，也是解决危机最有力的武器，只要善于运用网络开展危机管理，就能在公众的挑剔和注视中重树组织信誉。

二、网络公关危机的应对措施

网络危机公关仍然要遵从传统危机公关的基本原则和工作方法，并运用网络公关的常规手段，在此基础上要运用网络危机管理的特别措施，以有效应对网络危机的巨大威胁。

(一) 网络危机预防

预防永远是解决危机的最佳手段。尽管网络危机很难预测，但仍然要把预测和防范网络危机当做一项重要的日常工作来抓，力求及早发现和遏制潜在危机。

1. 做有良知的社会组织

俗话说，"身正不怕影斜。"危机预防首先要从组织自身做起，从承担社会责任做起。在网络公关方面，一是要加强自身品牌、产品和服务的建设，并在网络上做真实的正面传播；二要积极开展网络公益活动，包括比较正式的大型活动，也包括网络所特有的"信手拈来"的小活动。

星巴克曾在微博上推出自带环保杯免费获得一杯咖啡的互动活动，非常成功，网友纷纷上传自己领到免费咖啡时的照片，数以百万计的体验和传播使星巴克的公德形象在公众心目中牢牢树立起来，为星巴克抵御未来不可预知的危机累积了力量。

2. 开展内部网络危机预防的培训

组织要将网络危机预防培训纳入到常规的危机公关工作中，在员工中开展知识讲座、预防演练等活动,尤其是要针对新媒体可能出现的问题进行培训。现在很多大公司都制定了"企业内部员工社会化媒体应用指南"类的指导性文件,引导员工正确使用微博等媒体。比如,要求员工不得透露未发布的新产品计划,不得以企业员工的名义谈论所在国家敏感的政治、宗教、色情等方面的内容。很多公司也对高层管理人员进行专门的社会化媒体应用培训。这些培训活动对于预防因内部传播不当所造成的危机是十分必要的。

3. 检测和分析组织的负面信息

组织应安排秘书或其他负责人借助跟踪软件等手段,在主要的社会化媒体、新闻门户以及搜索引擎上进行监测,一旦发现有关组织的负面帖子,就要判断该潜在危机的性质和发展趋势,分辨出一般的公众疑问、泄私愤、蓄意陷害等不同情况,以便进行分类处理。

2008 年 7 月 24 日,天涯社区贴图专区一篇名为《康师傅:你的优质水源在哪里?》的文章在网上广为传播,称康师傅矿物质水广告中声称的"优质水源"是自来水;同年 8 月 6 日《每日经济新闻》在刊发题为《康师傅矿物质水水源竟是自来水》的报道;该品牌对此的反应是:公司还在进一步商讨研究。从天涯帖子发出到第一篇媒体报道中间隔了近 2 周的时间,充分表明该公司媒体监测工作疏忽、行动缓慢。

4. 及时反馈公众疑问和投诉

对于反馈信息中的各类提问、质疑、批评和投诉,尽可能快速、诚恳地沟通,积极了解情况,予以答复,这样不仅能将危机控制在萌芽状态,让真相跑在谣言前面,而且组织的认真态度有时会感染受众,他们会主动为组织做义务宣传。

一天,可口可乐公司的检测软件发现推特(Twitter)上有一位失望的消费者发帖,称无法兑换回馈活动的奖品。这位消费者的微博账户有高达 1 万多名关注者。可口可乐公司的社交媒体负责人迅速在这位消费者的推特主页上发帖致歉,并称愿意帮助解决这一问题。这位消费者最终兑换到了奖品,后来将其推特头像换成了一张自己手拿一瓶可口可乐的照片。

针对网络社交媒体环境下出现的组织"在公众关注状态下的危机威胁",美国危机管理领域的权威理论家克姆兹和豪拉蒂提出了"类危机"的概念。类危机虽然看起来像是危机,但还不是严格意义上的全面危机,而是处于一种蓄势待发的前危机状态,"组织面临着不负责任或者不道义行为的公开指控"。

网络社交媒体的出现,让类危机的"抽象威胁"与"事实危机"之间的间隔变得更加脆弱。在类危机状态下遏制住导火索、开诚布公地进行信息传播往往能控制住局面、保护好组织形象;反之,一旦置之不理或草率行事,则很可能升级为真正的危机。

2011 年中国红十字会处理郭美美炫富事件的失败就属于这种类危机的升级。当"郭美美Baby"以"中国红十字会商业总经理"的认证身份在微博上炫耀自己的靓车名包时,立即刺激了网民的敏感神经,但此时中国红十字会还没有引起公众的全面关注和抨击,这就是十分关键的类危机时期。然而中国红十字会没有抓住这一有利时机,两天以后它才在其官方网站上做出约 200 字的澄清说明,内容避重就轻,语焉不详,网络民意的道德天平开始倒向了中国红十字会的对立面。一周后,公安机关和传统媒体纷纷介入调查和报道,随着关注人群越来越多,爆料也越来越猛,而舆论抨击也越来越具颠覆性,整个事件迅速从类危机上升为"爆燃性"

的全景式危机。至此,对于红十字会来讲,局面已全面失控,其声誉也一落千丈。①

(二)网络危机处理

1. 正确运用网络信息处理技术疏导舆论

一些组织在问题暴露时,运用网络技术封堵消息、删除负面信息、雇佣"水军"冒充网友发帖,或用不痛不痒、似是而非的理由搪塞公众,这些做法往往都是掩耳盗铃、作茧自缚,在网络上任何欺骗公众的做法都可能被公众识破,进而激怒公众,用他们非凡的发掘真相的能力进一步揭露事实;即使是让公众真假难辨,也会让他们通过组织的删帖等行为,给出该组织草菅民意、做贼心虚的结论,对于解决危机没有任何帮助。因此,及时沟通疏导才是网络危机公关的正确选择。

2008年,百度接连遭遇了一系列负面事件:三鹿300万元寻求其屏蔽奶粉曝光信息、"金德骗子"事件、因竞价排名被央视曝光等。面对扑面而来的负面新闻,百度并没有逃避,而是采取了一系列比较透明的处理方式,包括主动承认错误、接受央视采访、撤销上千个问题关键词等。通过一连串的公开动作和计划,让公众重新看到了百度的真诚。特别是许多人在百度上搜索发现,百度并没有将自己的负面新闻完全删除和屏蔽,所以从心里给其打了一个满意的分数,也让百度在危机处理过程中掌握了一定的舆论主动权。

一般来说,利用搜索引擎进行公关危机的舆论引导主要有两种情况:一是在危机处理过程中将组织的重要信息置顶,以引导公众关注。例如,统一企业在2009年"砒霜门"事件的处理中,两次在其官网上发布声明,从公众利益出发,告知最新的权威检测结果,不卑不亢地向相关单位提出更正要求。这两份声明被列到谷歌关于"农夫山泉"或"统一"关键词搜索的第一位,对统一企业的事件处理和舆论影响起到了十分重要而积极的作用。

第二种情况是在危机妥善解决后,为减少持续性的负面影响,误导公众的判断,必要时可通过搜索引擎优化的办法,用正面信息的网页排名来挤掉负面信息的有关网页,达到稀释负面信息的作用。

2. 迅速妥善地处理危机

危机发生后,组织要通过网络公关与公众舆论展开时间竞赛,最大限度地遏制负面舆论的激增。一方面要严密监测各大网站对危机事件的报道,分析其对危机事态的影响;另一方面要抓住主要矛盾,迅速表明态度,采取整改行动,积极引导舆论走向。

美国相关机构的最新研究成果显示,社会化媒体时代危机的最佳处理时间是在事件发生后的45分钟内。如果3—6个小时企业仍未作出反应,负面的影响将至少持续3天以上。如果3天内仍未作出反应,则负面的影响将至少持续两周以上。如果两周内还未作出回应,将可能爆发全面的危机,对企业声誉造成严重损害。②

---

① 参考吴旭:《"类危机":社交媒体时代的新挑战》,《国际公关》,2012年第4期,第92—93页。
② 沈建:《微博时代的企业声誉管理》,《国际公关》,2012年第2期,第40页。

1996 年 10 月,美国一家历来以自然健康为口号的果汁生产厂商 Odwalla 发生了苹果汁被大肠杆菌污染的严重事件,导致 61 人中毒、一个小孩死亡。该公司在专业公司的协助下 3 小时内就建立了一个专门网站,表示公司的歉意,说明能够采取的补救措施,并提供有关医疗保健网站链接,向消费者提供大肠杆菌防治的最新信息。公司员工还在网上收集和公司有关的新闻,并链接到公司网站上,起到了澄清事实、消除恐慌和流言的积极作用。在 48 小时之内有 2 万多人次访问该公司的网站。Odwalla 的及时补救行动赢得了公众的赞许,树立了公司的良好形象,其产品也重获消费者信任,几个月后销售额便上升到历史最高水平。

网络危机发生后,常规的基本做法是:(1)组织在网站的显著位置开辟窗口,滚动报道危机事件,主动将事件真相和工作进展情况告知公众;(2)利用微博、电子公告板等建立与公众的对话机制,在公关秘书的配合下,由高层管理人员直接面对网民的质询,迅速决断;(3)配合开放参观等传统的线下危机公关手段解决问题。其中,微博等社交媒体是当前网络公众的关注重点,运用这类媒体做好公关疏导十分重要。

2012 年央视"3·15"晚会报道了北京三里屯麦当劳餐厅违规操作的情况。在信息公布后不到一个小时,麦当劳通过官方微博发布了简短的声明:"麦当劳中国对此非常重视。我们将就这一个别事件立即进行调查,坚决严肃处理,以实际行动向消费者表示歉意。我们将由此事深化管理,确保营运标准切实执行,为消费者提供安全、卫生的美食。欢迎和感谢政府相关部门、媒体及消费者对我们的监督。"短短的 100 余字完美地涵盖了所有重要信息元素:表明态度、界定问题、做出改进承诺、明确传递对象。这条信息在 3 月 15 日当晚便获得了 8400 多次的转发量,直接一次转发覆盖的人数超过 1000 万,高效率的社交媒体为麦当劳的危机公关提供了保障。之后几个月麦当劳积极开展了"参观养殖基地"等一系列活动,成功地"转危为安"。4 月统计表明,麦当劳三里屯分店竟然奇迹般地没有受到危机影响,营业额还增长了 4%。

由此可见,网络危机虽然来势凶猛、变幻莫测,但是只要做好危机监控等日常管理,并在危机时刻表现出训练有素的工作作风、高超的公关技能,仍然能够实现"化危为机"的转折。

思考题

1. 与传统公关相比,网络公关有何特点?

2. 网络公关的传播渠道有哪些?各有哪些公关价值?

3. 网络公关主要有哪些传播形式?

4. 列举最新的网络公关案例,分析其公关策略和技巧。

5. 研究你所在学校的网站和其他网络传播渠道,分析其公关功能的发挥水平,并提出改进建议。

第十一章　秘书日常公众交往活动

如果说,组织的大型、专项公关活动需要秘书与组织中其他人的相互配合、通力协作才能取得成功的话,那么,秘书的"窗口"位置和联系上下、沟通内外的工作性质,使秘书能够在日常工作中与组织的各类公众进行交往,并随时发挥"内求团结、外求和谐"的公共关系职能。要做到这一点,有赖于秘书时刻保持明确的公关意识和高度自觉的公关行为,在日常工作的每一个环节,在完成工作任务的同时,达到协调内外部公众的公关效果。

秘书工作中的公众交往活动几乎发生在其的每一项常规工作当中。其中,在日常沟通、拜访和接待、宴请以及联谊活动等与公众的交往活动中,秘书公关职能的作用尤为显著。

第一节　秘书日常沟通与交流

沟通与交流是人际交往和传播的重要形式和内容。秘书的工作职责,使其在每日的常规工作中需要与组织的各类内部和外部公众进行传递信息、表达思想、表明态度、传递情感的交流以及化解矛盾、消除隔阂以求达成共识的沟通活动。

在如此频繁、大量发生的日常公众交往中,秘书如何有意识地运用公共关系的原理、方法和技巧,在完成工作任务的同时,为组织树立良好的观众形象,提升组织在公众舆论中的知名度和美誉度,并进而强化内外部公众对组织的忠诚度,是应当特别重视的研究课题。

一、秘书日常沟通交流的基本原则

(一) 真挚热诚

人是感情的动物。人际交往中,真挚的情感、坦诚的态度对于打开互动双方心扉、增进彼此情感具有重要作用。所谓"情动于中而形于外",一个人内心对事物的看法和态度,会自然而然地在其言行举止中流露出来。秘书由于职业岗位的特点,经常需要与形形色色的组织内外公众交往,工作繁重、疲惫烦乱时,秘书对发生交往的公众难免会不自觉地表现出倦怠、敷衍的状态。但秘书作为组织的形象代言人,一举一动都关乎组织的形象和声誉。因此无论是日常生活中随处存在的见面、打招呼、寒暄,还是在接待、宴请、联谊等重要场合的公众交往活动中,秘书都应发自内心地与人真诚沟通交流。

(二) 平等相待

平等相待要求秘书在公众交往中,一方面把自己放在与公众平等的位置,既不高高在上,也不唯唯诺诺;另一方面,要求秘书对待所有公众一视同仁,不因对方地位的高低和情感的亲

秘书公关原理与实务

疏远近而差别对待、厚此薄彼。

（三）互相尊重

根据美国社会心理学家马斯洛的基本需求层次理论,尊重是每一个人都具有的高层次的精神需求。在人际沟通交往中,尊重表现为对对方适度的关心、适时的帮助、态度上的谦恭有礼等诸多方面。其中,能够设身处地从对方的角度看待、思考问题,理解和体谅对方处境的换位思考是对交往对方最大的尊重。

总之,秘书应当成为组织形象的树立者和自觉维护者,要在日常与公众的沟通交流中,秉持"一切为了公众"的公共关系准则,在社会交往中充分发挥沟通上下、协调内外的作用。

二、秘书日常公众交往中的见面

见面是人与人交往的开始,是公共关系人员留给对方第一印象的重要组成部分。为了给对方留下一个良好的印象,取得社会交往活动的成功,秘书必须掌握和遵守见面的基本规范,包括致意、称呼、握手、介绍等。

（一）致意

秘书在日常的公众交往中,遇到相识的人,要利用一定的方式向对方致意,表示出对对方的敬意和问候。如果遇到熟人不打招呼,或别人致意却没有回应,都是非常不礼貌的。一般而言,致意有微笑、点头、招手、欠身、打招呼等多种形式。

微笑具有强力的亲和作用,被称为"无国界的语言"。社会交往中,任何人都能够从对方的微笑中接受到亲近和善意的信息,并由此使自己产生轻松愉悦的心情。微笑同时是对对方尊重的表现。秘书与人交往时,应时时面带自然真诚的微笑,使人觉得愿意亲近,没有距离感,这非常有利于秘书在组织内外良好人际关系的建立,有助于秘书工作的开展。

在社交场合,两个相识的人互相看见但相距较远时,可以采用招手致意的方式;在同一场合多次与某人见面,此时只需点头致意即可;在会议室等场合,不宜大声打招呼,可以相互点头、微笑致意;有相识的人从身边走过,可以欠身致意。

与对方打招呼,应根据不同的情况选择不同的招呼方式:双方近距离相遇,又无需深谈时,可以驻足寒暄,简短问候即可;回答也相当简单,甚至可以含糊其辞。

（二）称呼

正确、恰当的称呼,不仅反映着秘书自身的教养、对对方尊重的程度,而且还体现着交往双方关系情感关系的亲疏程度。

1. 称谓

秘书在工作场合对交往公众的称呼,常见的方式是以交往对象的职务、职称相称,比如张老师、李处长,体现出庄重、正式、规范的特点。

在使用称呼时,需要特别注意以下几点:

（1）使用适当的称呼。比如工人可以称呼为"师傅",但如果用来称呼其他人,则可能会让对方产生不舒服的感觉。

（2）使用通用的称呼。有些称呼具有一定的地域性,比如山东人喜欢称呼"伙计",但南方人听来"伙计"是"打工仔"的意思。中国人把配偶经常称为"爱人",在外国人的观念里,"爱人"却是"第三者"的意思。

（3）使用正式的称呼。在公务场所,不适合使用过于随意的称呼,如"兄弟"、"哥们儿"等,虽然亲切,但显得不庄重。

2. 记住姓名

姓名是一个人最为重视的一种社会符号。戴尔·卡耐基曾经说过,"一个人的姓名是他自己最熟悉、最甜美、最妙不可言的声音,在交际中最明显、最简单、最重要、最能得到好感的方法,就是记住人家的名字"。在人际沟通交往时,能够记住对方并叫出对方的名字,是应酬礼仪的重要体现。被称为"秘书界教母"的韩国大成产业株式会社会长首席秘书全圣姬特别强调,"整理上司的名片,熟记大家的名字,乃是人脉管理的基本。……打电话时,认出对方的声音,在对方自报家门之前便说出:'您是×××吧,您好。'是人脉管理的一项高级技能。"

秘书工作的枢纽位置决定了每天要接触大量往来组织的公众。如果能在第一次见面后就记住对方的名字,再次见面时准确称呼对方,会令对方因感到受到重视和尊重而心情愉快,从而迅速消除彼此的陌生感,拉近双方的距离,使沟通顺畅进行。

（三）握手

握手是日常沟通交往的重要组成部分。握手的力量、姿势与时间的长短往往能够表达出对对方的不同态度。秘书每日的迎来送往中,经常需要与交往公众行握手礼,因此必须了解握手的基本要求。

1. 伸手的先后

握手时,长辈和晚辈之间,长辈伸手后,晚辈才能伸手相握;上下级之间,上级伸手后,下级才能伸手相握;男女之间,女方伸手后,男方才能伸手相握。一般情况下,秘书日常与内部公众熟悉的公众交往时,不需与之握手。

与多人握手时,次序由尊而卑,即先年长者后年幼者,先长辈再晚辈,先老师后学生,先女士后男士,先已婚者后未婚者,先上级后下级。

2. 握手的时间和力度

除了关系亲近的人可以长久地把手握在一起外,一般握手应将时间控制在三五秒钟以内。握手时两手一碰就分开,时间过短,既像在走过场,又像是对对方怀有戒意;而时间过久,特别是拉住异性或初次见面者的手长久不放,显得有些虚情假意,甚至会被怀疑为"想占便宜"。

握手不可太用力,但漫不经心地用手指尖"蜻蜓点水"式的握手也是无礼的。

此外,当他人伸手与秘书相握时,一般不可拒绝。

握手时应该脱下手套,手有脏物不便相握时,应说明并表示歉意。握手后,有意无意地擦手是不礼貌的。

（四）介绍

介绍是社交场合中人们相互了解的基本方式,也是秘书公关工作中经常遇到的,一般包括自我介绍、他人介绍和介绍他人三种类型。

1. 自我介绍

自我介绍的时机应该包括以下几种：当有与某人认识的愿望时，或别人想认识你时；与陌生人在交际场合共处时；虽见过面，但对方记不清时。这时可以上前，在不影响他人的前提下进行自我介绍。

自我介绍的内容主要包括：姓名、来历等，在公众场合中还可以介绍自己的爱好、兴趣、特长，但不能把自己吹嘘得天花乱坠。

2. 他人介绍

在交往时，有时需要由他人介绍，这时被介绍者首先应站起来。如果被介绍者是主人或者身份较高者，应在介绍后立即与对方握手，表示欢迎和愿意结识对方的意愿。如果自己是客人或身份低者，应根据对方的态度作出反应。对方伸手相握时，应该积极伸手回应；对方愿意交谈，就应热情地展开交谈。

3. 介绍他人

为他人做介绍时，通常首先应该注意尊重被介绍双方的意愿，准确了解被介绍双方的身份、地位、姓氏，最好还应介绍一些被介绍人与众不同的优势与特长。介绍的程序是：先向女士、身份高者、年长者、主人、先到者介绍男士、身份低者、年轻者、客人、后到者。社交场合应突出女士优先和长者优先原则，在本单位、本系统内，应以身份、职务为尊。

介绍人通常是地位最高者：东道主、女主人、现场负责人，或专职工作人员，秘书、公关人员、礼宾人员、办公室人员等。

（五）递接名片

名片是现代社会中人际交往和公务活动中非常实用的介绍性载体，作为一种人际交往的自我"介绍信"和社交的"联谊卡"，名片可以在人际交往中证明身份，广结良缘，联络老朋友，结交新朋友。

递送名片的时间一般在被人介绍或者自我介绍之后，也可在交谈之后、临别之时递名片。前者侧重于自我介绍，后者侧重表示进一步联络的诚意。递名片时应双手递、对方双手接。同时互递名片时，要右手递、左手接。递送时名片的正面朝上，但名片字体应该朝着对方还是自己，则有不同的做法。名片字体朝着自己虽有表示谦虚的意思，但对方接过名片后总要倒转过来看，不免麻烦一点。如此说来，可以根据双方的地位差别及自己想表达的意思，来确定递送名片的方式。

接过对方名片后应点头致意，不要立即收起来或随意摆弄，可先认真读一遍，然后轻轻放在座位旁边的桌子上，便于在交谈时准确地称呼对方，切忌接了名片还错叫对方，临别时又忘了收好名片。

三、秘书日常沟通中的言语表达

"语为人镜，言为心声。"语言是人类的交际工具和思维工具，而口语交流更是人们传递信息、交流思想、联络情感最常用、最方便的形式。秘书日常公众交往中最常使用的就是口头交谈的沟通形式。

（一）态度诚恳亲切

尊重是礼仪的本质特征。在交谈中，坚持以礼貌、尊重、真诚、友善为基础，态度亲切、诚恳，推心置腹，能缩短彼此之间的心理距离，有利于营造互相信赖的良好交谈氛围。

谈话时交谈双方都会互相注意观察对方的表情、神态，对对方的反应极为敏感，稍有不慎就会使谈话不欢而散或陷入僵局。当别人遇到不幸去看望安慰时，表情一定要同情、专注；别人有了成绩去祝贺时，表情就要真诚、热情、愉快。如果与人交流时三心二意、心不在焉，就会引起对方的不满甚至反感。

（二）措词谦逊文雅

对他人多用敬语敬词，对自己则应用谦语谦词，即外敬内谦。尊重对方只有由衷地真诚地对人尊重，才能在语气上表现出恭敬之情。要心有所存，才口有所言。其实尊重他人就是尊重自己。只有在一个相互尊重的环境里，人们才会更好地和睦相处。

（三）遣词用句准确得体

俗话说："会说的说得人笑，不会说的说得人跳。"同样的话，不同的表达方式，效果是不一样的。善于准确得体表达的人，能够把自己的意思、情感恰如其分地表达出来，效果往往事半功倍；不善于准确得体表达的人，话一出口就有可能引出许多不必要的麻烦，想办的事情也无法办好。

（四）语气语调亲切自然

1. 音量大小适度

讲话时音量不宜过大，让对方能听清即可。明朗、清晰、愉快的声音最吸引人，低声说话比提高嗓门听起来让人感到舒适。同时，音量适宜的交谈也更能反映一个人的涵养。

2. 语速快慢适中

说话时要依据实际情况的需要调整快慢，讲话速度最好不要过快，应尽可能娓娓道来，给他人留下稳健的印象，也给自己留下思考的余地。

3. 语气语调亲切柔和

"有善心，才有善言"，语言美是心灵美的语言表现。要掌握柔言谈吐，首先应加强个人的思想修养和性格锻炼，理直气和更能诚服于人；语调亲切自然，既不要嗲声嗲气、矫揉造作，又不要生硬蛮横。

（五）态势大方得体

成功的人际沟通有赖于信息的准确传递。传播学研究表明，有效的信息传递是由7％的内容、38％的声音表达和55％的态势语言共同构成的。态势语言在其中所占的比例不容小视。因此，秘书在职业交往中，应当善于用态势语言来传递信息，表情达意。

1. 目光交流

眼睛是心灵的窗户。在与对方交谈时，无论是自己表达还是倾听对方谈话，都要精力集中，神情专注，眼睛要看着对方，与对方进行目光交流。在与人交谈时东张西望，心不在焉，是对对方极大的不尊重，但一直紧紧盯着对方的眼睛也是十分失礼的表现。恰当的目光接触应当在应酬中达到谈话时间的一半至三分之二左右。

2. 姿态配合

倾听对方谈话时,应身体稍稍前倾,目光直视,表示对话题的重视和关注;赞同对方观点时,应用点头等动作表示同意。在与人交谈中,频繁看表或东张西望都是失礼的表现。

四、秘书公众交往中的通讯活动

通讯,一般是指人们利用一定的电子设备进行信息交流与传递的沟通活动,包括电话(手机)、信函、传真、电子邮件等。

(一) 电话沟通

1. 拨打电话

(1) 时间选择

秘书拨打电话应考虑接听电话者是否方便。如果不是紧急事件,不要在他人休息或用餐时间给对方打电话。同时,秘书还应注意不同国家和地区间的时差,一般不宜在早上 7:00 之前和晚上 10:30 以后打电话,如对方有午休习惯,应避开午休时间。通话时间不宜太长,一般在 3 分钟左右,总的原则是以短为佳,宁短勿长。

(2) 礼貌用语

秘书接通电话时的第一句话,应是"您好"而不是以"喂"来称呼对方,然后介绍自己。如果接电话的人不是自己要找的人,应客气地请听电话的人帮忙叫一下,这时应说:"麻烦您叫一下××听电话,谢谢。"当对方答应帮忙时,应手持话筒静候,不可离开或者做别的事;对方告知要找的人不在时,切不可立即挂断,而应该说:"谢谢,打扰了。"或请对方帮助转达:"如果可以的话,能不能麻烦您转告……谢谢。"。如果拨错号码,应先致歉再挂机。结束谈话时,告别一般由拨打电话一方提出来。如果对方是长辈、上级或女性,则应由对方先挂机。

(3) 举止文明

秘书拨打电话时应双手握持话筒,嗓门不能过高,结束通话时应将话筒轻轻放下。

2. 接听电话

(1) 接听及时

接听电话合适的时间一般是在听到铃响三次左右拿起话筒。过早显得突兀,过迟则会给人以怠慢之感。

(2) 礼貌热情

秘书拿起话筒应立即说"您好",然后通报自己的单位、姓名。如果受话人不在,应礼貌地予以说明,不可突然挂断电话。如果对方请求转达信息,要热情予以帮助并及时、准确地转达。接听电话时应避免打断对方的讲话。如果有人来或另一部电话打来,可先致歉。如果遇到打错的电话,不要态度冷淡、生硬,更不能说不礼貌的话,应该告诉方"对不起,您打错了"。受话人不在时,不要主动打听对方的姓名、与受话人的关系、通话目的等。公务电话或代人接听电话要做好记录。

（3）注意公共秩序

秘书使用手机等语音通讯设备时，注意不要妨碍公共秩序，不要打扰别人，确保安静。例如，在公共场合通话时应尽量压低声音；会议室、阅览室、法庭等安静的公共场所内最好关机或者置于静音、震动状态。

（二）信函交流

信函是一种非常重要的沟通媒介，它是维系公众关系的重要方法，同时又有许多机遇包含在其中，并且也会因此而给别人留下深刻的印象。尽管文字联络方式还可以通过传真和电子邮件，但收到一封手写信函比收到一份传真或电子邮件更令人欣慰。信函交流应当注意以下事项：

公务信函最好选用带有本组织标识的信笺、信封并适当使用组织的头衔或写信人的头衔，手写信函通常比打印的信函更受收信者的重视。信函要保持干净、整洁，内容涂改过的信函是不能在影印后当作信函发出，这会使收信人反感或怀疑。如果是手写，应选择黑色、蓝色的笔来写，不要轻易用彩色墨水来写，不少西方人认为用红墨水表示绝交，用绿墨水表示求爱。但给小朋友写信可以使用色彩活泼的墨水。

信上的第一句话是对收信人的称呼，一般称呼姓名或姓再加上职务、职称或小姐、先生的字眼，也可以在姓名前加上"尊敬的"、"敬爱的"，除非收信人是自己的至爱或者家人，一般不允许称呼名字。写国际信函时，应按照国际惯例行事。

公务信函的结尾一般写上"谨上"即可，写给职位特别高的人，要使用"敬上"比较合适，私人信函中的习惯用语"你最诚挚的"等也常常可以用作公函。信函的右下方要签上自己的姓名，没有签名的信函是不礼貌的。

（三）收发传真

传真是利用光点效应，通过安装在普通电话网络上的传真机，对外发送或者接收书信、文件、资料、图表以及照片真迹的一种现代化的通讯联络方式。

发送传真之前，秘书需要先打电话向对方通报一下，这种做法既可以提醒对方注意，又不至于将传真发错了对象。无人在场而又有必要时，应当使本人或本单位所使用的传真机处于自动接受状态，不宜经常关闭。单位所使用的传真，通常应安排专人负责管理。

发送传真时，一般不可以缺少必要的问候语和致谢语。秘书要特别注意发送时间，向别人发送传真，一般均应主动避开半夜三更、午休时刻、节假日。最后，秘书收到他人发送过来的传真时，应当即刻采用有效的方式通知对方，以免对方牵挂。需要转达或者转交别人发送过来的传真时，应当越快越好。

（四）电子邮件

电子邮件已越来越成为当今社会人际交往的一种重要方式，其交往礼仪主要是：精心撰写电子邮件内容，做到主题明确，语言简洁、内容清楚。应及时回复电子邮件。应当养成定时检查电子信箱的习惯，一经发现需要回复的电子邮件，应及时回复；应有适当的电子留言，如外出学习、出差、探亲，可启动自动应答功能，在电子信箱中留言相告。

第二节　接待和拜访中秘书的公众交往

社会组织与相关的内外部公众之间由于沟通信息、处理事务、联络情感等各种需要经常互相往来，因此拜访和接待就成为秘书的一项常规性工作项目。秘书了解和掌握接待和拜访的相关程序和要求，就能够在与公众的交往过程中，通过自己的工作为组织树立和维护形象，提升组织的知名度和美誉度，为组织营造良好的公共关系环境。

一、接待工作

随着现代社会人际间和组织间交往的不断增加，组织与相关公众的往来越来越频繁，接待工作也因此占有越来越重要的地位。秘书作为社会组织的"窗口"，在接待工作中所体现出来的工作能力和个人素养，不仅代表着社会组织的形象，而且直接影响对方对本组织的态度和看法。因此秘书有必要了解接待工作的相关要求，以使迎来送往的工作能够顺利进行。

（一）秘书的日常接待

日常接待是秘书的一项常规性的工作，几乎每天都会出现在秘书的工作当中。秘书必须随时保持良好的形象，运用合乎礼仪的方式对待每一位来宾，为组织树立形象，赢得美誉。

1. 迎客

秘书接待时要仪表端庄、举止大方、口齿清楚，服饰要整洁、得体、高雅；女性淡雅化妆，不可佩戴过于夸张的饰物。

秘书陪同领导或独自到车站、机场等场所迎接来访的客人时，应准备写有醒目文字的接站牌，提前到达迎接。来宾到达后，应主动迎上前去做自我介绍，热情与客人打招呼、问候，表达欢迎之意。

2. 待客

对于首次来访的客人，秘书应主动向对方做自我介绍表明身份，然后再询问了解对方的姓名、来意等。如果来访者是预约的客人，则应根据来访者的地位、身份等确定相应的接待规格和程序。

如果来客要见的领导人外出不在单位，要明确告知对方领导何时能回来，请客人留下电话等联络方式，约定下一次双方见面的时间和地点。

客人到来时，由于种种原因不能马上见到想要见到的领导者，要向客人说明理由和需要等待的时间。如果客人愿意等待，应该向客人提供饮料、杂志等。

客人进入接待室后，接待人员应以手势示意请客人就坐，为客人准备饮用水。

3. 引导

秘书在带领客人前往目的地时，应以合乎礼仪的方式加以引导：

在走廊行走时，秘书应走在客人左前方数步远的地方。

引导客人上下楼梯时,秘书应提醒客人注意安全,转弯处用手指示方向。上楼时,应礼让客人走在前面,自己走在后面;下楼时则相反,即秘书在前,客人在后。

乘坐电梯时,秘书应先进入电梯,按住按钮等待客人进入后关闭电梯门,并按下要去的楼层按钮;电梯到达既定楼层后,接待人员应按住电梯开关,请客人先行步出电梯。

4. 送客

送别客人时,应根据客人的重要和熟悉程度等具体情况,将客人送到办公室门口、电梯口或单位的大门口。与客人道别后,不应立即转身离开,而应目送客人离开视野后再离去。

(二) 外来宾客接待

有宾客从外地来访或有大型活动时,接待工作比较繁杂,如有疏漏,会给组织形象造成严重影响,因此秘书及其他接待人员必须掌握相关的程序和礼仪。

1. 接待准备

接到来客通知后,必须先要了解客人的单位、姓名、性别、职业、职务、人数等,同时还要了解客人的来访目的和要求以及到达日期、所乘车次和到达时间。

接待一般客人,可根据惯例接待。重要客人和团体的接待,需要制订接待方案,以确保接待工作细致周到。其内容包括:客人的基本情况、接待工作的组织分工、陪同人员和迎送人员名单、食宿地点及房间安排、伙食标准及用餐形式、交通工具、费用支出预算、活动方式及日程安排等逐项列出。接待方案须报送领导审批。

2. 正式接待

客人到达时,应安排专人迎候。对于普通客人,可由秘书或相关人员到车站(机场、码头)迎接;在征得客人的同意后,主动帮助提拿行李等重物。重要客人应由对等或高于对方级别的领导亲自前往迎接。

客人到达住处后,应引领客人进入客房,安排好食宿,同时与客人协商确定活动日程。

根据日程安排,精心组织好各项活动,如业务洽谈、参观游览等。

根据客人要求,为其安排返程,如订购返程车(机、船)票并及时送到客人手中。

重要客人返程时,应安排车辆送至车站(机场),并在客人登车或检票登机后再离开。

二、拜访

(一) 拜访前的准备

决定拜访前秘书人员应当做好充分细致的准备,使拜访能够达到预期的目的。

1. 明确拜访目的

在紧张忙碌的现代社会,任何拜访活动都有一定的目的性。无目的的拜访只能浪费双方的时间,是失礼的行为。因此,拜访前应充分准备与拜访目的相关的内容和材料、送给对方的礼物等,使拜访的目的充分实现。

2. 预约

现代社会生活节奏加快,社会交往中,除非有特殊原因和紧急情况,否则都应事先与被访者取得联系,以便双方都能有效利用和控制时间。贸然登门拜访,会打乱对方的安排,是非常失礼的行为。秘书为领导的拜访进行预约通常采用当面向对方提出拜访要求、电话预约、信函预约等方式。

3. 了解对方的基本情况

拜访前最为重要的是要对拜访对象的概况、特点、业务状况有所了解,做到知己知彼,以免交谈时无话说或说错话而使场面尴尬。

4. 整饰

修饰容貌服饰,使自己仪容整洁、得体,符合秘书的职业特点。

5. 物品准备

拜访前,应准备好需用的文件资料、名片、礼品等。

(二) 拜访过程礼仪

1. 准时

按照事先约定的时间登门拜访,不只是对交往对象尊重友好的表现,而且守时会给对方留下诚信的好印象。一般情况下,应当提前几分钟到达,过早的话,对方还没有做好准备,会不方便;迟到则会使对方焦急等待,而且会影响对方的其他时间安排。如果因故不能准时抵达,要提前通知对方,详细说明不能践约的原因,并向对方郑重道歉。必要的话,还可将拜访另行改期。

2. 抵达

无论是公务还是私人间的拜访,都应当遵循应有的程序和礼仪。

见面。进门后,主动与拜访对象握手问好,并向访问对象介绍己方的领导,双方互行见面礼节。如果主人不止一人时,则对对方的问候与行礼,应注重先后顺序礼仪惯例。

在主人的引导下进入指定的房间。无论是办公场所还是私人居所,都切忌擅自闯入。

如果抵达后未能如约与拜访对象直接见面,或是对方没有派人员迎候,则在进入对方的办公室或私人居所前,必须先向对方进行通报,获得允许方可进入。

就座。就座时,应在主人招呼坐下后再入座,不应自行就座。与上司同行时应请上司坐上座,自己则居下座。

如果拜访时主人有其他客人在座,应当主动与其他客人打招呼后再坐下。对其他客人视而不见,不予理睬,对主客双方都显得非常无礼。

3. 举止

拜访过程中行为举止应符合做客之道:

与主人交谈时,要慎择话题,不可信口开河,出言无忌。在对方说话时要专注倾听,不可在对方说话时东张西望。未经主人的允许,不可以在其办公室或住处四处随意走动或擅自随意翻动室内的物品。

4. 告辞

在拜访他人时,要有时间观念,注意在对方的办公室或私人居所里停留时间的长短。停留的时间过长,会打乱对方的既定的其他日程。在一般情况下,礼节性的拜访,尤其是初次登门拜访,应控制在一刻钟至半小时之内,最长也不宜超过两个小时。重要的拜访往往需由宾主双方提前商定拜访需用时间的长短,在这种情况下,需严格遵守约定,不可单方面随意延长拜访时间。提出告辞时,虽主人表示挽留,仍须执意离去,但要向对方道谢,并请主人留步,不必远送。拜访期间,如果遇到主人有其他重要客人到访,应马上告退。

三、接待和拜访中的馈赠

馈赠,即赠送礼品,是古今中外人际沟通和交往不可或缺的重要方式之一。中国自古重视礼尚往来,《礼记·曲礼上》说:"礼尚往来,往而不来,非礼也;来而不往,亦非礼也。"而据统计,美国的公司每年花在商务往来送礼上的费用高达 40 亿美元。在赠送商务礼品的美国公司当中,认为送礼"有效果"或"很有效果"的人达 47%,认为"有点效果"的占 39%。馈赠对于社会组织和个人表达情感、增进友谊、促进交往等方面的重要作用由此可见一斑。随着现代社会生活交往活动的日趋频繁,馈赠在组织和个人建立良好公共关系中的作用越来越受到重视。

秘书作为领导的参谋辅助人员,了解和掌握恰当的馈赠知识,就能够在选择和受授礼品时为领导提供有益的意见和建议,使馈赠真正发挥作用。

(一)馈赠的基本原则

馈赠是人际沟通中一种重要的非语言交流方式。寄情于物,以物传情,起到其他社会交往活动所难以达到的作用。然而只有在遵循馈赠原则和馈赠基本礼仪的前提下的得体的馈赠,才能真正发挥其在交际中的重要作用。

1. 明确目的原则

馈赠是一种有目的的行为,馈赠的目的不同,在选择礼物时的原则亦不同。

社会组织中的馈赠通常为了达到维护和发展内外部公共关系、加强人际沟通往来、对帮助过自己的人表达谢意等目的,应根据不同的目的选择礼品。

2. 礼品选择原则

(1)轻重适当。通常情况下,礼品的价值是衡量馈赠者诚意和情感浓烈程度的重要标志。但很多时候礼物的轻重贵贱与其本身的价格并不一定成正比,因为礼物只是人们用以表达情感的寄托物。因此除非是有特殊目的的馈赠,其他馈赠礼物的价值都应以对方能愉快接受为尺度。如果赠送的礼物太轻会令人感到不受重视,太过贵重的礼物,则会使受礼人产生心理负担。

(2)与人所欲。美国学者亚历山德拉等人提出的"白金法则"认为,在人际交往过程中,必须了解交往对象需要什么,然后在合法的条件下努力满足对方。馈赠礼品时要尽可能考虑受礼人的喜好,在选择礼物时要考虑到对方的性别、年龄、文化水平、兴趣爱好等具体情况,用心选择,使礼品具有专门性和针对性,才能使馈赠达到理想的效果。

(3)注重特色。选择礼品时,应注重礼品的独特性。具有本地区、本民族文化特色的物品是最受欢迎的馈赠佳品。

(4)尊重习俗

由于国家、民族、宗教文化的不同,同一事物所代表的含义有时会有极大的不同甚至截然相反。因此在选择馈赠礼品时,要依照尊重习俗、规避禁忌的原则,馈赠前一定要了解受礼者的喜好,尤其是宗教、民族等习俗禁忌,否则不仅不能达成馈赠的初衷,反而会令对方心生不悦,令双方处于尴尬境地。比如,中国人认为"好事成双",因此喜庆祝贺之礼以双数为吉,但双数"4"因为发音与"死"接近,被一些人认为是不吉利数字。再如,菊花在不同国家和地区有着不同的"花语":有的用来代表高尚、纯洁、坚韧、长寿等,用来表示祝贺,而有的地方则代表思念、缅怀之意,用在祭祀之时。对于颜色,白色在西方文化中视为纯洁之意,但在中国则常用在丧葬的场合表达哀戚之情。此外,中国人还有不能给夫妻送"梨"(谐音"离")、给年长者送"钟"(谐音"送终")的习俗。凡此种种,要求秘书人员不仅要对馈赠对方有细致的了解,还要具备丰富的习俗礼仪知识,才能使礼品赠送达到令对方满意的结果。

(二)馈赠方式

1. 注意礼品的包装。馈赠时,虽然人们更看重礼品的内在价值,但高雅、精美的包装既可以使礼品更加美观,也能使受礼者感受到赠礼者对自己的重视和尊敬,令接受的一方赏心悦目,愉快接受,同时还能体现出赠礼人的文化品位和真诚用心。

2. 注意赠礼的具体时机。一般说来,礼品适宜在相见或告别时赠送。大型活动的赠礼(如开业典礼的贺礼)也可以稍提前送出,以便接受赠礼的一方有时间布置摆放。

3. 注意赠礼的场合,最好当面赠礼。赠礼是为巩固和增进双方的关系,因此赠礼时应当着受礼人的面进行,还可有意识地向受礼人传递选择礼品时的用心,从而激发受礼人喜悦和感激之情。如果礼物只赠送给众人中的个别人,则赠礼不应当众进行,否则会使其他人感觉受到冷落和轻视,只有具有特殊意义的礼品(如生日礼物),才可以在公众面前赠予。

4. 注意赠礼的方式。赠礼时,态度应落落大方,言辞真诚恳切,才能使受礼者欣然接受。切忌居高临下,使对方有接受赏赐之感。

(三)接受馈赠

1. 郑重接受。无论礼物轻重,都应双手接过并口中称谢,视当时的具体情况可以拆看或只看外包装。西方礼仪中,收到礼物当面拆开欣赏才合乎礼节。

2. 真诚感谢。任何礼品都是赠送者的一片心意,因此,接受时应真诚称赞礼品的精致、特色或实用,以示对赠送者的感谢之情。即使礼物不合己意,也不可当面指出或面露不悦之色,否则是十分失礼的行为。

3. 得体婉拒。除非有特殊原因,最好不要当面拒收礼物,否则不仅令对方难堪,而且会伤害馈赠者的感情。如果实在不能接受,也应言辞委婉,并向对方说明原因,以获得对方的谅解。

第三节 宴请和联谊活动中秘书的公众交往

一、宴请

宴请是社会交往中,人们为了表达感情、增进了解、沟通信息等目的而进行的聚餐活动,也是组织建立和维系公共关系不可缺少的一种社交形式。秘书是组织举办宴会整个过程的组织者和参与者,必须掌握宴请的相关程序,使宴请成为组织增进感情、建立和维护良好公共关系的重要途径。

公务宴请按照规格的不同,可分为国宴、正式宴会、便宴、招待会、冷餐会、酒会、工作餐等。

无论参加或参与举办哪种规格的宴会,秘书都应了解和掌握一些基本的程序和形式要求,以使宴会成为提升组织知名度和美誉度的重要手段。

(一) 设宴

1. 宴会准备

宴会中有许多约定俗成的礼仪规范和要求,秘书及相关人员需要在宴会前做好充分的准备工作,才能确保宴会的顺利进行。

宴会的准备工作包括:

(1) 明确宴会的目的、对象、范围和形式

宴会都是出于一定的目的,如迎送宾客、表达谢意、祝贺成功等等,不同目的的宴会在人员、规格、方式、礼仪上的要求都不同。明确了宴会的目的,才能清楚应当邀请的范围、人员、职位等等。秘书根据宴会的对象和范围,拟定出具体邀请名单。名单拟出后应反复核实,既要避免有所遗漏,又要避免邀请的客人彼此间关系不够融洽。

宴会的形式应根据其目的、规格和对象等因素综合考虑,可采取不同形式。

(2) 确定宴会的时间和地点

宴会的时间应符合宴会的目的和主题,太早或太迟都会失去宴会的意义。如纪念性宴会,可以是纪念日的当天或适当提前举行。秘书在确定宴会时间时应当考虑避开节假日等人们与亲人团聚的日子,以及社会其他大型活动的举办时间,否则将影响应邀者出席的效果。

宴会的地点应当以卫生清洁、环境优雅、服务优质、交通便利为主要选择条件。

(3) 发出邀请

正式邀请应当以请柬、书信、电子邮件等形式发出,非正式的邀请可以口头、电话等方式进行。请柬应提前一至两周送达被邀者手中,使其能够有充分的时间安排好自己的工作和生活。这也是设宴者对被邀者尊重的体现。

(4) 确定宴会菜单。宴会选择菜肴时,应当根据宴会的主题,在不超出预算的前提下,尽量考虑被邀者的需要,如客人的性别、年龄、民族、地域口味的差别等等。如出席人数较多,众口难调时,应以满足年龄、身份、地位较高的尊者的喜好和需要为原则。

(5) 安排宴请的桌位和座次

安排宴请,首先必须按照礼仪的要求安排桌次和座次,这是中西饮食文化的重要组成部分。

桌次的排列。桌次的高低原则以距离主桌远近而论,圆桌正对大门设主桌,左手边依次为2、4、6、8……右手边依次为3、5、7、9……直至会合。如图所示。

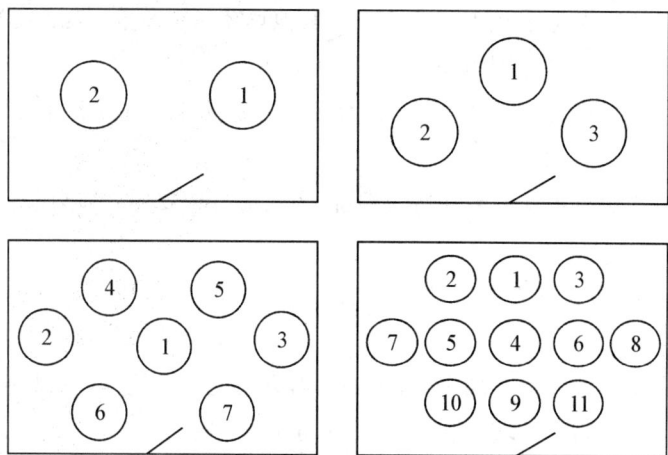

宴会桌次图

座次安排。对于座次的安排中西礼仪有较大的差别:中餐安排座次的原则是"尚左尊东";西方礼仪以右为尊。中国式座次安排中,二号主人通常在主人正对面,西方人则把最尊贵的客人安排在正对面。

大型宴会一般在排定桌位后,应在餐桌上摆放桌次牌,使受邀者不至坐错位置。

> 根据礼仪作家帕特里夏·罗西的建议,夫妇或好友应当与其他宾客交错而坐,以便其克服"惯性",建立新的联系纽带,所谓"不破不立"即是如此。更重要的是,健谈者应被安排到餐桌两边的中心位置上,这样一来,其能量便可辐射全场,兼顾各方,从而避免出现冷场的尴尬局面。(《第一财经日报》2012年6月7日)

(6) 检查宴会场所。宴会前,秘书人员应对宴会场所的布置进行细致的检查,以保证整体的安排符合礼仪的要求,对来宾表达出充分的尊重。

正式的公务宴会,宴会厅的环境布置应以庄重、大方为主。餐桌上的一切用品都应保证卫生清洁,桌布、餐巾、杯盘、筷子、刀叉、酒具等都必须洁净,不能有破损。摆台在宴会中是非常重要的礼仪展示,餐具、酒具必须严格按照中西餐摆台的要求摆放才不会失礼。

2. 宴会程序

(1) 迎宾

宴会开始前,主人应在门口迎候客人。主客双方见面握手寒暄后,应由秘书或其他工作人员引领进入休息室或餐厅。提前到达的客人,不应先入席,应安排专门人员陪同、照应,提供茶水、饮料等。在主人陪同主宾入席后,秘书等工作人员应引导其他客人按指定席位就坐。

(2) 席间招待

正式宴会,一般会安排致辞和答词,主办方应事先做好安排,不致发言人临时匆忙应对。

斟酒应从第一主宾开始,然后按照顺时针绕餐桌依次进行;斟酒时,应站在客人的右后侧;斟酒的多少,根据酒的种类而不同,但注意不要过满溢出。

敬酒时,主人、主宾先碰杯,然后再由主人与其他宾客一一碰杯。人数较多或距离较远时,不必一一碰杯,可大家同时举杯为敬,但不可交叉碰杯。

为客人敬菜时,不可用自己用过的餐具,而必须用公筷。对外宾不可反复劝菜,也不要为其夹菜。

如果席间有客人碰落餐具或酒杯造成混乱,主人应好言安慰,并请服务人员迅速收拾干净、更换餐具。

宴会结束时,主人要把客人送至门口热情话别。

(二) 赴宴

秘书因为工作的需要经常参加宴会,了解出席宴会的相关礼仪,可以使秘书能够在赴宴中举止得体,为自己和所在的社会组织树立良好的社会形象。

1. 修饰仪表

赴宴前,应对自己的仪容、仪表做适当的整理修饰,以示对主人的尊重。秘书陪同或代表领导出席公务宴会,更不可蓬头垢面或衣冠不整,但也不可过度修饰,比如,女性秘书不宜浓妆艳抹,应以淡雅清爽的自然妆为宜。如果邀请者对服装有明确要求,则必须严格遵守。

2. 准时到达

出席宴会的时间,应当根据活动的性质和当地的习惯掌握,迟到、早退、逗留时间过短都被视为失礼。身份高者可略晚到达,普通客人则应稍早到达。

3. 客随主便

对于主人安排的菜肴,即使不合自己的口味,也绝对不可挑剔;除非涉及宗教或民族禁忌,否则每样菜肴都应食用一些。

4. 礼貌用餐

吃有吃相。口中有食物时,应闭嘴咀嚼,不可说话;吃东西、喝汤不要发出声音;嘴内的鱼刺、骨头不可直接外吐,而应用餐巾掩嘴取出,放在菜盘内;剔牙时,用手或餐巾遮口。

忌饮酒过量,醉酒失态。赴宴时,饮酒一定要有所控制,不可因醉酒而做出失礼的言行或举动。中外饮酒习俗有差异,对外宾可以敬酒,但不宜劝酒,尤其是不能硬劝女宾干杯。

5. 真诚致谢

宴会结束后,应在待主宾退席后再告辞,并向主人真诚致谢。如确实有事需提前退席,应事前跟主人说明;如临时需要提前离开,也应向主人说明后再悄悄离去。

二、联谊活动

各种形式的联谊活动是生活中常见的社会交往形式,也是组织与内外公众间沟通信息、联络情感的有效手段。联谊活动主要有联欢会、茶话会、舞会等多种形式。灵活多样的组织形式、轻松愉快的沟通方式,使联谊活动日益成为现代社会组织、团体进行内部管理和外部公关时联络感情、协调关系、提升组织凝聚力、建立友好协作关系的重要手段。组织或陪同领导参与联谊活动因此成为秘书工作的重要内容。恰当得体的礼仪能够使活动顺利进行,使参与者心情舒畅,是实现聚会目标的重要保证。秘书必须了解和掌握联谊活动的组织方式、内容和要求,才能够在组织和参与联谊活动时得心应手。

(一)联欢会

联欢会是以放松身心、沟通情感、增进情谊为目的的聚会,有节日联欢会、晚会、客户联谊会等多种形式。联欢会轻松欢快、平等交流的形式对于社会组织和团体增进成员之间的情感、增强凝聚力、加强与外部公众的沟通和合作等具有积极的作用。联欢会礼仪是上述功能得以实现的重要保证。秘书是联欢会的主要组织者和参与者,必须了解联欢会礼仪。

1. 主办联欢会

(1)确定主题和形式

为了使联欢会真正起到放松身心、凝聚人心、增进情感的作用,联欢会要有明确的主题。并围绕主题选择联欢会的形式。

联欢会的形式根据主题、人数多少等因素,可以有多种形式。既可以是正式晚会式的文艺演出,也可以是人人参与的自娱自乐的娱乐活动。

(2)确定时间和场地

联欢会一般宜在晚上举行,时间长度以两小时左右为宜,太短不能尽兴,太长容易使人疲劳。

联欢会场地的选择非常重要,最好选择宽敞、明亮,有舞台、灯光、音响的场地。场地的布置应突出喜庆、热烈、和谐的氛围。

(3)准备节目

大型联欢会节目的选定非常重要。要根据主题确定形式丰富多样的节目,不可千篇一律,令人感到单调乏味。正式的联欢会上,要将事先印制的节目单发给观众,方便观众观看。一般社会组织、团体举行的联欢会,重在人人参与,娱乐身心,因此节目的演出不必太正式,也不需要专业的表演水平。

(4)选定主持人

主持人是联欢会的关键人物。秘书经常在联欢联谊会上担任主持人的工作。主持人应仪表自然大方,语言表达清晰流畅,轻松幽默,有一定的组织、应变能力,善于调动气氛。

2. 参加联欢会

(1)提前入场

一般情况下,在演出正式开始之前一刻钟左右,观众即应进入演出现场,注意不要迟到。入场后要对号入座,在自己的座位上就座时,要悄无声息,坐姿优雅。切勿将坐椅弄得直响,或坐姿不端。

(2)专心观看

在观看大型联欢会的节目时应精神集中,演出过程中不可随意走动或大声说话,也不应交头接耳。要自觉维护会场的秩序,保持安静,使联欢会顺利进行。

(3)积极参与

演出结束时应热情鼓掌,对演员的精彩表演和辛勤劳动表示鼓励感谢,对水平欠佳的演出,也要予以谅解,不可鼓倒掌,更不能吹口哨、扔东西。参加自娱自乐型的联欢会时,应积极参加表演,与大家共同分享快乐。

(二) 茶话会

茶话会是一种以茶点招待宾客的联谊形式。一直以来,"以茶会友"的方便而又亲和的交际功能,使茶话会的形式越来越被广泛地采用,其重要程度不亚于盛大的宴会。上至国家接待外宾,下到各机关团体都喜爱采用这种方式来建立关系、保持联系、增进友谊、扩大交往。在公务交往中,茶话会恐怕是社交色彩最为浓重,而业务色彩最为淡薄的会议,许多组织通过茶话会联络老朋友、结交新朋友并与社会各界沟通信息、交流观点、听取批评、增进联络,为本组织创造良好的内、外部发展环境。秘书组织茶话会主要有以下几项工作:

1. 确定主题

茶话会的主题即指茶话会的中心议题。一般情况下,可分为三类:

(1) 联谊主题。以联谊为主题是为了联络本组织与应邀与会的各类公众的感情。茶话会上,宾主通过叙旧与答谢,往往可以增进相互之间的进一步了解,密切彼此之间的关系,提升组织的美誉度。同时,还能为与会的社会各界人士提供一个扩大社交圈的良好契机。

(2) 娱乐主题。主要是指在茶话会上安排一些文娱节目或文娱活动,并且以此作为茶话会的主要内容。这一主题的茶话会,主要是为了活跃现场的局面,增加热烈而喜庆的气氛,调动与会者参与的积极性。茶话会上所表演的节目或娱乐活动,往往不需要事前进行专门的安排与排练,而是以现场的自由参加与即兴表演为主。

(3) 专题主题。专题茶话会,是指或为了某些专门的问题而召开的茶话会。它的主要内容,是组织就某一专门问题收集反映,听取某些专业人士的见解,或者是同某些与本单位存在特定关系的人士进行对话。召开此类茶话会时,尽管主题既定,仍须倡导与会者畅所欲言。

2. 确定来宾

邀请哪类或哪些公众参加茶话会,与茶话会的主题存在着直接关系。因此,在筹办茶话会时,必须围绕其主题来确定来宾,尤其是明确主要与会者。

在一般情况下,茶话会邀请的主要对象,大体可分为:

(1) 内部公众。以本单位人士为主要与会者的茶话会,主要是邀请本单位的各方面代表参加。意在沟通信息、通报情况、听取建议、嘉勉先进、总结工作。有时,这类茶话会亦可邀请本单位的全体员工或某一部门、某一阶层的人士参加。

(2) 合作伙伴。指在商务往来中与本组织存在一定联系的单位或个人,还包括与本单位存在着供、产、销等其他关系者。以合作中的伙伴为主要与会者的茶话会,重在向与会者表达谢意,加深彼此之间的理解与信任。这种茶话会,有时亦称联谊会。

(3) 社会知名人士。通常是指在社会上拥有一定的才能、德行与声望的各界人士。他们不仅在社会上具有一定的影响力、号召力和社会威望,而且还往往是某一方面的代言人。通过与这些知名人士的把盏交流,可以加深对方对本组织的了解与好感,同时能够了解各界对本组织的直言不讳的意见或反映。

茶话会与会者名单一经确定,应以请柬的形式向对方发出正式邀请。按惯例,茶话会的请柬应在半个月之前被送达或寄达被邀者之手,但对方对此可以不必答复。

3. 选择举办茶话会的时间和场所

茶话会要取得成功,举办的时间和场所的选择是组织必须认真对待的问题。

（1）茶话会举办的时机。只有恰当选择时机,茶话会才会产生应有的公关效果。一般来说,辞旧迎新之时、周年庆典之际、重大决策前后、遭遇危险挫折之时等等,都是组织召开茶话会的良机。

（2）茶话会举办的时间。根据国际惯例,举行茶话会的最佳时间是下午四点钟左右。有些时候,亦可将其安排在上午十点左右。在具体进行操作时,主要应以与会者尤其是主要与会者的方便与否以及当地人的生活习惯为准。

（3）茶话会的时长。茶话会往往可长可短的,关键是要看现场有多少人发言,发言是否踊跃。不过在一般情况下,一次成功的茶话会,大都讲究适可而止。若是将其限定在一个小时至两个小时之内,它的效果往往会更好一些。

（4）茶话会的场所。指茶话会举办地点、场所的选择。在选择举行茶话会的具体场地时,需同时兼顾与会人数、支出费用、周边环境、交通安全、服务质量、档次名声等诸问题。

（三）舞会

舞会被视为高雅的社交联谊活动,在秘书的公众交往工作中常常需要组织舞会和参加舞会。了解舞会的规范要求,对于做好舞会的各项安排和在舞会中表现出应有的风度与教养都大有帮助。

1. 确定舞会参加人员

（1）确定主人。任何一场正式的舞会都必须拥有一位名义上的主人。因公举办的舞会一般是举办单位的负责人为舞会的主人。任何情况下舞会的主人都不应当单身出席,应约请一位异性届时与之合作,共同担任男女主人。

（2）确定来宾名单,并提前向对方发出正式的请束。依据惯例邀请每位来宾同时请其再邀请一位异性一同前来。

2. 确定舞会举办的时间

舞会可以单独举办,也可作为宴会、晚会后的节目。一般情况下,舞会安排在晚间七八点开始,时间长度约两个小时。舞会的主办者应提前选定舞曲单,时间与既定时间长度大体相称,曲目快慢交错、风格搭配。

3. 参加舞会

（1）准备

参加舞会,无论主人宾客要穿戴整齐:男士着西装、皮鞋;女士穿裙装、中跟以上的鞋、化妆,洒香水。同时要特别注意个人卫生,不要吃有刺激气味的食物,如吃了则要及时清洁口腔。

（2）邀请

舞会上,通常由男士主动邀请女士跳舞。男士走到女士面前,面带微笑,弯腰鞠躬,使用礼貌语言发出邀请。如"我可以请你跳这支曲子吗?""请你跳支舞,可以吗?"

按照国际惯例,第一支曲子,男女主人共舞;第二支曲子,女主人邀请男主宾共舞,男主人邀女宾共舞。男士邀请女士共舞时,女士可以拒绝,而女士邀请男士共舞时,男士不得拒绝;邀舞时如果对方有舞伴在旁,需征得其舞伴的同意。如"请允许我与你的舞伴共舞一曲?"如果自己带了舞伴,一般第一支曲子和最后一支曲子邀舞伴共舞。如遇相识的人应争取邀请对方或与其一同参加舞会的异性共舞一曲。

男士向女士邀舞时,女士应礼貌接受,微笑起立致谢;拒绝男士邀舞时应委婉而礼貌,如"对不起,我有些累了,我想休息一会"、"对不起,我已经答应这位先生的邀舞了";对男士的第二次邀舞,一般不宜拒绝;两位男士同时邀舞时,答应一位,应对另一位道歉。如说:"对不起,下支曲子我接受你的邀请";不要刚拒绝一位男士的邀舞,马上又接受另一位男士的邀舞。

(3)起舞

男女共舞时,双方视线的位置、身体的距离、言语的交流等不能失敬于对方。男士要照顾女士的舞步,如转圈、跳花应有提醒。一曲终结,男士应向女士致谢并送回座位。当乐队奏完一支舞曲,全体舞者须先在原地立定,面向乐队鼓掌致谢后方可离去。

思 考 题

1. 秘书日常公众交往的原则有哪些?

2. 秘书与公众交谈中应注意哪些问题?

3. 秘书在接待和拜访活动有哪些主要工作?

4. 简述秘书组织和参加各类联谊活动应掌握的程序和礼仪。

第十二章 秘书的公众形象

公共关系工作是一项复杂而又重要的工作,这项工作质量的好坏关键取决于公关人员。公关人员需要通过严格的专业培训和一定的实践锻炼,具备较为全面的素质和能力,才能胜任公关工作的要求。秘书虽然不是完全的职业公关人员,但在公关工作中也应该具备相应的素质和能力。

另一方面,公共关系的终极目标是塑造和保持组织的良好形象,人员是组织形象最为活跃的载体,秘书作为联络组织内外公众的主要工作人员,在一定程度上代表着组织和领导的形象,其自身的公众形象建设也十分重要。

秘书的公众形象包括内隐形象和外显形象两部分。内隐形象是指秘书的内在气质和修养等内在公关素质;外显形象则是指秘书在公众面前的仪表、谈吐、行为举止等。二者相辅相成、相互协调,构成秘书的完整形象。秘书在各种公关工作中应呈现的外在公众形象本书其他章节已作论述,本章重点介绍秘书个人的内在公关素质和外在礼仪形象。

第一节 秘书的内在公关素质

有人认为从事公共关系工作的人员应具备现代企业家、宣传家和外交家的素质。这看上去似乎要求偏高一些,但从现代社会的发展情况来看,秘书要想较好地开展公关工作,就理应参照职业公关人员的基本素质要求,花大力气去培养和提高自身的公关素质。

素质是人们平素所表现的气质、风格、修养、学识等方面的基本品格,是一种以人的生理条件为基础,在社会生活中逐渐发育成熟的心理特征。它是人的一种较稳定的属性,能对人的各种行为起到长期的、持续的影响甚至决定作用。

秘书的内在素质要求是由秘书和公关人员所担负的双重工作性质和职能所决定的。一方面秘书有不同层次、不同领域、不同部门之分,由此对其基本要求也不一样;另一方面,所有的素质和要求都是相对的。例如,对行政组织的秘书来说,政治理论和道德品质方面的素质要求是首位的;而对于外资企业的秘书来说,忠于老板、严守秘密则更为重要。这里侧重讲的是一个现代秘书所具备的一般素质,即作为一个现代人的全面发展并结合了秘书与公共关系职业特征的一种整体职业素质。总体说来,秘书的内在公关素质,指的是具有公共关系职业特点的现代秘书全面发展的品格特征,如思维方式、思想观念、知识结构、价值取向等。这些素质可以概括为品德素质、心理素质、知识能力结构等几个方面。

一、品德素质

费尔巴哈说过："品德不是别的,而只是人的真实的、完全健康的本性。"这里的品德,是做人做事的基础。由于公共关系是一项塑造形象、建立声誉的科学和艺术,它要求秘书本身具有一种品德的魅力,这种魅力可以成为征服公众的法宝。心理学上的光环效应认为:如果某人的人格品性很完美,外貌与举止都很有魅力,在人们的心目中就会形成良好的印象,他就会被一种积极的、美好的光环所笼罩,人们就会不自觉地信任他。

(一) 伦理道德

道德品质是秘书主体修养最基本、最重要的构成部分。在一个人成功的五大内在因素——德、识、才、学、体当中,德是灵魂,是核心。司马光在《资治通鉴》中指出:"才者,德之资也;德者,才之帅也。……是故才德全尽谓之圣人,才德兼亡谓之愚人。德胜才谓之君子,才胜德谓之小人。"

伦理道德首先是指以高尚的思想情操去处理人与人之间、个人与社会集体之间的关系,它具有某些比较稳定的规范化和倾向性,是社会道德现象在个体上的反映。公共关系的伦理基础是维护公众的正当利益,在此前提下谋求组织利益,秘书也需要建立这种伦理观念,并通过实际行为展现这种道德品质,引导组织的伦理道德。

> 日本有一家电子公司,总部设在东京,分部和生产区设在大阪,为此,公司秘书经常给往来客户购买专线车票。德国客商汉森是享受这种方便的外商之一。在坐过多次专线车后,汉森发现:每次去大阪时,他的座位都是靠右边窗口的,返回东京时又总是在靠左边窗口的位子。于是他好奇地询问秘书,秘书笑着回答:"火车去大阪时,富士山在您的右边;返回东京时,它在您的左边。我想,您应该喜欢富士山的景色,所以每次我都替您买了相应位子的车票。"德国客商深受感动。他想:这么不起眼的小事,这家公司的职员都能想得这么周到,跟他们做生意还有什么不放心的? 于是,他把与该公司的贸易额由原来的400万马克提高到了1200万马克。
>
> 案例中秘书在普通的订票业务上增加了公共关系的附加值,让客户感受到了该公司认真负责、体贴温情的工作作风,增加了对企业的信任度和亲和度,进而心甘情愿地以高额的投资回报该企业。秘书工作本身就是繁杂而忙碌的,这样的做法显然是给自己"添麻烦",但也正是因为多了一份"麻烦",才使这种平常的秘书工作多了一层公关的色彩,感动了客户。见微知著,一个小小的细节体现的是秘书甘愿为公众的快乐和利益满足,为组织形象塑造而不辞辛苦的公关道德。

(二) 职业道德

1. 真诚

即待人情真意诚、处事光明磊落。公关工作主要是塑造组织的形象,促进组织与公众的和谐。因此,秘书处事待物首先应该真诚,若弄虚作假,向组织外部传播假消息、假情况,或夸大其词、无中生有，在公众心中必将留下不被信任的恶果。荀子说："诚者，君子之所守也，而政事之本也。"讲的就是以诚待人。以真诚的态度去处理事情，就能赢得公众的好评与赞扬。"诚招天下客"，秘书才能通过公关工作被公众信任，使组织大大受益，以真诚作为依据来开展公关工作，才会维系和发展组织的公关工作。

2. 公正

为人正直、处事公平，这是秘书处理内外部关系时必须遵守的一条道德准则。组织内部无论亲疏远近、职位高下，都应一视同仁、平等相待；在对外交往中，既不能为了组织利益损害公众利益，也不能一味迎合公众而置组织利益于不顾。只有对内对外都公正，才能赢得公众的信任。

3. 勤奋

公关工作是一项十分艰苦的工作，不是看上去那样轻松潇洒。秘书在公关工作中应具有吃苦耐劳的精神，有决心、有耐心、有毅力，敢于正视困难和挫折。秘书要时刻观测组织形象，经常联络组织内外的各类公众，随时筹办公关活动，到处奔波，不辞劳苦，千方百计为公众服务。当然，勤奋努力不仅仅是指多干苦干，更重要的是勤于动脑，勇于开拓，不断进取的精神。

4. 热情

秘书在公众交往中，必须热情洋溢、真诚而有礼貌。因为他代表组织与公众交往，热情的态度可以使对方感到秘书及组织的诚意、恳切、友好、礼貌，为交往的顺利进行打下良好的基础。当然，要求秘书在公关工作中要热情，决不意味着可以丧失自己的立场，更不能搞曲意奉承，把公共关系变成庸俗关系。

秘书不仅要对公众抱以热情，更要对秘书公关工作投入执着的热情，这是对公众表达热情的源动力。

日本松下电器创始人松下幸之助自幼家境贫寒，年纪轻轻就承担起全家的经济负重。有一次，身材瘦小的松下到一家电器工厂谋职，他向人事主管说明来意，请求安排一个哪怕是最低下的工作。这位主管看松下身材瘦小又衣着不整，觉得很不理想，但又不便直说，就找了个理由："我们现在不缺人，你一个月以后再来看看吧。"这本是个推辞，但没想到一个月以后松下真的来了，那位主管又推脱说此刻有事，过几天再说吧。隔了几天松下又来了。如此反复多次，这位负责人终于说出了真正的理由："你这身衣服，是进不了我们工厂的。"于是，松下回去借钱买了一件整齐的衣服又回来了。人事主管一看实在没办法，便说："关于电器方面的知识你知道的太少了，我们不能录用你。"两个月后，松下再次来到这家企业，说："我已经学习了不少有关电器方面的知识，您看我哪些方面还有差距，我一项一项来弥补。"这位人事主管盯着看了半天才说："我干这行几十年了，头一次遇到像你这样来找工作的，我真佩服你的耐心和韧劲。"于是松下被录用了。

松下幸之助成功的关键就在于他对工作的热情与毅力。热情是心灵内部迸发出来的一种力量，能鼓舞精神，最大限度地发挥潜能。一位哲人曾经说过：任何人都会有热情，所不同的是，有的人只能保持30分钟，有的人能保持30天，但一个成功的人能让热情保持30年。

(三)政治品德

政治品德指正确的世界观,以及建立在这个世界观基础上的政治立场和所代表的思想等,这是作为合格的秘书公关人员的最基本素质。

在众所周知的"水门事件"中,尼克松的部下(包括秘书)有多种表现:有出馊主意的,有言听计从的,有忠心耿耿、为保全领导而甘愿丢官的,有坦白交代、检举揭发的,还有宁可罢官也要坚持真理的。一般来说,秘书要服从于领导,对领导交办的任务要尽职尽责地完成,但这并不意味着秘书应该毫无原则地顺从领导。特别是当领导的做法严重危害社会利益时,就要及时谏言劝阻。如果领导执迷不悟,秘书宁可断送自己的职场升迁之路,也要坚持正确的政治立场。应该知道,秘书工作本质上是服务于组织,进而服务于社会的,秘书要协助领导完成这些使命,因而当领导出现认识上的误区而偏离公众时,就要及时提醒,绝不能做领导的"帮凶",继续危害社会。当组织与公众之间,或不同公众之中存在利害冲突时,要做到互惠互利,必须以社会整体利益作为最基本、最主要的衡量标准,维护公众的正当权益是保障公众关系的必要前提。因此,"水门事件"里,尼克松总统违背了公共利益,其秘书应该勇敢地站在公众立场上,提供咨询建议,帮助总统改正错误。这样的政治品德是一个合格的秘书所必须具备的。

二、心理素质

近几年来,社会需求的增长、高薪的职位、挑战性的工作,使得秘书备受瞩目,再加上公关活动的复杂性、广泛性、创造性和灵活性,就需要秘书具有良好的职业心理素质。

心理素质是指公共关系职业对人的心理要求。随着社会文明的进步,人类生活对健康的要求日益提高,健康的体魄能够使人具有旺盛的工作精力,而健康的心理同样是现代人不可或缺的成功要素。对于秘书而言,在公关工作中主要从事的是各种复杂的协调关系的工作,面对各种困难和压力,为保证公关工作的持久开展与成功,尤其要具备健全的心理素质。从心理素质的定义和公关人员职业特点出发,秘书的心理素质结构中以下几个方面是十分重要的。

(一)社会调控素质

社会调控心理素质主要表现在秘书有良好的社会认知能力,能建立适宜的人际关系,并以此为基础建构和维持良性的公共关系网络。在这方面的要求中社会认知是基础。社会认知就是对社会对象的认知,包括对他人的认知、对人际关系的认知和对社会角色的认知。

对他人的认知是指通过他人外部形态和行为特征的知觉,进而取得对他人的动机、感情和意图的认知。对人际关系的认知是指对人们之间关系的知觉。人们在交往中彼此发生一定频率的人际知觉,使彼此在心理上相近或相似,于是形成友好的关系和情感。对角色的认知是指对人们所表现的角色行为的知觉。正确的角色知觉是健康心理所必须的,个体以有关的角色行为为标准要求和评价他人角色,同样也以有关的行为标准要求自己应当具有怎样的行为才符合本人的角色。这对秘书来说是十分重要的。

秘书公关工作的主要职能在于树立组织良好形象,收集、处理信息,接待来客,协调关系,办理会务,筹办礼仪等等。而这些工作又同时要求具备服务性和塑形性统一、真实性和真诚性统一的特征。在开放型、网络型、竞争型的社会中,秘书要想正确处理好组织上下左右、四面八方的公众关系,为组织的生存、发展创造一个良好的社会环境,达到组织内求团结、外求发展的目的,就必须具备良好的社会调控心理素质。

(二)自我调控素质

自我调控心理素质主要表现在秘书具有客观的自我认知、积极的自我态度和有效的自我控制等。

1. 客观的自我认知

自我认知就是自己对自己的认识,它包括个体对自身各种情况的了解,以及对自身各方面的评价。概括地讲,秘书应该从三个方面进行自我认知:其一,生理自我,也就是对自身这样一个生物个体的基本认识。比如,独立的个体意识、性别、年龄、发育状况、生理特征等。其二,社会自我,指对自身社会性要素的认识。人的本质即是各种社会关系的总和,所以"社会自我"包含了各种社会关系及由此产生的相应的各种社会角色,以及所生活的社会文化环境和社会定位。其三,心理自我,就是对自身心理状况的了解,包括对自己的认知、情绪情感、意志、个性倾向及个性特征等的全面认识。这三个方面的综合了解才是完整的"自我认知"。

在自我认知的基础之上,秘书才能够对自己各方面有一个评估,然后给自己下一个结论,即"自我评价"。比如,我长着一张娃娃脸,显得不够成熟;我是个很情绪化的人,在与公众交往中容易受对方的影响;我过于严肃,在公众面前缺乏亲和力;我是个受欢迎的人,很多时候我都是大家的中心等等。

> 宋美龄女士 1943 年在美国演讲时,她美丽的容貌和富有中国特色的旗袍着装引来了众人关注和欣赏的目光。她步伐优雅,目光随和,面带微笑而愉快地与人交谈,并不因为交谈者的身份高低而显出不同的神情。行为举止的美学修养在宋美龄女士身上显现得十分突出,而这一切皆源于她良好的自我认知。正如古人云:"修犹切磋琢磨,养犹涵养熏陶。"

根据"理情疗法"创始人艾理斯的观点,认知会决定人的相应行为。因此,客观正确的自我认知,是秘书构建良好公众形象的基础。了解了自己就能对照公关工作需要,有意识、有重点地进行自身形象的修整或表现,比如运用容貌修饰和服装搭配技巧,让"娃娃脸"变成熟,使自己更适合公关工作。

2. 积极的自我态度

积极的自我态度是在自我认知基础之上的一种情绪体验,即自己对自己的满意度的问题。"满意"就会自我肯定,信心十足。它有自爱、自尊、责任感、义务感、优越感等表现。

积极的自我态度会直接关系到秘书对自身发展要求的高低及行动方向的对错,有助于秘书自觉承担公关职责,能够从公关角度对自身工作提出更高的要求,并积极付诸行动;另一方面,有着积极的自我认知的秘书能够在公众面前展现优雅、得体的外在形象和自尊、自信的内在气质,从而赢得公众的信赖,有利于开展公关工作,也有利于公众对组织产生敬意和好感。

3. 有效的自我控制

自我控制一方面是对自己的设计:我应该做什么,不应该做什么;另一方面,是对自己的指导:我可以怎样做。对于秘书来说,主要体现在以下两个方面。

(1) 情感调控

情感调控心理素质主要表现秘书能客观地对待工作、学习和生活,能克服和转化负面情绪,维持良好的主导心境。

秘书在公关工作中,遇到的人千差万别,遇到的事千变万化,这就要求秘书在处理各种冲突或投诉时,能保持清醒的头脑,能忍住心头的火气和怒气,因为只有这样才能使组织在公众中树立的形象不受损害。同时,秘书要代表组织面对公众,因而他们在公众面前应该展示一种"公务性自我"。职业要求秘书带着"永恒的微笑",秘书不管自己遇到什么困难、内心多么烦躁甚至痛苦,不管遇到多么挑剔的公众,都应该通过自我调节加以控制。个人的喜怒哀乐、心理失衡应通过正常的渠道宣泄,而绝不能带给公众。

有几位香港资深的职业公关人士交谈中论及工作的甘苦时都异口同声地说,做了几十年公关工作,感受最深的一点就是:干这一行,一定得学会一个"忍"字。如果不忍,关系立即就会呈现紧张状态。也许为了一次谈判的进行,为了改善本公司在顾客心目中的形象,为了与兄弟单位建立合作关系,大家已经花费了很多精力,如今因为在一个环节上沉不住气,就可能前功尽弃。

(2) 精神意志调控

精神意志调控心理素质表现在秘书能正视现实,适应环境,具有克服困难的毅力和勇气,以及在压力和挫折面前不屈不挠的意志。

> 1951年开始的板门店谈判,进展相当困难。在交换战俘的问题上,美国提出无理要求并采取拖延手法,谈判桌上久久沉默对峙。中方的李克农将军只指示三个字"坐下去"。当时的中国和朝鲜代表,沉稳地静坐了132分钟,终于使美国人顶不住了,宣布休会。这中间,除了正义与非正义的较量外,也有意志和毅力的较量,正所谓"狭路相逢勇者胜"。公关工作不可能是一帆风顺的,这就要求秘书也要有这种百折不挠,"不达目的誓不罢休"的韧劲。

(三) 其他心理素质

1. 合适的气质

人的气质可分为四种基本类型,这几种类型与人的高级神经活动基本类型相适应:胆汁质对应兴奋型,多血质对应活泼型,粘液质对应安静型,抑郁质对应荏弱型。因此,多血质者工作热情而稳重,善交际而不急躁,是秘书的理想人选;胆汁质者也可从事公共关系工作;抑郁质者和粘液质者则与公共关系工作要求距离较大。

某种气质类型更适合从事公共关系工作,并不等于说其他气质类型的人就不能从事这一项工作。事实上,在实际工作中,典型气质类型的人并不多见,大多数人的气质属于各种类型之间的中间类型。而且,人的本质表现并不决定于气质类型,而是决定于人在社会实践中的生活条件和教育条件,这些条件可以影响甚至改变人的气质类型。因此,秘书应该而且可以在社会实践中发扬自己气质方面的优点,克服自己气质方面的弱点以适应公共关系职业的需要。

2. 良好的性格

人的性格对人的行为效果或工作态度是有很大影响的。同一件工作,由不同性格的人去做,其方法与效果是不一样的。公共关系工作始终是争取人心、求得"人和"的工作,这就要求秘书在公关工作中热情开朗、乐观幽默、谈吐动人、风度优雅、和蔼可亲、意志坚定、善解人意、善于交际。既有感染力和吸引力,又有忍耐心和周旋力,使别人愉快地接受你。日本保险界15年保持销量第一的原一平,曾为了说服一个顾客投保,两年之内登门拜访了这个顾客13次,终于获得成功。他靠的是坚韧不拔的毅力和出众的忍耐力,以及他的敬业精神和乐观和蔼的性格。

性格与气质有相通之处,性格一般分外向型与内向型两类,多血质者和胆汁质者多为外向型性格,粘液质者和抑郁质者多为内向型性格。一般来说,外向型的性格比较适合承担组织的公关工作。他们善于交际,待人热情,能够与各种各样的公众打交道,并与各行各业的人有广泛的交往。随着社会的日益发展以及公关人员在组织中所扮演的角色越来越重要,关于秘书的性格要求不再是简单的外向型或内向型的标准,何况人性格的形成与发展除了遗传,更多的是受后天因素的影响与制约。所以,每一位秘书,都要尽量塑造适合自己职业的良好的性格。

3. 广泛的兴趣

公共关系涉及面广,秘书要想更好地从事公关工作,就应培养广泛的兴趣,涉猎各方面的知识,以便与公众能有共同的语言,避免"话不投机半句多"的沟通障碍。一个多才多艺的公关从业人员比兴趣单一的人要多许多沟通的机会。美国有不少公共关系人员第一次拜访客户,都非常注意观察对方的兴趣爱好,尽可能先谈对方所感兴趣爱好的事,然后再谈公务。如果一时不熟悉对方有兴趣的事,也先不谈公务,回去钻研这方面的知识后再去拜访。

有人说,公共关系是通才的事业,而广泛的兴趣则是走向通才的必由之路。因此,秘书应根据自身积累和工作的需要,广泛吸收新知识、新信息,不断增长才干,把自己培养成公共关系实务的多面手。

三、知识能力结构

公共关系工作是一项综合性的创造活动,它需要秘书具备复合的知识结构和较高的文化修养及相应的综合能力。

(一)知识结构

公关活动的成败,在很大程度上取决于公关人员的知识水准和工作经验。一个没有受过系统教育、没有丰富知识和阅历的人,是难以做好公关工作的。秘书工作综合性很强,对知识的要求很高,公共关系也是一项涉及面广,具有极强的综合性、应用性的工作。两者有着千丝万缕的联系,在职能上存在着众多的交叉。所以,作为一个经常需要从事公关活动的秘书,就需要有较宽的知识面、较高的知识水平和较完备的知识结构。

从合理、实用的角度出发,公关工作要求秘书的知识结构应该是动态的"T"型知识结构。这种知识结应有三个基本衡量标准:宽度广、纵度深和更新快,即专业知识要深,一般知识要广博,更新要及时。

1. 宽度广

"T"型结构中的"横",表示与某一领域相关的知识面的跨度或广度。这就意味着对秘书来说,相关的知识面要宽。

公共关系是一门新兴的边缘学科,具有多种学科交叉的特点。与公共关系最密切、交叉最深的有三类学科:管理学科,包括管理学、市场营销学等;传播学科,包括传播学、新闻学、广告学等;行为学科,包括社会学、心理学、社会心理学等。

这些学科为公共关系学提供了新的理论基础和视野,有助于丰富、深化、开拓公共关系学科。公共关系作为一种管理职能,处理的是企业内外人与人之间的关系,属于行政、经济管理,所以秘书就要掌握管理学类各学科的知识;公共关系工作的技术绝大部分是传播技术,因而,公共关系人员必须了解及掌握传播学的知识;公共关系工作的主要对象是人,公共关系人员要研究处在社会中的人的心理、态度和行为,这就需要了解社会学和心理学的知识等。

2. 纵度深

"T"型结构中的"竖",表示了特定专业知识方面的深度。它包括公共关系的基本理论知识和公共关系的基本实务知识。

公共关系的基本理论知识包括:公共关系的基本概念、基本原则、主要职能、构成要素;有关社会组织、公众和传播的概念和类型;公共关系工作的基本规律,等等。这些知识有利于从理论上指导公共关系行为,使公共关系人员懂得相关行为的原因。

公共关系的基本实务知识包括:公共关系调研;公共关系活动策划;公共关系活动评估;公关礼仪,等等。公共关系是一种实务性很强的工作,但它又必须依赖于公共关系理论的指导,因此,掌握公共关系的理论知识和实务知识,是公共关系从业人员开展公共关系工作的前提条件和必备条件,同时也有利于提高公共关系实效。

尽管秘书公关人员应该知识广博、多才多艺,但这里的知识广博是对组织的秘书公关人员的整体要求,而不是对每个个体的要求。在实际工作中,公共关系从业人员每一次的活动总是有它特定的内容,如广告活动、谈判活动、营销公关活动所需的专业知识是不一样的。因此,需要把相关学科的知识和公关知识相结合。

3. 更新快

秘书的知识结构不应是一种静态、封闭的结构,而应是动态、开放的结构。动态性是对现代秘书的知识结构的衡量标准。随着科学技术的迅猛发展,知识淘汰速度不断提高,知识淘汰周期不断缩短,一个现代秘书的知识结构如果缺乏时间考量,没有反映知识更新率的指数,那就是不完整的。秘书应该能够随时吸收新的知识,在实践中学习,再去丰富实践,使自身不断发展与提高。

(二) 能力素质

能力,通常指完成一定活动的本领。秘书的公关能力就是秘书从事公共关系活动的各种实际本领的有机组合。它是秘书高效率地完成工作任务的基本要素。秘书工作的复杂性、多样性和秘书活动的丰富性、广泛性,以及从事公关活动的动态性,需要秘书必须具备多种多样的能力,具有多才多艺的本领。

美国公共关系学家罗伯特·罗雷在《管理公共关系学》一书中对职业公关人员应该具备什么样的能力进行了归纳总结,他的观点已普遍被我国公关学者所采用。罗伯特·罗雷的观点对于秘书公关工作也具有一定的指导意义。

1. 领导与组织能力

领导与组织能力,是秘书应当具备的最基本能力。

公共关系活动有一部分是专题活动。专题活动一般都有一定的规模,需要进行大量的组织工作。如召开新闻发布会,事先要落实时间、地点、经费、工作人员、议程、应邀代表、内容以及意外情况的处理等。没有组织能力,要进行这样的活动是不可想像的。

> 在广州中国大酒店开业一周年之际,公关人员策划照了一张 2000 余名职工的"全家福"照片,制作成明信片寄给每一位在酒店住过的客人,让明信片载着 2000 余名职工的心意向每一位客人表示问候。这个构想既别致又动人,实施这一计划的时间只有两小时(因为酒店要开门做生意,不能唱"空城计"太久),2000 多职工集中在广州越秀山体育场,排成 28 排,其中一部分职工穿上白色的制服,另一部分人穿上红褐色的衣服,组成一个中国大酒店的"中"字标志。这项组织工作的难度是相当大的,如果公关人员没有一定的组织能力,在两个小时内完成这项工作那是难以想象的。

2. 判断和应变能力

公关工作在企业的经营管理和行政管理中都居于很重要的地位。公关部门属于参谋部门,这就要求职业公关人员了解组织各个部门的情况,协调组织内部各部门的关系,从而要求公关人员善于发现问题,明辨事非,正确地估量各部门的功与过。从与公众的接触过程中或通过专项调研,分析组织传播对公众的影响程度,正确地估量公众的满意度,并预测未来目标顾客的要求及舆论走向。这一切都离不开判断力。

同时,面对公共关系工作的复杂多变,秘书必须审时度势,顺应不断变化的形势,把握变与不变之间的辩证关系,善于在变中求不变以及在不变中求变。唯有如此,才能使公关工作不断适应环境中的新变数。

《晏子春秋》中记载的晏子出使楚国的故事、我国外交史上著名的"九龙杯"事件,都体现了秘书公关人员良好的判断与应变能力。

3. 观察和理解能力

形象地说,所谓理解能力就是有"听话听声,锣鼓听音"的能力。在生活中,人们不但有用说话这种方式传达的"语言信息",而更多的是用表情、手势、握手、拥抱、穿着、摆设等等方式表达的"非语言信息"。秘书要与公众沟通,就不仅要掌握语言信息,而且要掌握非语言信息。对于从事与人交往工作的秘书,学会对"非语言信息"的准确理解,可以大大提高人际交往的效率,尽量少发生误解。

　　有一位工作很有成效的秘书,不光善解人意,而且能准确地从对方的沉默中窥见对方的思想状态。有人问她:"你是怎样去把握对方的思想呢?"她笑道:"只要留心,你就会发现,虽然对方没有用口说话,可是,他浑身上下都在说话呀!比如,在正常状态下,人坐着的时候,脚尖是静止、安定地着地的。但一到心情紧张的时候,脚尖也就自然抬高了。因此,我只要看对方的脚尖是着地还是抬高,就可以判断他的心里是平静的还是紧张的了。又如,在正常的情况下,吸烟的人熄灭烟蒂大都是不太长的。可是,一到非正常的情况,放下的烟蒂就可能很长。因此,如果你发现对方手里的烟蒂还很长,却已放下熄灭,你就要有准备,他打算告辞了。事实上,人们用语言传达信息,还有可能掺假,而身体动作、面部表情,却是无法掺假的。"这一席话道出了这位秘书工作卓有成效的奥秘,也说明了理解力对于秘书来说是多么重要。

　　人的身体变化、面部表情、眼神、手势等体态可以传达人的思想、感情,而且它所传达的讯息量是十分可观的。心理学家艾伯特·梅拉比安间提出一个公式:

　　讯息全部表达＝7％的语言＋38％的语调＋55％的表情动作

　　通过观察一个人的身体语言,能够了解到这个人的许多东西,人往往不用说话就能流露出自己的思想和感情。只要你细心观察和揣摩,就不难发现这些有趣现象背后的"秘密",而这种"透过现象看本质"的观察力和理解力,正是一名合格的公关人员所应具备的素质。

4. 创造能力

　　公关工作的本质在于创新,创新就在于对常规思维的突破,这就要求秘书具有一种"别出心裁"的创新精神,墨守成规的人是不适合做工公关工作的。比如,我们非常熟悉的"将梳子卖给和尚"的经典案例,听起来荒诞不经,却恰恰体现了非同寻常的创造力和想象力。

　　秘书需要向社会组织领导层提供信息,也要向社会公众发布信息,他不能把公众的信息原封不动地传递给组织领导层,也不能把组织信息毫无变化地传递给公众。这两种传播都需要一定的创造性。因此,秘书必须富有想象力和创造能力,要有强烈的主体意识和主观能动性,这样他的工作才能影响组织领导层和感染公众。

　　澳大利亚一家国有旅游公司,推出一项别开生面的免费旅游大优待,规定表明:如果天不作美,在团体旅游时间的任何一个星期里,连续下了三天以上的雨,那么,凡是参加该公司旅行团的团员,都将免费。

　　这的确是一项富有创造性的规定,该公司在实施这项规定后,对旅游者进行了调查,分析表明,旅游者有三种心理:(1)"不下雨正好旅游,有雨还能免费,真好!"(2)"见识一下到底是怎么回事","那个公司一定很有特色。"(3)"到哪里旅游都花钱,何不到这里来,说不定会赶上下三天雨呢。"

　　于是,这项措施使这家旅游公司每年营业额增加百分之三十。

这项措施的提出,要归功于富有创造力的秘书,他们充分地利用了旅游者最怕最遇到阴雨连绵的天气这一心理,向公司提出了这项建议,建立了保证措施,得到了公众的欢迎。秘书公共关系工作,尤其是公关策划工作和各种突发情况的处理,是一种创意性的工作,这就要求秘书必须具有良好的创造力。

5. 表达和沟通能力

秘书不仅需要有较强的文字表达能力,还需要较强的口头表达能力及形体表达能力,这些都是有效沟通所必备的。

(1) 文字表达能力

公共关系大量的工作都离不开写作,如编写宣传材料,撰写讲演稿和新闻公报,筹划广告语言等。所以,尽管公关人员不必是"倚马之才",但起码应有一定的文字功夫。西方有些社会组织把"擅长写作"作为对公关人员的第一要求,其重要性由此也可见一斑。所以,从文笔方面来说秘书要有很好的文章写作能力。

秘书对公司的信息进行策划包装,并通过正常新闻渠道,在各种新闻传媒版面进行发布,就是所说的软平面广告,或者叫做软文。公关文章并不是一般意义上的平面广告,它不仅要精彩引人,还要找准消费者的关注点,所以秘书必须多留心电视、报纸和各种传媒上公司的软文,琢磨它们和社会广泛关注的热点问题是如何结合起来的,关键的口号为什么朗朗上口,文章题目是如何抓住读者的眼球的,并在天涯等著名国内论坛动手发帖和高手过招,不断提炼自己的写作能力。

(2) 口头表达能力

语言传播是公共关系实务活动的重要内容和其他传播实务活动的辅助手段,如秘书要在展览会上介绍企业的概况,要在与消费者公众接触时阐述自己的观点,要在商业谈判桌上论证某一个论题,要在发生危机事件时协调各种关系,等等,这一切都和口头语言表达有关。因此,秘书如果不具有较强的语言能力简直是不可思议的。所以,从口才方面来说,口头语言表达能力对于秘书至关重要。

诸葛亮舌战群儒,乃是千古美谈,他以高超的口才,统观大势,晓明优劣,使孙权奋起抗争,上演了著名的赤壁大捷的历史剧,诸葛亮之"舌"就是出色的口头表达能力,这是秘书的基本功,是做好公关工作的基本条件。口头语言用于与公众直接的面对面的交往中,秘书在向对方讲话前,有必要考虑好如下问题:先告诉对方今天要讲几个问题或几件事,然后一个一个地说,为方便对方理解和答复;还要告诉对方他需要做些什么,需要从哪些方面给自己帮助;紧急的事,就告诉对方在什么时候办最好。这样讲话,对方听起来很省心,听完就会给予答复;对秘书来说,这么一分类,自己思路清晰,说起来也就全面详细。公关工作是通过传播沟通与公众建立良好的关系,能写会说,能很好地运用语言传达组织的有关信息,与公众有效沟通,是秘书的一项基本素质要求。

(3) 形体表达能力

如上文所说,形体表达就是利用人的身体器官、躯干形态、手势、面部表情、下意识动作等,去传达情感和交流信息的一种方式。美国的一位学者指出,人体的各种不同姿态的组合都会有不同的内容。人大约可以做出 1000 种姿态,每一种姿态都有其内在含义,都在表情达意。因此,秘书不仅应该用心研究人体语言,从中了解对方的态度或某种细微的情绪变化,更要善于根据不同的场合和目的,运用人体语言把一些不便用口头和文字表达的信息传播给受者。在这方面,要想当一名合格的秘书,必须进行一番学习和训练。

表达能力的三种形式既相互作用,又相互区别。秘书应该综合运用,相互配合,以求达到最佳表达效果。

6. 收集、传播信息的能力

从某种意义上讲,公关工作在很大程度上是信息收集与传播科学的具体运用,好的公关体现出来的是一种信息收集与传播的艺术。所以,秘书不仅应该学会运用现代科学技术给我们提供的各种传播和收集信息的工具,而且还应该掌握信息传播与收集的基本规律,即包括信息传播的控制、信息的内容、信息传播与收集的渠道、信息的接受者与发出者以及信息的反馈等要素在内的传播和收集系统的理论,并把对这种规律的认识与公共关系的信息收集与传播的实践结合起来。

职业公关人员首先必须善于运用新闻传播和收集工具。这就要求秘书不但需要积极同某些新闻机构诸如广播电台、电视台、报社、杂志社等建立固定的业务联系,尽可能多的运用新闻传播和收集工具为本部门服务,而且还要求秘书具备关于发现有新闻价值的素材和捕捉有效信息的能力以及掌握编写、制作文字和视听新闻材料的技巧。此外,秘书还必须善于运用其他渠道,如各种非正式的信息传播收集网,各种会议、展览会、展销会、纪念庆祝活动等,利用各种渠道进行组织与其内外环境的信息传输。

第二节　秘书的外在礼仪形象

只要与人交往,就有一个以什么样的形象出现的问题。一个人的音容笑貌、行为举止、着装打扮以至气质修养,不管有意无意,在社交活动中都会在对方心理上引起某种感觉,留下某种印象。这实际上就是在向别人展示自我形象:审美观点如何,修养素质怎样……这种信息的传递是无声的,但也是重要的,它直接影响着个人在社会交往中的形象。

对于秘书来说,礼仪已经成为必须具备的基本知识和基本素养。现代秘书的礼仪形象如何,不仅仅是个人形象的问题,还涉及和影响到秘书所代表的组织的整体形象和利益。因此,秘书要十分注重自己的礼仪形象,在公关工作中为自己获得自尊与自信,为社会组织赢得公众的理解与支持。

一、秘书礼仪在公关工作中的作用

秘书礼仪是秘书在与公众的交往活动中,用来表示对公众的尊重与友好、展现组织良好形象和个人工作面貌的符合社会基本文明准则的行为规范。

秘书礼仪既属于职业礼仪,又属于个人礼仪,它发挥着职业礼仪对于社会组织的作用和

礼仪对于个人的作用。秘书礼仪对于秘书更好地发挥工作职能,开展公关工作,具有十分重要的作用,具体表现在:

(一)实现秘书的公关职能,提高公关业务能力

礼仪是秘书工作与生俱来的职能之一。秘书工作起源于古代,当时的史官可被认为是我国最早的秘书。史官执掌的工作内容极其宽泛,其中的重要职责便是负责主持祭祀大礼。再看《周礼》,其中所记载的史官的职务和分工,更是与"礼"有千丝万缕的联系。可见,礼仪是古代秘书工作的重要内容。

现代秘书工作范围更加广泛,但礼仪从未离秘书工作而去,在公关活动中更需要运用礼仪。如,安排接待来宾的程序和负责接待、筹划典礼活动和各种会议、撰写各类公关文书、涉外工作,以及秘书自身的仪容形象等。这些行为都含有礼仪的内容或直接就是一项礼仪活动,可以说,礼仪内容贯穿于秘书公关工作的全过程,它在秘书公关工作活动中具有重要意义,成为秘书工作区别于其他工作的一个特征。所以,做好礼仪工作,能够极大地促进秘书公关业务能力的提高。

(二)刚柔并济,突出秘书的服务性特征,辅助领导工作

一般说来,领导之所以选聘秘书,很大程度上是为礼仪的需要。领导的任务是决策、提出目标,至于实现目标的中间过程和细节,领导既没必要也不可能事必躬亲,这就可能需要秘书借用公关和礼仪的手段来执行。领导的决策往往是刚性的、强硬的,在具体执行中不容许有任何伸缩;而秘书的礼仪却是柔性的、弹性的,便于传达信息,沟通因决策而产生的误解、隔阂。礼仪的这种效果,与秘书工作的服务性特点十分吻合。

例如,领导与客人进行合作项目的洽谈,秘书事先代表领导向对方发出诚挚的邀请,并认真打扫好会客室,安排好茶水和午餐,准备好相关文件材料,精神饱满、态度从容地迎接客人。秘书周全的礼仪服务,就能使会晤在良好的气氛中进行,使人心情舒畅,这个开始会给项目洽谈的结果带来积极的影响。如果谈话过程中,秘书发现领导与客人在某个问题上发生了意见分歧,争执不下,也可以主动走上前去,请客人喝茶、吃水果等,从而缓和僵局,让客人有机会冷静下来考虑领导的意见。可见,秘书礼仪行为的得当、职业形象的得体,也是领导决策获得成功的有效因素。

(三)发挥塑造组织形象的窗口作用,扩大业缘范围

秘书岗位是组织的窗口,在与外界交往中,秘书的形象直接代表着组织的形象,影响着领导的形象。人们从秘书的态度、仪表、谈吐中,可以窥得组织的精神面貌和经营品质,产生因小见大的效果。

> 日本一家公司的秘书在乘坐地铁下班回家时,主动给站在身旁的一位年轻女士让座。这位女士从未受过如此礼遇,更觉得不可思议,谦让一番坐下后便问:"请问您为什么给我让座?"秘书向她深鞠一躬,说道:"我看到您的手提袋上印有我们公司的标志,我是这家公司的秘书,您是我们尊贵的客人,理应坐到座位上。"这句话不仅让座位上的女士立即起身回礼,也引来同车人充满敬意的目光。

这里,秘书以她"不经意"的礼仪行为和对公众礼仪的表达,宣传了公司,拉近了与公众的距离,并扩大了顺意公众的范围。

秘书工作特性决定了秘书必须在工作中广泛接触各类公众,处理各种关系,要适应不同的公众关系,取得公众的信任和理解,进行有效的信息传播,这绝对少不了礼仪。礼仪能够帮助秘书把握交往尺度,使得秘书对公众既尊重,又不失真诚和热情,很好地表现组织形象。实际上,正如上述案例中的秘书一样,无论何时何地,秘书都能够用礼仪来塑造组织的良好形象,进而赢得公众的认可和组织效益的回报。

二、秘书外在礼仪形象的总体要求

周恩来总理有这样一段座右铭:"面必净,发必理,衣必整,纽必结;头容正,肩容平,胸容宽,背容直;气象勿傲、勿暴、勿怠;颜色宜合、宜静、宜庄。"它反映了总理对自身内在礼仪修养和外在礼仪形象的基本要求,堪称秘书学习的典范。

礼仪包括"礼"与"仪"两层内涵。秘书的"礼"即秘书内心对公众的敬意、友好、热情等,属于秘书内在公关素质的内容。"仪"是"礼"的外在表现。秘书人员在公关活动中的外在礼仪形象应包括以下几个方面。

(一)饱满的精神状态

情绪饱满,神采奕奕,常常能激发与之交往的动机和热情,容易形成融洽的交往氛围。相反,如果秘书萎靡不振,会使别人兴趣索然,不能取得较好的公共关系效果。另外,饱满的精神状态本身就是对别人的一种尊重、礼貌,表明对交往对象感兴趣,这就能够刺激交往对象与自己产生某种共鸣,从而为交往活动的成功奠定基础。

(二)诚恳的待人态度

诚恳的待人态度包括对人热情、诚实、一视同仁。不管是地位高贵的来宾、领导,还是普通顾客,不管是关系亲密的,还是陌生的,都应该热情相迎,坦诚相待,不能有高下、亲疏之分。同时,言辞要坦率、诚恳,观点要褒贬分明,态度要谦逊和善,不能矫揉造作,虚情假意,见风使舵。否则,不仅不利于公共关系交往,而且有损于组织形象。

(三)洒脱的仪表礼节

仪表即人的外表,包括容貌、服饰、表情、姿态等方面。仪表是人的天然形象、外饰形象、行为形象的综合,是人的精神面貌的外观,反映人的文化修养和审美情趣。秘书以良好的仪表去从事公关工作,能够让自己精神焕发、心情愉快,从而提升自信,促进公关工作的顺利开展;还能增添感染力和魅力,让公众产生愉悦感和信赖感。

社会心理学家认为,影响人际吸引的首要因素便是仪表性吸引。当秘书与不相识的公众初次接触时,其仪表的公关效应会更加突出。公众产生的第一印象首先来自秘书的仪容和整个仪表,在没有其他信息或无法深入了解的情况下,难免会"以貌取人",即靠直觉、心理定势和即时印象,来判断秘书的学识、个性和对公众的态度等,甚至可能联想到组织形象。如果一个秘书在公众面前头发蓬乱、衣冠不整、神态举止漫不经心,公众就可能认为他生活懒散、做事拖沓,进而可能怀疑秘书所在组织的工作效率、管理风格,甚至社会责任感;当然,如果秘书修饰过度,打扮不得体,也容易给公众造成不够稳重、工作能力不强或过于在意外表的不好印象。

仪表的作用往往比人的档案、介绍信、文凭等的作用更直接,并且在首因效应的作用下,容易产生先入为主的效果,给人留下深刻印象。可以说,仪表美是秘书和组织的一张漂亮的名片。

(四) 文雅、得体的言辞谈吐

秘书应该具有广博学识和娴熟的社交能力,在交往中言辞适当、言之有据、谈吐高雅,而不是孤陋寡闻、浅薄粗俗,并且在不同的场合有不同的言辞、谈吐。如正式隆重场合,谈吐斯文,彬彬有礼;对熟识公众的邂逅、相聚,言谈朴实、随和等。但不论什么公关场合,文雅得当的言辞谈吐应是秘书的主要风格,并力争做到寓庄于谐,寓谐于庄,轻松自如,水到渠成,从而让人感到同你交谈是一种享受,愿意与你交谈。

三、秘书的仪表形象

(一) 仪容

孔子曰:"见人不可不饰。不饰无貌,无貌不敬,不敬无礼,无礼不立。"[①]《论语》中讲:"出门如见大宾。"秘书步入公关活动场所前,应该照照镜子,整理好仪容。这是一种自尊与敬人、悦己与爱人的统一。

仪容即容貌礼仪。容貌泛指由面容、发式以及身体所有未被服饰遮掩的肌肤构成的部分,仪容是个人仪表美的重要组成部分。讲究仪容就是对外观容貌进行必要的整理和修饰,使得仪容符合职业活动要求和礼仪规范。秘书仪容总的来说应该从以下几方面加以注意:

1. 发型

男秘书头发长度要求前发不覆额,侧发不掩耳,后发不及领。光头、卷发等发型要慎重选择,怪异发型一般不能用。女性的发型变化很多,但秘书作为职业女性,发型也不宜过于复杂、怪异,刘海不能留得太低,不能把头发染成过浅、过艳颜色。应根据秘书公关工作的需要和秘书个人的脸型、身材、发质、气质等选择发式,发挥扬长避短的作用,给人以脸型和身材更加美观、标准的视觉效果,凸显大方优雅或亲切自然等气质形象。

2. 面部修饰

男秘书一般不做脸部化妆,但要保持清爽干净,除了有宗教信仰和风俗习惯外,一般不宜蓄留胡须。女秘书在公关工作中则应该化妆。在面部修饰时应注意以下原则的应用:

(1) 美化原则

美化的原则是对化妆效果而言的。要使面容达到美的效果,首先必须了解自己的特点;还要清楚怎样化妆才能扬长避短。这些要在把握脸部个性特征和正确的审美观前提下进行。

(2) 自然原则

秘书的日常公关工作在普通的办公环境下进行,需要与领导或其他公众有比较近距离的

---

① 《大戴礼·劝学》。

联系,因而面部修饰要讲究自然,不宜做过多的处理,要使化妆后的脸看起来真实而生动,有一种自然的效果,说其有,看似无,就像确确实实长了这样一张美丽的面容,而不是一张呆板生硬的面具。自然的化妆要依赖正确的化妆技巧、合适的化妆品;要一丝不苟,井井有条;要讲究过渡,体现层次。

（3）协调原则

面部修饰要考虑各方面的因素,力求取得完美的整体效果,给人以整体美感。

① 面部协调,指化妆部位色彩搭配、浓淡协调;针对脸部个性特点,整体设计协调。

② 全身协调,指脸部化妆与发型、服装、饰物相协调,如穿大红色的衣服或配了大红色的饰物时,口红要比平常更艳一些。

③ 身份协调,指秘书人员化妆时要考虑到自己的职业特点和身份,采用不同的化妆手段和化妆品。

④ 场合协调,是指化妆与所去的场合气氛要求一致。日常办公化妆宜淡一些;参加追悼会,更应素衣淡妆;而出入舞台、舞会等特定的公关活动,则应化得适度浓一些,这样,在光线的映衬下才会显得更加靓丽;有时还可以根据公关活动的主要背景颜色来调整妆容色彩。不同场合化不同的妆容,不仅会使秘书内心保持平衡,也会使周围的公众心理融洽。

（4）隐蔽原则

秘书切忌当众整理仪容。比如,在公众面前剪指甲、清耳残、涂护手霜等。男性秘书更不能在公众面前"像模像样"地修饰自己。化妆属于个人隐私,应在上班或出席重要公关活动前,在家中或洗手间等僻静处进行。化妆后要把掉下的断发、头屑、指甲、化妆棉等清理干净,不能随手乱扔。

（二）服饰礼仪

穿衣打扮是一门艺术,懂得这门艺术的人,会根据不同的场合,选择适时合体的服饰,充分展现自己的个性特征和风度、气质,显示出高雅的审美情趣。

古希腊"和谐就是美"的美学观点在服饰美中得到了最充分的体现,服饰的美要达到和谐统一的整体视觉效果,秘书就应恪守服饰穿戴的基本原则。

一次,某公司招聘秘书,由于待遇优厚,应者如云。中文系毕业的小李前往面试。她的背景材料可能是应聘者中最棒的:大学四年中,在各类刊物上发表了三万字的作品,内容有小说、诗歌、散文、评论、政论等,还为五家公司策划过周年庆典,一口英语表达也极为流利,书法堪称佳作。小李五官端正,身材高挑、匀称。面试时,招聘者拿着她的材料等她进来。小李穿着迷你裙,露出藕段般的大腿,上身是露脐装,涂着鲜红的唇膏,轻盈地走到主考官面前,不请自坐,随后跷起二郎腿,笑眯眯地等着问话。孰料,三位招聘者互相交换了一下眼色,主考官说:"李小姐,请回去等通知吧。"她喜形于色:"好!"跨起小包,飞跑出门。但结果是:"请另谋高就。"

小李在应聘面试时的穿着、打扮和行为举止与秘书的礼仪规范背道而驰,给面试人员最初的印象就不好,这当然会导致应聘失败。

秘书在公关工作中的穿着打扮应符合"TPO"原则,这是服饰礼仪的基本要求。

"TPO"就是英文时间、地点、目的这三个单词首字母的缩写。"TPO"原则的基本含义,是要求人们的穿着打扮均应兼顾时间(Time)、地点(Place)、目的(Objective),而不能毫无章法。秘书的服饰仪表在一般公关场合下要求是大方、整洁、得体,过于暴露、粗劣及随意搭配显然不合适,但也不必过于讲究、花哨。

1. 服装

服装是穿着的主体,因而最为重要。男秘书在正式场合中一般穿西服套装、工作制服,有时可穿传统的民族服装,如唐装、中山装。西服套装的穿着要讲究规范,在很正规的情况下,三件头(上衣、裤子、背心)应同一颜色、面料和制式,显示出整体协调感,衬衫领子的高度应高于西装领 1.5 cm—2 cm,最后一粒纽扣一般要松开不系等。女秘书在正式场合一般首选套裙,也可选择其他简约大方的职业装。

在一般场合,男秘书穿西装也可不系领带,或穿较为轻松、富有朝气的夹克衫、休闲西装等。在夏季,男性可穿 T 恤、衬衫,不必系领带;女秘书则可穿连衣裙、衬衫配裙子等。整个服装的主色调也应与场合相适应,一般越是正规、庄重、严肃的场合,颜色越深,反之可浅淡、活泼一些。

2. 鞋袜

正规场合都应该穿皮鞋。在夏天,即使穿凉鞋,也应选择脚趾不外露、较为严实的皮凉鞋。在最正规的场合,男秘书最好穿有带皮鞋。女秘书一般应该穿中高跟皮鞋,不宜穿平跟皮鞋。在夏天,女秘书不应该穿款式过于新奇、大坡跟、质地差的凉鞋。男秘书以棉袜为主,女秘书仍以长丝袜为主。袜子的颜色应与皮鞋、裤子或裙子的颜色相配,穿西装时应穿比西装颜色深的鞋袜。任何时候袜口切忌露在裤脚或裙摆之下。

3. 配饰

配饰主要起点缀和协调服装色彩及塑造气质的作用。一般来说,女秘书佩带耳环、项链、戒指等首饰,可以增添风采。但切忌戴那种价格低廉、粗制滥造的东西,过于珠光宝气也不适宜;同时不应戴太多,一般不宜超过三种。如果一位女秘书戴着眼镜、发卡、耳环、项链、手链、戒指,就会显得特别凌乱。男秘书的首饰只限于结婚戒指和图章戒指,一般应佩戴手表,给人以有时间观念的印象。在很多公关活动中,秘书会佩戴胸卡或胸花,这时要适当减少其他配饰。

一般说来,所有的秘书的衣着的最高效用就是:它可以建立力量和权威。简单地解释,就是通过衣着,让别人肯定你的能力。

(三) 仪态

仪态是指一个人举止的姿态与风度。姿态是指一个人身体显现出来的样子,包括站姿、坐姿、走姿等;而风度则是一个人内在气质的外在表现,它主要是通过人的言谈举止、动作表情、站姿、坐相、走态等方面体现出来。

1. 表情神态礼仪

(1) 微笑

微笑是礼貌的表现、交际的手段,有利于沟通心灵,创造融洽的交往氛围。如何实现融洽的交往,关键在于表现出对对方的好感,和使对方感到愉悦。一个简单的微笑,就能做到这些。微笑可以表达出人的礼貌,可以消除陌生人初次见面时的拘束感、化解人与人之间的矛盾和隔阂,是人际交往中的润滑剂。因此,秘书在与公众的交往中,一般情况下应保持微笑。

有一则颇令人回味的故事。在西班牙内战时,一位国际纵队的普通军官不幸被俘,并被投进了阴冷的单人牢房。在即将被处死的前夜,他搜遍全身竟找到了半截皱巴巴的香烟,很想吸上几口,以缓解临死前的恐惧,可是他发现自己没有火。在他再三请求之下,铁窗外那个木偶似的士兵总算毫无表情地掏出火柴,划着火。当四目相对时,军官不由得向士兵送上了一丝微笑。令人吃惊的是,那士兵在几秒的发愣后,嘴角也不自然地上翘了,最后竟然也露出了微笑。后来两人开始交谈,谈到了各自的故乡,谈了各自的妻子和孩子,甚至还互相传看了珍藏的与家人的合影。当曙色渐明,军官热泪纵横时,那士兵动了感情,悄悄地放走了他。

微笑沟通了两颗心灵,挽救了一条生命。微笑同样也是公共关系的粘合剂,会为组织赢得更多的公众。微笑可显示秘书的为人热情、富有修养。轻松坦然的微笑可以淡化矛盾、打破僵局、消除误解。秘书若要令人接受和喜欢,就要奉献出真诚的微笑,因此微笑时关键应该目光柔和,神情友好、自然、真挚。

（2）眼神

人们常说,眼睛是心灵的窗户。眼神是最富有表现力的体态语,能传递丰富的信息和情感。从交际功能看,眼睛是全身接受非语言交际行为最重要的组成部分,也是在可见范围内发出非语言交际信息最重要的部位。眼神可以传达出多种语言信息,因此,秘书对它的运用也一定要讲究。

首先,不同的目光可以传递不同的含义和信息,而接受信息一方可以通过观察对方的眼神而了解对方所发出的信息;其次,在口语交际中,目光还能起到组织、控制、启发、鼓励听众的作用,帮助有声语言制造一个有利的交往氛围;第三,眼神还可以反映人深层的心理,即在特定的语境中对方目光所体现的究竟是什么内容。因此,秘书在公关工作中要学会善于运用眼神。

第一,要注意视线注视对方的时间。

一个法国商人向他的中国朋友抱怨:"我的中国合作伙伴和我谈话的时候,总是不看着我,不是看着别人,就是眼神游移不定。且不说对我尊重不尊重,我简直不知道他在想什么,这常令我感到担心和不知所措。"

交谈过程中,有些人让人感觉舒服,有些人则令人不自在,甚至让人感觉不值得交往,这主要与注视的时间长短有关。

心理学家做过的实验表明,交谈过程中,人们视线相互接触的时间,通常占交谈时间的30%—60%,即1/3至2/3左右。具体来说:

① 注视对方的时间应占全部相处时间的约1/3左右,表示对对方很友好。

② 注视对方的时间应占全部相处时间的约2/3左右,表示对对方表示关注,比如听报告、

请教问题。

③ 若注视对方的时间不到相处全部时间的 1/3，往往意味着对其轻视、瞧不起，或没有兴趣。

④ 若注视对方的时间超过了全部相处时间的 2/3 以上，往往表示可能对对方抱有敌意，或是为了寻衅滋事；还有另一种情况，即对对方本人发生了兴趣，彼此对对方的兴趣可能大于交谈的话题。

而连续注视对方的时间，除关系十分密切的人外，一般在 3 秒左右，过长过短的视线接触同样会产生前面的效果。可以眼睛望一会儿别处，然后再自然地转移过来。尤其是当双方缄默不语时，就不要再看着对方，以免加剧因无话题本来就显得冷漠、不安的尴尬局面；当别人说了错话或显拘谨时，务请马上转移视线，以免对方把自己的眼光误认为是对他的嘲讽。

交谈过程中出现四目对视时，不必慌忙移开，可以再自然对视一至三秒钟后，慢慢移开。

第二，注意视线停留的部位。

在人际交往中目光所及之处，就是注视的部位。注视他人的部位不同，不仅说明自己的态度不同，也说明双方关系有所不同。

在社交活动中允许注视的常规部位有：

① 对方的双眼——关注型注视

表示全神贯注、洗耳恭听，还可表示自信和坦诚。在谈话或倾听时，常用这样的注视方式。但时间上不宜过久，否则双方都会感到比较拘谨和不自然。

② 眼部至唇部——社交型注视

常规的社交注视，它的范围是以两眼为上线、唇部为下顶点所形成的倒三角形区域，以散点柔视为宜。在长辈面前，这种略微向下的目光，可以表现出恭敬和谦虚；与人较长时间交谈时、朋友聚会时，这种注视会令人感到舒服，气氛上比较缓和。

③ 眼部至额头——公务型注视

人们在极为正规的公务活动中，如联系业务、洽谈生意及外事谈判时，为了表示怀有真诚、信任、严肃认真之意，常常略带仰视，即目光所及区域是以两眼为底线、额中为顶点形成的一个三角区。

④ 其他国家的注视礼仪

各个国家和民族对目光的要求往往不同。在美国和阿拉伯国家，目光直接接触是起码的礼仪要求；英国人则不喜欢这样的目光；日本人对话时，目光要落在对方的颈部，四目相视是失礼的。

第三，注意眼神变化。

① 注视的角度

在注视他人时，目光的角度，与交往对象亲疏远近、地位高低、注视的部位等有关。注视他人的常规角度有：

A. 平视，即视线基本呈水平状态，一般适用于在普通场合与身份、地位平等之人进行交往。

B. 侧视,它是一种平视的特殊情况,即位于交往对象一侧,面向对方,平视对方。它的关键在于面向对方,否则即为斜视对方,那是很失礼的。

C. 仰视,即主动居于低处,抬眼向上注视他人。它表示着尊重、敬畏之意,适用于面对尊长之时。上文提到的公务注视也属于这种情况。

D. 俯视,即抬眼向下注视他人,一般用于身居高处之时。它可对晚辈表示宽容、怜爱,也可对他人表示轻慢、歧视。

② 眼神

A. 恰当的眼神

恰当的眼神应该是双目生辉、炯炯有神或果敢而柔和。这是心情愉快、充满信心的反映,有助于取得对方的信任和合作,创造良好的社交氛围。也能体现出自信而亲切、真诚与坦然。

B. 不当的眼神

在正式场合,要克服不良的看人习惯,尤其是面对不太熟悉的人时,有的眼神容易引起误会或麻烦,所以要特别注意。主要有:

a. 斜视。表示轻蔑、怀疑。与初识之人交往时,尤其应当忌用。

b. 盯视。不要盯住对方的某一部位"用力"地看,盯视对方的眼睛,可能表示挑衅或走神;盯视对方有缺陷的部位、穿戴不当之处,或女性的三围,都显示着一种不礼貌的表现,令对方会感到不舒服。

c. "漫游"的眼神。听别人讲话,一面点头,一面却不将视线集中在谈话人身上,眼睛四处漫游、目光游离不定,瞟来瞟去,会让对方觉得不专心,"目中无人"。

d. 上下打量的眼神。不要浑身上下反复地打量别人,尤其是对陌生人,特别是异性,这种眼神反映了对人的不尊重,很没教养。

e. 窥视。隔着门缝看、隔着人群看(从人群的缝隙里看),不大方地、偷偷地看。

可见,眼睛的语言,透示着一个人的品质和修养。一个有教养的人会善于控制自己的情感,不轻易让不利于交往的情感从眼睛里流露出来。

2. 体姿礼仪

(1) 站姿

站立是秘书在公关工作中最常用的举止之一。基本站姿是:头、下巴平放,双眼正视前方,两肩自然放松并略后倾,挺胸直腰,收腹提臀,双臂放松,自然下垂于体侧。双腿并拢直立,脚跟紧靠,脚尖分开成"V"字形,身体重心放在两脚中间。

在日常公关工作中,秘书应在基本站姿基础上,适当调整站姿。正确规范的动作与自然相结合,分寸得当,才能使人感到既有教养又不造作。女秘书应注意站姿的优美和典雅,亭亭玉立。必要时,特别是单独在公众面前时,可采用"3/4站姿",即两脚一前一后,前一只脚的脚跟轻轻地靠近后一只脚的脚弓,将重心集中于后一只脚上,双膝靠拢;双手若非拎包、持物,则将右手搭在左手上,四指在外,放在腹部。

(2) 坐姿

秘书入座时要轻稳,应将衣服迅速、自然地整理一下再坐下。入座后上体应自然坐直、立腰,双肩平正放松。两臂自然弯曲放在膝上,也可以放在椅子或沙发的扶手上,掌心向下。双膝自然并拢(男士可略分开些),双脚平落在地上。坐在椅子上,至少应坐满椅子的三分之二,脊背轻靠椅背。久坐时,可以适当变换姿势。女秘书可以采用双腿斜放、双腿叠放、双脚交叉等坐姿,但无论怎样变化,都要求上身挺拔、双膝并拢;男秘书可以大腿叠放、双脚交叉等。起立时,右脚抽后半步,而后站起。坐时不可前俯后倾、摇腿、跷脚、两腿过于分开。

(3)走姿

正确的走姿要求步履轻盈、稳健,步伐均匀。向前迈步时,眼向前看,腰背要挺直,两臂有节奏地前后摆动,步幅适中。男秘书要展示其阳刚之美,步伐奔放有力;女秘书要展示其阴柔之美,注意抬头、挺胸,收紧腹部,肩膀向后伸展,脚步较小,步伐轻快飘逸。无论男女,走路时不能大摇大摆或左右摇晃。女秘书穿裙装(特别是穿旗袍、西服裙、礼服)时步幅应小些,这样显得更优雅;穿长裤、运动装时步幅可大些。

四、秘书礼仪形象培养和提高的途径

礼仪形象是先天(遗传)和后天(环境、培养)两种因素所形成的。无疑,后者是主要的、决定性的。秘书良好的礼仪形象得之于后天的持久的训练、培养和提高,应从以下几个方面着手:

(一)正确地认识和规划自己的礼仪形象。每个人都有自己的先天禀赋和生活环境,秘书在成长过程中逐渐形成了自己的个性形象。秘书首先要审视一下自己所具有的礼仪形象是否符合社会、时代以及所从事的公关工作的规范和要求,找出差距,然后有步骤地制订修正方案,以便适应环境,做好工作。

(二)要细心,从小事做起。培根说过:"要习得优美的举止,只要做到细微和小节乃至习惯。"这就需要细心,须知秘书礼仪形象就是从这些细微的小事中体现出来的。

(三)要有吃苦精神。对于西方人来说,绅士的定义是:他是一个从未使人遭到痛苦的人。秘书要想不使别人遭到痛苦,给人以轻松愉快的感觉,自己就应该有吃苦精神,处处为别人着想,甘于吃苦,约束自己,尊重他人。这样,就能逐渐培养出一种受公众喜爱的礼仪形象。

人类的智慧和美好的礼仪形象集于一身,这是完美的形象,是人类至高无上的追求。尤其是现代社会,更需要多层次、多能力、能适应多变的社会的高级人才。秘书应该融内在素质修养与外在礼仪形象于一身,成为一个比较全面的合格的职业人。

思 考 题

1. 简述秘书内在公关素质的基本内容。

2. 简述秘书外在公关礼仪形象的基本内容。

3. 简述化妆礼仪应遵循的基本原则。

4. 分析个人礼仪形象在秘书工作中的作用。

5. 结合自身,谈一谈如果你做了秘书该如何进行公关形象塑造。

参 考 文 献

〔1〕 杨剑宇. 秘书公关技巧. 北京:中国档案出版社,1994.

〔2〕 杨剑宇. 秘书和公关关系. 武汉:湖北科学技术出版社,2000.

〔3〕 杨剑宇. 涉外秘书礼仪. 武汉:湖北科学技术出版社,2000.

〔4〕 杨剑宇. 秘书职业技能鉴定培训教材(公共关系部分). 北京:海潮出版社,1997.

〔5〕 纪华强. 公共关系的基本原理与实务. 北京:高等教育出版社,2006.

〔6〕 陈先红. 现代公共关系学. 北京:高等教育出版社,2009.

〔7〕 黄昌年. 公共关系学. 上海:上海交通大学出版社,2007.

〔8〕 居延安. 公共关系学. 上海:复旦大学出版社,2005.

〔9〕 何伟祥. 公共关系原理与实务. 大连:东北财经大学出版社,2009.

〔10〕 邱伟光. 公共关系. 北京:中国财政经济出版社,2005.

〔11〕 陈嫦盛. 秘书沟通. 深圳:海天出版社,2007.

〔12〕 [美]谢尔·霍兹. 网上公共关系. 上海:复旦大学出版社,2001.

〔13〕 张百章,何伟祥. 公共关系原理与实务. 大连:东北财经大学出版社,2002.

〔14〕 夏赞君,谢伯端. 公共关系学. 长沙:国防科技大学出版社,2004.

〔15〕 彭奏平,谢伟光. 公共关系实务. 北京:清华大学出版社,2004.

〔16〕 陶应虎,顾晓燕. 公共关系原理与实务. 北京:清华大学出版社,2006.

〔17〕 何燕子,欧绍华. 公共关系学. 合肥:合肥工业大学出版社,2012.

〔18〕 唐雁凌,姜国刚. 公共关系学. 北京:清华大学出版社,2007.

〔19〕 宋常桐. 公共关系与现代礼仪. 北京:清华大学出版社,2007.

〔20〕 吴焕林,刘素军. 公关实务与礼仪. 北京:国防工业出版社,2008.

〔21〕 张云. 公关心理学. 上海:复旦大学出版社,2003.

〔22〕 李道魁,王冰蔚,郭玲. 公共关系心理学. 成都:西南财经大学出版社,2008.

后　记

本书是"高校秘书学专业系列教材"之一,以总主编杨剑宇所做的丛书编写要求作指导,全体编委共同完成大纲设计和内容编写工作。各章的执笔分工如下:

绪论:李玉梅(哈尔滨学院)

第一章:李玉梅

第二章:杨剑宇(上海外国语大学)、李玉梅

第三章:侯璐(哈尔滨学院)

第四章:朱婧(东北农业大学)

第五章:朱婧

第六章:黄蓓(哈尔滨学院)

第七章:张旭红(哈尔滨学院)

第八章:张旭红

第九章:张旭红、祁锦苓(黑龙江省机场管理集团有限公司航空服务学校)

第十章:李玉梅

第十一章:黄蓓

第十二章:侯璐

本系列教材是专为新成立的本科秘书学专业提供的。本书的诞生首先要感谢杨剑宇教授为创建秘书学专业和建设系列教材所做的卓越贡献,以及对本书的写作指导和亲自参与。

本书编写过程中恰逢杨剑宇教授和我在教育部全国高校教师网络培训中心讲授秘书公关与礼仪课程,对秘书公共关系教学和本书的写作做了深入的探讨,也取得了全国多所高校教师的宝贵建议,这些一并反映到了本书中,在此谨向同行教师们表示诚挚的谢意。

本书在编写过程中参考了大量学术文献,因受篇幅所限,难以一一列出,谨表谢忱。

感谢华东师范大学出版社范耀华老师和其他工作人员的辛勤付出!

感谢读者阅读和使用本书,书中不足之处恳请各位读者批评指正。

李玉梅

2013 年 4 月